『학원』과『여학생』은 1960-70년대 대표적인 청소년 잡지다.
또한『여원』은 이 시기 가장 대중적인 여성잡지다.
이 잡지들을 통해 당시 일상생활이 어떻게 구성되었는지,
예비 국민이 어떤 성격으로 성장하는지 엿볼 수 있다.

『학원』 1964.6     『여학생』 1968.9

『여원』 1966.5

『학원』은 한국전쟁 직후 청소년 교양서로 출발한 잡지다.

1954년 제1회 학원문학상을 시작으로 수많은 문인들을 배출한 문학사적 의미가 있다.

표지를 보면 과학주의를 표방했던 특징도 엿볼 수 있고, 1960년대 소녀들의 모습도 볼 수 있다.

1970년대가 되면 상업화된 하이틴 잡지의 성격이 강해진다.

신년 특집호
(『학원』, 1954.1)

제1회 학원문학상 발표
(『학원』, 1954.1)

[재속간 표지] 우주망원경
(『학원』, 1962.3)

소녀들의 부채춤
(『학원』, 1967.6)

상업화된 하이틴 잡지
(『학원』, 1971.8)

상업화된 하이틴 잡지
(『학원』, 1976.3)

1959년 9월 13일 소련의 루나2호가 최초로 무인 달 착륙에 성공한다.
이후 미국의 아폴로11호가 최초의 유인 달 착륙에 성공한 것은 1969년 7월 20일이다.
『학원』은 이러한 미소의 우주개발경쟁을 반영하고 있다.
우주과학 중심의 과학 기사가 자주 실리고,
우주식민지 개척에 대한 제국주의적 상상력을 보이기도 한다.

달에 도전한다①
(『학원』, 1966.5)

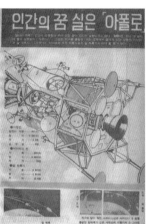

달에 도전한다②: 아폴로 우주선 설계도
(『학원』, 1966.5)

우주인의 달 탐사 준비를 소개①
(『학원』, 1967.6)

우주인의 달 탐사 준비를 소개②:
미국 우주인을 강조(『학원』, 1967.6)

이렇게 만들어진다: 우주 식민지
(『학원』, 1968.8)

과학소설 중에서도 한낙원의 『금성탐험대』와 『우주벌레 오메가호』는 상당한 인기를 누렸다.
삽화로 시각적 이미지를 제공하는 방식도 특징적이다.
특히 우주괴물 이미지는 이 시기의 소년리더 정체성 형성과 밀접한 관련이 있다.
연재만화 「로케트보이」, 영화 〈번개아텀〉 광고 등 다양한 로봇 이미지가 등장한다.

금성탐험대 제1회　　　　　금성탐험대 마지막회: 우주선과 괴물　　　우주벌레 오메가호 제3회: 우주괴물
(『학원』, 1962.12)　　　　　　이미지(『학원』, 1964.9)　　　　　　이미지(『학원』, 1967.8)

로케트보이 제1회　　　　　　[영화 광고] 번개아텀
(『학원』, 1969.9)　　　　　　　(『학원』, 1971.8)

『학원』은 1969년 3월호부터 학원출판사 박재서에게 출판권이 이양되었다.
창간호부터 잡지를 이끌었던 학원사 김익달이 출판했던 잡지와 성격이 확연하게 달라져
상업성, 오락성이 강해진 하이틴 잡지로 변화된다.
영화, 만화 등의 소개도 늘어나며, 〈로봇태권V〉 소개도 볼 수 있다.

남녀교제 테스트(『학원』, 1969.10)　　영화 광고(『학원』, 1969.10)　　새마을 노래(『학원』, 1972.9)

귀여운 소녀가 되자(『학원』, 1975.3)　　발렌타인데이 비밀작전(『학원』, 1976.2)

만화영화제작소 탐방:
로봇태권V 제작과정 소개①②
(『학원』, 1975.5)

『여학생』의 표지에서는 독서하는 소녀와 불량소녀의 이분법을 볼 수 있다.
사춘기, 순결, 사랑, 미래의 주부 같은 키워드가 나타난다.

[창간호] 독서하는 소녀
(『여학생』, 1965.12)

특집: 사춘기
(『여학생』, 1966.1)

특집: 가출
(『여학생』, 1972.4)

이런 친구가 불량소녀다
(『여학생』, 1972.6)

미래의 가정과 주부
(『여학생』, 1978.1)

[별책부록] 사춘기, 순결, 사랑
(『여학생』, 1978.9)

1960년대『여학생』에서는 이상적 소녀상, 제복의 소녀 이미지 기사가 두드러진다.
사춘기에 대한 호르몬담론과 감상적 소녀의 특성에 대한 기사들도 자주 실린다.
그 외에도 연재소설, 연재만화 등 다양한 읽을거리가 게재되었다.

세계의 소녀
(『여학생』, 1965.12)

특집: 한국의 소녀상
(『여학생』, 1965.12)

특집: 10대의 의학
(『여학생』, 1968.2)

뽀뽀양의 일기
(『여학생』, 1969.1)

여학생들의 학교생활
(『여학생』, 1970.10)

1970년대 『여학생』은 화려한 화보와 광고 등 오락물로서의 볼거리가 증가한다.
소녀 이미지의 성애화와 상업화가 강해지면서 동시에
성애화된 대상에 대한 처벌이 이루어지던 시기다.
소녀의 신체 수치심을 강조하는 기사가 자주 등장한다.

미스 국제 타이쓰 탄생!
(『여학생』, 1970.10)

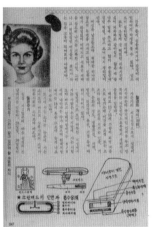

부끄러운 날의 지혜: 주니어를 위한
생리문제 연구(『여학생』, 1970.10)

비너스 광고
(『여학생』, 1972.10)

상쾌한 가을 나들이
(『여학생』, 1972.10)

저축수기: 깍쟁이 막내
(『여학생』, 1972.10)

『여원』은 산업화 시대의 생활표준화를 교양으로 전파한 잡지다.

1960년 1월 최초로 가계부를 별책부록으로 제공한 것도 이 잡지였다.

중산층 주부를 대상으로 하여 직업, 가정관리, 출산양육 등 다양한 여성 관련 주제를 다루었다.

창간호
(『여원』, 1955.10)

[별책부록] 가계부
(『여원』, 1960.1)

특집: 직업여성의 기쁨도 슬픔도
(『여원』, 1961.7)

특집: 어머니의 역사
(『여원』, 1962.5)

[별책부록] 가족계획의 실제
(『여원』, 1966.8)

『여원』에서는 여성독자들의 다양한 장르의 글쓰기가 이루어졌다.

여류문예작품현상모집이 꾸준히 이루어졌고, 알뜰수기, 생활수기 등 수기 공모도 계속되었다.

100호 기념으로 한국여류문학상을 제정할 정도로 여성문학, 여성 글쓰기에 관심을 두고 있었다.

여류문예작품현상모집
(『여원』, 1955.10)

100호 기념 한국여류문학상 제정
(『여원』, 1963.12)

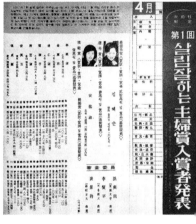

제1회 살림잘하는주부상 입상자 발표
(『여원』, 1968.4)

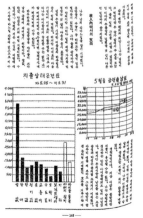

나는 이렇게 생활을 혁명한다
(『여원』, 1961.9)

테일러주의는 산업현장에서의 노동생산성을 증진하는 과학적 관리법이다.
이 관리법의 세 가지 특성으로 최적화, 표준화 및 통제, 동기부여를 들 수 있다.
『여원』의 기사들은 가정생활에 테일러주의를 적용해서 계량화, 표준화된
최적의 효율적 가정을 재구성하는 역할을 한다.

비락우유 광고
(『여원』, 1962.1)

미터법 통일
(『여원』, 1963.8)

부엌개량/빨래세제 광고
(『여원』, 1963.12)

새로운 세탁법
(『여원』, 1963.12)

생활표준화는 근대적, 합리적 생활을 하는 중산층 가정을 형성하는 규범이다.
이러한 표준화는 실상 가전제품으로 채워진 상품화, 기계화된 생활모델로 구성된다.

아이디알믹사 광고
(『여원』, 1963.12)

들놀이를 위한 도시락
(『여원』, 1961.6)

라디오 광고
(『여원』, 1961.1)

테레비 광고
(『여원』, 1962.6)

나의 의식주: 아파트 생활
(『여원』, 1963.5)

# 태권V와 명랑소녀
# 국민 만들기

# 태권V와 명랑소녀 국민 만들기

이선옥 지음

과학 모험 소설

1960-70년대 과학주의담론과
젠더의 정치학

책과
함께

# 차례

# 머리말

"기술은 사회와 무관하게 중립적으로 발전하며, 특정한 집단에 이익을 주는 것이 아니라 모든 사회집단에 공동의 선이 된다." 이러한 기술에 대한 무한 신뢰는 1960-70년대의 과학주의담론을 특징짓는 기술결정론의 신념이었다. 그렇다면 과연 과학은 객관적인가? 기술은 정말 정치와 무관한 것인가? 이러한 기술결정론에 대한 비판적 시각을 처음 접하게 되었던 책이 『우리에게 기술이란 무엇인가』(송성수 편역, 녹두, 1995)였다. 문학을 하면서 과학과 담을 쌓고 살았던 나에게 이 책에 나오는 '공동의 선'이라는 단어는 무척 인상적이었다. 더욱이 이를 계기로 내 연구의 방향도 바뀌게 되었다.

근대의 발전은 과학기술과 함께 이루어졌고, 우리의 삶도 과학기술을 통해 구성되었다. 그러나 항상 궁금하지만 질문되지 않았던 과학과 기술은 나에게 지식과 실용 정도의 상식적인 구분법이 전부였다. 왜 항상 과학기술이란 묶음으로 담론화되고 그것을 당연하게 여기는지, 그러한 산업적인 방식으로 과학을 전유할 때 무엇을 놓치고 있는지, 이런 질문들은 나의 연구영역이 아니라는 핑계와 함께 침묵되곤 했다. 사실 많은 인문학 연구자들의 고민은 실제 우리 삶을 구성하는 근대성의 큰 부분인 과학기술을 제대로 읽어내지 못한다는 점이다.

최근의 급속한 디지털 기술 발전은 가상세계와 현실세계의 구분이 무의미한 세계가 도래했음을 보여준다. 그 때문에 디지털 리터러시, 과학교양교육도 점점 중요해지고 있다.

나의 질문은 우리나라의 과학기술 패러다임이 형성되는 1960-70년대 연구에 초점이 맞춰져 있다. 지금 우리 삶을 구성하는 기술사회의 출발점이 되는 시기를 이해하는 것은 우리 사회의 기술 발전이 어떤 방향, 어떤 속도를 이념으로 삼았는지 성찰할 수 있는 계기가 될 수 있다. 그런 점에서 이 시기에 대한 이해는 현재 과학교양교육을 위해서도 의미 있는 작업이 될 것이다.

1960-70년대는 박정희 근대화프로젝트의 일환으로 과학기술이 정책적으로 육성되고 계몽의 도구로 동원되던 시기였다. 1962년 제1차 과학기술진흥 5개년계획을 세우고, 1966년 한국과학기술연구소 설립, 1967년 1월 과학기술진흥법 제정, 1967년 4월 과학기술처 설립이 이어졌다. 연이어 과학기술개발 장기종합계획(1967-1968)을 발표하고 과학기술 개발에 박차를 가했다. 1973년 '전국민과학화운동'이 전개되면서 1970년에는 과학기술이 유신의 국민계몽운동으로 전면에 배치되는 특징을 보여준다. '과학대통령 박정희'라는 신화처럼 과학기술은 근대화를 이끄는 도구이면서 국민계몽의 가장 중요한 지식이었다.

국민 만들기의 한 방법으로 과학적 계몽이 동원되었을 때 정치와 과학과 국민(남성/여성으로 구분된)은 어떤 관계를 맺고, 어떤 삶의 규율 속에서 삶을 구성하게 되는가. 민족(국가), 과학주의, 젠더를 키워드로 삼은 이유도 근대 이후 우리 삶을 구성해온 핵심적인 이념들이 어떻게 국민을 생산하고 생활을 구성해왔는가를 살펴보기 위해서다. 따라서 이 글에서 사용하는 '과학주의'는 객관적 지식으로서의 과학이 아니라 과학적 담론이 모든 것을 설명할 수 있다고 믿는 과학만능주의, 마술적 조력자로서의 이념적 도구를 의미하는 용어다.

1장과 2장에서는 1960-70년대 과학주의담론을 이해하는 데 필요한 개념과 역사적 배경, 기존 연구를 검토했다. 우선 1장에서 '민족(국가)주의와 과학주의, 젠더'가 교차하여 작동하는 과정을 설명했다. 민족(국가)과 젠더의 정치학은 국민 만들기의 한 방법으로 개인을 호명하는 방식을 보여준다. 국민 만들기에서는 여성성과 남성성의 요소를 재구성하는 방식으로 공/사 영역의 경계를 변동시키고, 남성주체를 어떻게 온전한 노동력 주체, 기계신체로 재구성하는지를 분석했다. 또한 여성주체가 어떻게 재생산주체로 구성되면서 비체로 버려지는지, 그 과정을 이해하는 것이 왜 중요한지를 설명하고자 했다.

2장에서는 '과학주의의 수용 양상'을 소개했다. 애국계몽기의 사회개조론, 식민제국주의의 우생학, 1960-70년대 기술결정론까지 각 시기의 대표적인 과학주의 이념을 설명하고, 그러한 과학주의가 형성하는 사회적 위계 만들기의 특성을 분석했다. 사회개조론에서는 동양의 쉐임컬처 만들기가 이루어지는 과정을 이해할 수 있으며, 일본제국주의가 전파한 우생학에서는 식민 지배 논리를 만드는 과학적 논리를 발견할 수 있다. 기술결정론에서는 젠더를 동원한 우월한 남성주체 만들기가 이루어지며, 그 과정은 의학, 과학담론으로 자연화되고 있음을 볼 수 있다. 과학주의가 정치와 어떻게 연관되어왔는지 그 흐름을 파악하면서 이 시기를 이해하면 좀 더 정치적 동학을 이해하기가 수월해질 것이다.

이 책의 본론은 네 개의 장으로 구성되었다. 3장 '1960-70년대 기술민족주의와 기술결정론'에서는 이 시기의 지성사를 대표하는 잡지 『사상계』를 중심으로 이 시기의 이념적 특징을 기술민족주의와 기술결정론으로 추출하고 분석했다. 새마을운동의 생산성담론, 군사주의와 더불어 과학주의는 박정희정부의 산업화드라이브의 주요 이념으로 등장하여 산업화정책을 받아들이는 이념적 기반이 된다. 특히 기술민족주의와 기술결정론은 과학기술이 모두에게 선이 된다는 이념으로써 과학기술의 정치적 권력화를 지우는 데 유효하게 작동하는 원리가 되었음을 밝히고자 했다. 이 잡지는 특이할 정도로 여성과 관련된 논의가 없는 무성적 특징을 보여준다. 한 시기의 지성사를 이끌었던 잡지라고 본다면 여성에 대한 무관심이 연구의 대상이 될 정도다. 물론 『사상계』의 실존주의적 관점이 보편주체를 설정하기 때문에 남녀를 구분하지 않는 평등주의적 사상에 기반을 두었다고 평가하기도 한다. 그러나 표면적인 무성적 성격과 달리 기술결정론, 기술민족주의가 무방비하게 생산성담론과 맞물려 들어가게 된다는 점을 생각해보면, 기계적 남성성을 만드는 젠더 기획에 동원되는 무성찰성을 사상적 한계로 지적하지 않을 수 없다.

4장 『학원』은 괴물, 사이보그, 젠더를 키워드로 삼아 분석했다. 다나 해러웨이의 괴물이 상징하는 정체성 지도의 경계에 대한 해석은 특히 SF소설과 담론이 전개된 『학원』의 분석에 유용했다. 그 외 로지 브라이도티의 변신 개념, 캐서린 헤일스의 포스트모던 신체에 대한 이론은 과학주의담론이 우주와 신체변형, 괴물에 대한 상상력이 시작되는 이 시기의 정체성 형성을 분석하는 키워드가 되어줄 것이다. 『학원』이 내세운 청소년 교양의 두 축은 문학과 과학이었다. 그중에서 과학담론은 우주과학 지식의 소개와 우주시대 정체성 탐색을 한다는 점에서 포스트휴먼 논의가 시작된 중요한 기점이라 할 수 있다. 우주괴물, 외계생물, 로봇, 인조인간 등 잡종적 요소들이 등장하고 신체 증강과 변형, 대체 등이 일어나는 혼종적 정체성을 탐색하는 플랫폼이 되었다는 점에서 새롭게 읽어야 하는 잡지가 바로 『학원』이다. 그간 연구에서는 학원문예를 통한 청소년 교양 강화의 특성이나 냉전적인 이데올로기적 특성이 주로 연구되었다. 과학소설 연구도 진행되었지만, 우주적 상상력이 시작된 포스트휴먼 논의에 대한 좀 더 적극적인 연구가 필요하다고 생각한다. 이 잡지의 담론과 서사를 통해 스페이스오페라 장르의 우주모험활극이 주로 게재된 특징과 소년영웅 만들기에서 근대기술사회로 가는 지점의 남성중심 국민 만들기를 살펴볼 수 있다.

5장 '감상적 소녀의 재구성과 생활표준화'에서는 『여학생』 잡지를 중심으로 소녀의 개념이 구성되고 사춘기에 대한 과학적·의학적 담론들이 어떻게 여성성을 자연화하는가를 살펴보았다. 이 잡지는 1965년 12월 창간된 후 1990년 재정난으로 폐간할 때까지 지속적으로 발간된 명실상부 여학생-소녀를 독자로 한 대표적인 잡지다. 이 잡지에서는 여성으로 성장하는 전 단계로서 사춘기 소녀라는 개념이 등장하고 몸에 대한 의학적 지식과 정신에 대한 과학적 설명을 통해 소녀의 개념을 만들어가는 특징을 보여준다. '한 송이 꽃', '봄처녀'로 표현되는 '평범하면서도 서민적이고 그러면서도 고결한 것을 늘 동경하는 소녀, 안으로 찬 생명감이 조용히 밖으로 흘러넘치는 소녀'는 이 잡지가 지향하는 소녀상이라 볼 수 있다. 소녀의 특성으로 제시되는 감상적 여성성과 의학적·과학적 설명을 통한 자연화 과정, 신체관리와 감정관리를 통한 생활표준화 등은 과학적 담론이 몸에 각인되고 생활로 구현되는 신체화 과정을 보여준다.

6장 '여성의 교양, 과학화와 쉐임컬처'에서는 『여원』을 중심으로 과학주의담론이 과학적 이성을 우월한 자질로 평가하고 감상적 여성성을 열등화하는 위계화 과정을 분석했다. 잡지는 단일한 이념으로 구성되기보다는 지배적 이념과 부상하는 이념, 쇠퇴하는 이념이 담론적 투쟁과 경합을 이루는 장이다. 이러한 담론적 경쟁의 직접성을 분석하기 위해 논설, 평문, 수기, 기사 등을 분석하고 그 외 탐방기, 번역기사, 독후감 등 다양한 장르로 제공되는 서구 인물 소개란, 서구적 과학 지식을 소개하는 기사들을 분석 대상으로 삼았다. 『여원』에 실린 생활의 과학화와 서구여성들의 합리적 삶에 대한 선망, 그리고 여성작가들의 작품과 현상문예당선작들에 나타난 감상적 여성성의 특징을 분석했다. 생활기사들과 교양기사, 서구의 신지식 소개 등에서는 생활의 과학화와 합리적 서구선망이 드러나지만 여성작가들의 작품에서는 감정의 발견이라 할 만큼 불안, 우울, 히스테리 등의 감정적 분출이 주류를 이룬다. 이러한 담론적 균열과 투쟁이 어떻게 조정되어가는가를 추적해보면 1960-70년대 과학주의가 만들어내는 여성성의 특징을 분석할 수 있다.

이 시기 여성잡지에서 좀 더 주목해야 할 점은 독서교양이 왜 이렇게 강조되었는가다. 독서교양은 한 시대의 지배 이념의 전파와 관련이 있다. 예를 들어 조선시대 사대부의 독서교양은 사대부의 정체성을 형성하는 동시에 상민들과의 차별성을 형성하는 위계지표였다. 근대 이후 독서교양은 시민적 교양이 되었고, 근대적 규율을 내면화하는 한 방법으로 시민성을 구성하는 핵심적 요소가 되었다. 이러한 시민성의 구성이 근대 독서교양의 보편적 특질이지만, 이 시기의 독서교양은 좀 더 특화된 측면을 살펴볼 수 있다. 그것은 독서교양과 생활표준화의 관계다. 과학담론은 국민의 구성에서 전면적인 생활표준화를 전파하는 마술적 조력자로 작동한다. 이러한 생활표준화를 내면화된 규율로 만들고 신체화할 수 있는 방법이 독서교양이다. 즉 생활을 관리하고 신체를 규율할 수 있는 다양한 과학적·합리적 지식들을 습득하고 그것을 생활화하는 것이 독서교양의 역할에 해당한다. 『여원』이 여성교양도서선집과 세계문학 번역서를 발간하거나 현상문예를 공모하여 여성들의 글쓰기 붐을 일으킨 것도 과학적 지식의 전파와 독서교양의 밀접한 관계를 드러낸다. 독서교양을 강조하는 것은 『여학생』도 마찬가지다. 이상적인 여학생이 '독서하는 소녀'로 나타나는데, 여학생 창간호 표지 이미지가 독서하는 여학생이라는 점이 특히 상징적이다.

7장은 이 책의 결론에 해당한다. '기계신체 선망과 여성혐오사회의 구조화'에서는 감정혐오와 감정적 여성성 혐오로 이어지는 급속한 산업화시대의 남성성/여성성의 관계에 대해 분석했다. 100% 노동력으로 기능하는 생산성담론의 남성성을 구성하는 과정은 기계신체를 선망하고, 기계신체에 대한 상상적 통일성을 위협하는 요소들은 모두 혐오하고 제거하는 과정이었다. 인간의 취약성을 드러내는 특징들은 여성성으로 구성되는데, 특히 소녀는 이러한 젠더 기획의 핵심 개념이라 할 수 있다. 사춘기 감정관리(센티멘탈리즘)와 신체관리(생리혈, 성교를 통한 오염 등은 모두 통일성을 위협하는 위험한 요소가 된다)에 대한 과학적 설명들이 등장하며 감정적이고 불완전한 신체가 소녀의 특징이 된다. 기계적 남성성을 구성하기 위해 버려야 할 인간적 특성들과 이를 관리하는 다양한 담론들이 '소녀'의 개념을 중심으로 전개되었음을 발견할 수 있다. 이러한 소녀의 개념과 대비되는 위치에 '소년'의 개념과 로봇신체에 대한 선망이 자리 잡는다. 〈우주소년 아톰〉, 〈마징가Z〉 등의 일본의 거대 로봇만화와 그 변주격인 〈로봇태권V〉가 소년들의 꿈을 사로잡았다. 이 시기 어린 시절을 보낸 사람들이라면 잡지들과 TV, 극장에서 접하기 시작한 로봇만화의 세계에 매료되었던 기억이 있을 것이다. 과학에 대한 급속한 관심, 우주개발 전쟁과 핵개발에 대한 정치적 관심이 이 시기 잡지들의 지배적 담론으로 떠오르기 시작한 것이다. 소년들의 로봇열망은 강철신체에 대한 선망과 관련 있어 보인다. 인간적이고 동물적인 취약성을 혐오하고, 완벽한 통일성을 추구하는 상상력이 기계신체에 대한 선망으로 남성성을 구성한다.

이 책은 최근 감정이론이나 정동이론에서 많은 도움을 받았다. 과학주의담론이 감정을 신체화하고 동물화하는 과정을 설명할 때 정동이론을 적용하여 감정의 재분배와 배치에 대해서도 분석할 수 있었다. 이 과정에서 과학주의가 생산주체로서 기계주의적 남성성을 극단적으로 밀고 나가면서 슬픔, 기쁨 등의 정상적인 인간적 감정까지도 배제하는 남성성을 헤게모니로 삼는 데에 이념적 기반이 되었음을 알 수 있었다. 배제된 모든 감정은 여성성으로 구성되고, 인간적 감정에 대한 배제는 여성성을 혐오하며 남성성의 근원적 불안을 해소하는 방식으로 위계적 지배를 유지해나간다. 젠더 구성에서 감정의 재분배는 최근 정동이론에서 밝혀진 것처럼 단순히 이성과 대비되는 감정이나 정서가 아니라 정동의 문제다. 이는 감정의 구조와 타인에 대한 감정행동까지 포괄하는 감정아비투스로서 시대적 특징을 반영하는 구조가 된다. 과학주의는 특히 감정아비투스를 생산하고 유통하는 특정한 이념적 플랫폼으로 기능한다. 따라서 이 책의 마무리에서는, 과학주의와 젠더 기획이 맞물려 만들어내는 국민 만들기 프로젝트에서 감정의 재배치가 어떻게 이루어지고, 이것이 인간적 요소를 어떻게 가치화하고 위계적 권력을 생산하는가에 대해 좀 더 세밀한 분석을 하고자 했다.

앞으로는 '위기담론으로서의 과학주의'에 대한 연구로 확장해나갈 예정이다. 1900년대부터 국가적 위기에 대한 대안담론으로 등장한 주요 담론은 과학기술과 관련된 논의들이었다. 식민지, 전쟁, 개발도상국을 거치는 격동기와 급속한 근대화는 과학기술에 대한 강박증적 지향성을 낳는다. 서구에 대항할 수 있는 민족 위기의 해결책이 과학주의로 신비화되었기 때문이다. 19세기 말 사회진화론, 식민지 시기의 우생학, 1960-70년대 기술민족주의 등 시대마다 논의되는 구체적인 내용은 다르지만 과학담론은 부국강병과 민족의 근대화라는 시대적 소명을 띠고 논의되었다. 그 때문에 과학담론은 지배담론의 전면적 재배치와 관련되어 있다. 과학주의담론 연구는 우리 사회의 가치체계와 생활규범을 규율하는 사회구성체의 원리가 된다는 점에서 중요하게 다루어져야 한다.

# 1장

# 국가주의, 과학주의, 젠더

## 1. 민족주의, 국가주의 그리고 젠더정치학

우리 문학의 대표적인 화두로는 민족주의에 대한 논의를 꼽을 수 있다. 늘 민족의 상황과 분단 현실, 여전히 고민스러운 식민성의 문제를 안고 사는 우리에게, 어찌 보면 근대문학사 전체가 이 문제와의 씨름이었는지도 모른다. 특히 1960-70년대를 연구할 때 민족(국가)주의와 민족정체성의 형성 문제는 매우 중요해 보인다. 일상의 삶 속에서도 문득문득 민족이라는 단어가 지니는 마술적 힘에 도취되곤 하던 우리의 경험을 떠올려보면, 신비화된 민족주의에 대한 전면적인 도전은 결코 쉬운 일이 아니다. 제국주의적 지배와 식민화의 논리가 민족 혹은 인종, 성별의 차별과 위계화를 정당화하는 민족주의를 이념으로 삼았으므로, 이를 해체해야 한다는 탈식민주의 페미니즘의 주장 또한 혼란스럽기는 마찬가지다. 저항민족주의 역시도 제국주의의 폭력적 배타성을 모방하고 있으며, 백인 남성중심주의의 위계적 권력화 논리와 동일하다는 주장*은 일면 타당하다. 민족의 이름으로 호명하지만 국가주의에 동원되는 개인들의 비극적 결과를 떠올려 보면 더욱 그러하다. 그렇지만 제국주의적 민족주의와 식민지 민족주의 간의 동질성만을 강조한다면, 민족을 저항의 기반으로 삼아왔던 반제국주의적 식민지민들의 경험은 어떻게 해석해야 할지 고민스럽다.

민족이라는 용어와 국가라는 용어의 사용 역시 혼재되어 있기는 마찬가지다. 영어로는 'nationalism'** 한 단어지만, 우리의 경우는 국가를 잃었던 식민지 시기의 저항민족주의에 대해서는 민족주의로, 해방 이후부터는 상황에 따라 선택적으로 민족주의와 국가주의를 사용해왔다. 국가주의를 'statism'으로 번역하기도 하지만, 국가적 통치권력의 강제적 지배를 의미하는 협의의 의미가 강해서 국가에 대한 상상적 공동체를 지칭하는 'nationalism'을 사용하는 것이 일반적이다. 상황에 따라 민족주의와 국가주의를 선택적 번역어로 사용하곤 했다. 주로 1960-70년대의 국가 주도적 정책과 독점자본의 경제권력에 대해서는 국가주의를, 그에 대한 저항운동(통일운동을 포함하여)에서는 민족주

---

• 제국주의와 식민지 민족주의의 동질성의 구조에 대한 논의는 주로 호미 바바(Homi k. Bhabha)의 모방(mimicry) 개념에 기반하고 있다. "Of Mimicry and Man: The Ambivalence of Colonial Discourse", *The Location of Culture*, Routledge, 1994.
•• 에스닉 내셔널리즘(Ethnic nationalism)을 비서구권 민족주의를 지칭하는 개념으로 사용하기도 한다. 그러나 1970년대 박정희 근대화프로젝트의 이념적 기반이었던 기술민족주의는 국가주의적 팽창주의를 지향하는 이념적 특징을 지녔으므로 국가주의라고 지칭하는 것이 타당해 보인다.

의를 사용해왔던 것으로 볼 수 있다. 특히 우리나라처럼 단일 민족이라는 상상적 공동체 이념을 바탕으로 한 민족국가는 단일한 공동체를 구성하고 이를 유지하려는 경향이 강하다. 박정희정부가 내건 체제 이념조차도 '민족적 민주주의'라는 정치체제와 민족공동체의 상상력을 연결한 이념이었다. 이 글 역시도 국가공동체의 이념 변화를 추적하면서 시기적 특성에 따라 민족주의와 국가주의를 혼용하는 상황은 피할 수 없을 것이다. 그럼에도 불구하고 민족주의에 대한 주요 질문은 짚어가면서 논의의 일관성을 유지해보고자 한다. 민족주의와 국가주의는 어떻게 구분되는가 혹은 서로 다른 개념인가, 아니면 같은 개념인가? 많은 학자가 내셔널리즘(nationalism)에 다양한 수식어를 붙여 설명하는 것처럼 민족(국가)주의라는 개념은 사실 하나의 의미로 규정될 수 없는 텅 빈 기표로 보는 것이 타당해 보인다. 시대와 국가에 따라 기의가 달라지고 끊임없이 재구성되는 개념이라고 보아야 하기 때문이다. 그렇다면 민족주의가 어떻게 호명될 때 개인이 국가에 포획되고 주체가 사라지게 되는가. 다시 말해 어떻게 단일한 국민으로 호명되면 다양한 개인들의 목소리가 모두 사라진 채 어떠한 저항도 할 수 없게 되는가.

이 책은 이런 나의 고민을 풀어가는 과정에 서 있다. 그런 문제의식을 담아내기 위해 민족주의 혹은 국가주의라는 용어를 사용하고자 한다. 앞서 말했듯이 이 두 개념은 하나의 텅 빈 기표로 어떻게 호명되고 재구성되는가에 따라 끊임없이 흔들리는 개념으로 보아야 한다. 흔들리는 기표를 따라 그 의미가 재구성되는 과정을 살펴보는 것이 이 글의 목적이다. 민족주의, 국가주의와 젠더정치가 결합하는 방식을 분석하는 일은 바로 흔들리는 개념의 변화를 추적하는 하나의 고리가 된다. '여성'이라는 범주의 생산*은 민족주의, 국가주의의 성격 형성과 깊은 관련을 맺고 있기 때문이다. 예를 들어 여성을 감성과 비합리성, 비문명성으로 규정하여 이등 국민으로 배제(선거권에서 배제했던 예가 대표적이다)하기도 하고, 이러한 여성성을 식민지민들의 성격과 대응시켜 지배 논리를 합리화하기도 한다(인도인이나 흑인이 성숙한 남성성을 지니지 못한다는 논리로 성숙한 제국남성이 지배하는 것이 당연하다는 주장도 이에 해당한다).

이러한 열등성과 모순되게 여성은 변하지 않는 전통의 담지자로서 민족혼의 비유로 신비화되기도 한다. 특히 후발로 근대적 발전에 합류하게 된 동양의 경우 직선적인 발전의 논리 속에서 안정된 민족정체성을 확보하려면 식민적 권력과 경쟁하지 않을 수 있는 '내적 영역의 형성'이 필요했다. 이러한 필요는 민족의 '전통'이라는 이름으로 '변하지 않는 절대정신'을 만들어낸다. 일본이나 중국, 조선의 지식인들이 만들어내는 동양적 정신에 대한 수많은 담론은 서구 제국주의와의 경쟁에서 불안해진 식민지 남성 정체성을 안정적으로 만들려는 노력의 서사적 반영에 해당한다. 이러한 절대정신은 무한 경쟁의 주체가 된 남성이 아닌 타자인 여성이 맡게 된다. 근대 초기에 남성에게는 '단발(斷髮)'이 강제되고 여성의 단발이 금지 혹은 비난거리가 되었던 현상은 이러한 이분법의 상징적인 사건이었다. 여성은 '단일하고 순수한 민족정

---

• 조운 스콧은 여성의 범주 생산이 역사적이고 정치적인 사건이며, 이 사건의 상황과 효과들을 따져보는 일이 페미니즘의 관심 범위라고 강조한다(조운 W. 스콧, 「젠더와 정치에 대한 몇 가지 성찰」, 배은경 옮김, 『여성과 사회』 13호, 2001 하반기, 224–227쪽 참조).

체성의 상징'으로 여겨졌기 때문이다.

서구 제국주의와의 대립에서 출발한 후발 국가들의 반식민지론에서 아이러니하게도 권위주의적인 남성성을 강화하고 민족 전통을 신비화(정신적 우월성을 강조)하는 경향이 짙다. 식민지 남성의 열등한 이미지를 벗기 위해 남성은 계몽자의 위치에 서서 여성을 서구 자본주의에 물든 속물성으로 처벌하고 여성에게 순결함을 강요하게 된다. 왜냐하면 서구의 물질적 힘에 대한 은폐된 욕망이 열등화의 논리에 휘말리게 되자 그러한 열등한 이미지를 벗기 위해서는 권위주의적인 남성성을 강화하고 민족 전통을 신비화(정신적 우월성)할 필요가 있기 때문이다.[1] 이때 여성의 몸은 '단일하고 순수한 민족정체성의 상징'으로 규율화되는 동시에 남성 주체가 자신을 회복하기 위해 지켜야 할 '무엇'이 된다. 그리하여 여성은 민족의 어머니 혹은 창녀라는 이분화된 이미지로 지배된다. 계몽자의 위치에 선다는 것은 훼손된 남성성을 회복하는 하나의 방법이 되기 때문이다.[*]

민족해방이라는 "더욱 고귀한" 투쟁의 목적에 봉사하기 위하여, 혁명기간 중 여성의 역할은 교육자, 간호사, 양육자, 어머니, 연락책으로, 베일 쓴 그리고 베일 벗은 자유투사로 계속 재구성되어갔다. 이집트 페미니스트 나왈 엘-사다위(Nawal el-Saadawi)가 주장하듯이, 여성은 "혁명의 도구이자 값싼 노동력으로, 값싼 투사로 이용당했다. 여성은 맨 처음 죽고 맨 마지막에

---

• 파사 차터지(Partha Chatterjee), 프라센짓 두아라(Prasenjit Duara), 최정무 등의 논의에서는 근대 민족주의 국가의 담론에서 '여성'이 전통의 수호자로 명명되는 과정에 대해 자세히 분석하고 있다.

해방되었던 것이다." (…) 언제나 국토와 민족국가, 문화, 여성은 혼합되고 융합되었다. 문화와 정체성은 오직 여성을 통해서만 전해질 수 있는 것으로 상상되었고, 여성은 집단 정체성의 상징적 저장소가 되었다. 따라서 가부장적 문화의 토대가 되는 '민족'과 '국가'를 지키고 보존하기 위해, 여성은 '서구'라는 부도덕하고 타락한 근대성으로부터 보호받아야 한다고 생각되었다. 여성의 육체와도 같은 '국토'는 강간이나 서구 페미니즘 등 여타의 침입으로부터 보호받고 통제받아야 한다는 것이다.[2]

이 글은 알제리 해방운동 과정에 함께 했던 여성들은 사라지고 이후 과정에서 여성이 민족, 국가라는 집단적 정체성의 상징적 저장소로 추상화되고 도구화되었던 실상을 설명한다. 따라서 우리의 젠더정치를 이해하는 데도 유용할 것이다. 탈식민 저항운동이 남성중심의 가부장적 민족(국가)주의로 전유되는 순간 여성 젠더는 하위위계화된다. 국가에 의해 여성이 도구적으로 전유될 때 운동을 함께 했던 여성들의 목소리는 사라지고 만다. 이는 남성적 민족주의와 페미니즘이 늘 불화하는 이유이기도 하다. 민족주의의 성격이 여성 범주의 생산과 긴밀하게 맞물려 있다는 인식하에 여성학자들의 최근 연구에서는 제국주의담론과 저항민족주의담론 간의 논리적 유사성을 분석하면서 남성 주체의 공모적 관계를 강조하는 경향이 두드러진다. 저항하는 민족주의담론도 제국주의 모방의 남성중심주의라고 비판하기는 매우 쉽다. 그러나 문제는 무조건적인 해체로 제국주의담론에 대한 저항담론을 만들어내기 쉽지 않다는 점이다. 친일이나 제국주의에 협력했던 여성주의자들의 경우를 보아도, 민족주의를 제국주의와 동일시하고 성평등만을 주장했던 페미니스트들 역시도 실패의 곤경을 경험했던 것이 사실이다.

이처럼 국민국가에서 하는 여성에 대한 규정은 여성노동력 동원의 필요성이나 재생산(인구 재생산, 노동력 재생산을 모두 포괄)의 확대 같은 현실적 요구 외에도 국민의 정체성 형성과 깊은 관련을 맺는다. 하나의 국가가 일정하게 동질한 국민의 정체성을 형성하고자 할 때 여성, 가족, 혈통과 같은 범주에서 균질화된 개인의 성격이 부여되기 때문이다. 이는 출산이나 혈연처럼 절대적인 것, 자연스러운 것을 만들어내는 유용한 기제가 된다. 예를 들어, 한국 여성들의 헌신적인 모성애 혹은 혈연적 가족애는 '전통'이라는 이름으로 찬양되고, 개인보다는 집단을 중시하는 정신을 변치 않는 민족 정신으로 구성하여 이를 국민적 정체성 형성에 끌어들인다. 그 대표적인 예로 현모양처담론을 들 수 있다. 현모양처담론은 이상화되고 절대화된 국민적 이상을 신사임당으로 상징되는 헌신적 모성에게 투사하고, 새로운 국민이 되기 위해 버려야 할 개인적 욕망을 타락한 불량주부에게 투사한다.[3] 이런 방식으로 공동체적 집단주의적 정체성을 형성하는 것이다. 따라서 수많은 국가주의적 담론들은 여성 범주의 재생산에서 경합을 벌이는 경향을 보이며, 정체성의 혼란기 혹은 극도로 동질화된 국가 정체성이 요구될 때 여성에 대한 담론들이 급증함을 알 수 있다.

이러한 여성 범주의 생산이 민족의 내적 영역의 형성과 관련된다면, 또 하나의 축은 국가의 정치적 담론이 여성을 통해서 욕망, 사랑, 결혼, 이혼, 가족관계 등의 개인적 컨텍스트로 재해석되는 측면이다. 여성은 전통의 담당자일 뿐만 아니라 출산, 양육, 노동력 재생산 등 재생산 영역의 물질적 기초를 담당하는 것으로 규정된다. 여성과 가족에 대한 정책이나 제도, 이념을 통한 재생산 영역 규정은 개인과 국가 권력의 관계, 즉 개인에 대한 국가적 동원 혹은 통제의 관계를 볼 수 있는 지표가 된다. 인구 통제나 양질의 국민을 재생산하는 문제, 어떠한 성격의 국민으로 양육하는가의 문제 등 각각의 개인을 어떤 국민으로 형성할 것인가는 여성과 가족에 관한 규정과 맞물려 있기 때문이다. 19세기 애국계몽기에 이르러 여성이 '어머니'로서 공적인 담론의 주목을 받기 시작한 것도 '개인을 어떻게 국민으로 생산해낼 것인가'라는 측면에서 해석될 수 있다.

따라서 여성 범주를 어떻게 구성하는가는 그 민족(국가)주의의 성격과 민족의 동질성을 형성하기 위한 선택과 배제의 원리를 읽어낼 수 있는 실마리이며, 또한 개인의 삶에 대한 정치적 동원 혹은 통제를 가늠할 수 있는 잣대가 된다.


## 2. 민족(국가) 그리고 과학과 젠더

여성성에 대한 재구성, 여성의 재생산과 관련된 담론을 통해 국민 만들기가 진행되는 과정에서 동원되는 지식체계가 바로 과학담론이다. 우생학이나 건강담론, 생활의 합리화에 이르기까지 국민을 재생산하는 과정이 젠더에 대한 상상력을 통해 구성된다는 점이 과학주의에 주목해야 하는 이유다. 과학담론을 통해 구성된 젠더의 차이는 자연의 법칙으로 자연화되어 우리 삶의 규율로 작동한다. 1900년대부터 국가적 위기의 대항담론으로 등장한 주요 담론이 과학기술과 관련된 논의였다. 식민지, 전쟁, 개발도상국을 거치는 격동기와 급속한 근대화는 과학기술에 대한 강박증적 지향성을 낳게 된다. 서구에 대항할 수 있는 민족 위기의 해결책이 과학주의로 신비화되었기 때문이다. 19세기 말 사회진화론, 식민지 시기의 우생학, 1960-70년대 기술민족주의 등 시대마다 논의되는 구체적인 내용은 다르지만 과학담론은 부국강병과 민족의 근대화라는 시대적 소명을 띠고 논의되었다.* 그 때문에 위기 극복 방법으로 소환된 과학담론은 국민의 재생산과 직접적으로 연결되어 있으며, 사회적 가치의 위계를 조정하는 지배담론의 전면적 재배치와 관련되어 있다. 그러한 국민재생산에 젠더정치학이 동원되고 한 사회의 헤게모니 여성성과 남성성이 이상적인 국민 만들기에 기여한다.

따라서 민족의 이름으로 젠더가 동원되고 젠더이분법을 과학담론이 자연화하는 과정을 파악할 필요가 있다. 시대마다 여성성/남성성에 배치되는 요소들이 달라지는 지배소(dominent)를 추출해보면, 개인이 국민으로 동원되고 한 시대의 위계적 지배이념이 구성되는 특성을 설명할 수 있다. 젠더정치가 공/사 영역의 경계를 변동시키면서 사적 영역에 대한 국가적 통제, 즉 개인을 국가의 성원으로 동원하는 방식을 보여주기 때문이다.⁴ 예를 들어, 식민지 말기 국가총동원령하에 여성은 후방을 지키는 애국부인이면서 군수물자를 생산하는 근로부대 역할을 맡게 된다. 총후부인, 애국부인회, 근로정신대 등 여성의 역할이 공적 영역의 일원으로 확장되고, 그러한 역할을 위해 여성에게

---

• 황종연은 이광수의 문학을 분석하면서 근대에 들어서면서 서양과학이 유학을 대체하고 인간과 세계를 이해하는 가장 유력한 방법이 되었음을 설명한 바 있다(『문학과 과학 I』, 소명출판, 2013, 7쪽).

도 국민국가의 시민권이 부여된다. 한국전쟁기에도 여성은 후방부대로 공적 역할을 맡았다. 그러나 전쟁기가 지나면서 여성은 자유부인이라 비난받으며 다시 사적 영역의 재생산영역으로 밀려난다. 이런 공/사 영역의 경계 변동은 자본주의와 가부장제가 결합한 근대국가의 가장 전형적인 국민통치 방식이라 볼 수 있다. 이때 젠더정치학을 가능하게 하는 논리가 과학주의담론이라 할 수 있다. 따라서 시대마다 젠더를 설명하는 과학담론도 계속 변화해왔다. 젠더정치학의 변화를 과학담론과 연결해 읽어내는 이유도 각 시대의 젠더를 설명하는 과학담론이 무엇이었는가가 그 시대의 통치방식을 읽어내는 한 가지 방법이 되기 때문이다.


## 3. 과학과 과학주의

과학과 과학주의는 별개의 개념이다. 과학이 사실에 대한 지식이라면, 과학주의는 과학적 지식을 신화화하는 이념이라고 볼 수 있다. 물론 과학이라는 지식체계의 객관성 역시도 질문되어야 하며 권력적 위계를 포함한다는 점도 논의되어야 한다. 과학, 기술과 관련된 담론은 현재 다양한 논쟁이 진행 중이고 정의하기 어려운 범주이기 때문에 시대별로 다시 검토해야 할 것이다.

이 글에서 다루고자 하는 대상은 과학 지식체계 자체가 아니라 이를 둘러싼 담론을 과학주의라는 용어로 범주화한 것이다. 우선 큰 틀에서 과학주의는 과학적 지식에서 근거를 찾고 과학적 방법을 최고의 인식 방법으로 삼는 이념이라는 법박한 사전적 지식에서 연구를 시작하고자 한다. 황희숙의 연구에 의하면 과학주의(scientism)는 18세기 계몽운동, 콩트 이후의 논리실증주의 철학을 배경으로 출현한다. 과학의 기술적 성공에 대한 경외심에서 비롯되어 과학적 합리성을 유일한 것으로 간주하는 이념이라 볼 수 있다. 과학자나 비과학자 모두 과학적 지식이 실제보다 더 확실한 토대를 가진다고 믿는다. 사상가들은 이러한 과학의 신화화를 '과학주의'라 명명했다. 따라서 과학과 과학주의를 구분해서 사용하는 것이 바람직하다. 과학이 지식이라면 과학주의는 과학적 지식을 신화화하는 이념이라고 볼 수 있다.[5]

'기술민족주의'는 한국의 근대화를 이끌었던 과학주의의 특성을 말해주는 개념으로 과학기술에 대한 신화화된 믿음을 구성한다. 이러한 과학주의적 신념이 젠더기획과 작동하여 개발국가 국민 만들기를 진행하는 과정이 1960-70년대 과학담론에 잘 나타나 있다. 이 시기에 과학적 설명이라는 합리화를 통해 기계신체를 선망하는 남성성과 감성적 여성성으로 이분화된 젠더를 극단적으로 재구성해낸다. 순결하고 감상적인 소녀, 신사임당처럼 훌륭한 현모양처가 이상적 여성성으로 구성되는 동안, 여성의 신체는 부정되고 비체(찢기고 피 흘리는 여성신체)가 되어 버려진다. 여성의 실제 신체와 그 신체에서 경험되는 감정 모두 부정되고 처벌되는 것은 인간의 동물성과 취약성에 대한 부정을 통해 국민 만들기가 진행되고 있음을 보여준다. 과학주의는 도구적 국민 만들기에 젠더기획이 활용되어왔음을 역사적으로 이해할 수 있게 한다. 박정희정부의 근대화프로젝트에서 과학기술과 정치권력의 유착관계를 분석한 문만용의 연구에서도 이 시기 과학 발전의 문제점이

지적된 바 있다. 그는 과학기술/근대화/경제개발을 연결하는 논리가 1960년대 후반부터 본격화되기 시작했음을 밝히고 있다. 1965년 소위 조국 근대화가 주창되면서 이를 위한 민족 주체의식과 인간개발이 강조되었고, 과학기술이 정책의 도구로 적극적으로 활용되기 시작했다. 1973년 유신정권의 출발과 함께 박정희는 1973년 1월 12일 연두기자회견에서 '전국민 과학화운동'을 의제로 발표한다. 이때 새로운 인간상의 구상이 과학하는 국민으로 선포되었다.[6] 김근배의 연구에서는 '과학대통령 박정희'라는 신화와 결합하면서 과학이 경제발전의 도구화된 산업기술로 발전되었으며, 국가정책과 맞물린 속도만을 중시하는, 방향성을 무시한 과학기술 패러다임을 고착시켰다는 점을 지적한다.•

또한 이 시기의 과학주의는 '기술결정론'의 특징을 보인다. 기술의 객관성과 가치중립성을 믿는 이 이념은 기술이 사회와 무관하게 중립적으로 발전하며 모든 사회집단에게 공동의 이익이 된다[7]는 관점이다. 이러한 기술결정론은 미소군비경쟁과 과학기술 발전의 정치적 권력화를 비판한 기술의 사회적 형성론에 의해 비판받게 된다. 기술도 역시 사회적으로 구성되고 또한 기술이 사회를 형성한다는 것이다. 기술결정론은 근대화프로젝트의 핵심요소로 강조되었으며, 핵무기와 핵발전에 대한 열망과 함께 부국강병의 상징적 기호로 사용되었다.

---

• 전국민과학화운동은 10월 유신과 관련된 새로운 의식화사업의 일환으로 과학기술이 동원된 것으로 볼 수 있다. 이 운동은 과학기술총동원체제, 새마을기술봉사단 등의 활동 등과 연결된 본격적인 국민계몽운동이라 볼 수 있다(김근배, 「과학대통령 박정희라는 신화 ① 박정희 정부 시기 과학기술을 어떻게 볼 것인가?: 과학대통령 담론을 넘어서」, 『역사비평』, 2017 봄, 142-168쪽 참조).

민족이 살아나가는 데 필요한 요소가 개척정신이요 과학적 방법이라는 장준하의 『사상계』 권두언에서 볼 수 있듯이 과학주의는 민족지성과 국가정책이 맞물리는 지점이었다. 이러한 무비판적인 기술중심주의에 대한 지식인들의 믿음과 속화된 기술민족주의 정책이 맞물리면서 기술결정론은 이상적 인간상을 기계적 남성성으로 만들어내는 생산성담론으로 바뀌어간다. 생산성담론하에서 만들어진 기계신체와 감성적 여성이라는 이분법을 이해한다면, 이상적 남성성의 불안이 감정혐오로 드러나고 나아가 여성혐오로 이어지는 젠더화된 사회구조의 역사적 배경을 더 명확히 이해할 수 있다.

# 2장

# 과학주의 수용과 젠더:
# 우생학에서 기술민족주의까지

## 1. 과학이라는 용어의 등장과 애국계몽

과학은 사전적 정의로는 "보편적인 진리나 법칙의 발견을 목적으로
한 체계적인 지식. 넓은 뜻으로는 학(學)을 이르고, 좁은 뜻으로는 자
연과학을 이른다".[1] 우리가 인문과학, 사회과학이라고 말할 때는 전
자의 의미로 사용되지만, 일반적으로 과학이라 말할 때는 자연과학
(natural science)을 의미한다. 자연과학의 사전적 의미는 "실험과 같이
검증된 방법으로 얻어낸 자연계에 관한 체계적 지식체계"를 뜻한다.[2]
이러한 과학이라는 용어가 어떻게 우리나라에 수용되고 대중의 삶으
로 전파되었가에 대한 논의는 아직 충분히 이루어지지 않았다.
　그나마 김성근의 연구[3]를 통해 짐작은 해볼 수 있다. 'science'의 번
역어로 '科學'을 채택한 이들은 19세기 후반 메이지[明治] 시기 일본

지식인들이었다. 초기에는 분과학문의 의미로 사용되다가 1881년에 간행된 『철학자휘』에서 'science'의 번역어로 일본 사회에 서서히 정착했다. 일본을 통해 유입된 지금의 "자연의 사물을 통치하는 법칙에 관한 연구"라는 의미의 science 개념이 우리나라에 등장한 것은 1900년 대라고 한다. 이 시기에 이르러 일본유학생을 중심으로 science 개념의 과학이라는 용어가 자주 등장하고 1908년 12월 최남선은 잡지 『소년』 2호에서 이 용어를 사용하기도 한다. 사전에서 과학이 지금의 'science'의 번역어로 명확히 사용된 것은 1916년 미국인 선교사 존스(George Herbert Jones)가 편찬한 『한영자전(韓英字典)』[4]이다.

이러한 서구적 자연과학의 개념과 여성의 삶이 연결되기 시작한 시기는 언제일까? 여성이 근대적 시민의 개념으로 호명된 것은 애국계몽기의 모성담론에서다. 이 모성담론에서 건강한 모체라는 개념과 사회진화론이 맞물려 여성교육의 필요성이 제기되기 시작한다. 이 시기 여성교육과 평등론이 제기되는데, 그 대표적인 예가 여학교설시통문이다. 이소사, 김소사의 이름으로 실린 이 글은 《황성신문》(1898.9.8.) 「별보」로 실렸다. 흔히 '여권통문'이라 불리는 이 글은 1898년 9월 결성된 최초의 여성교육운동단체 '여학교설시찬양회'의 시작을 알리는 여학교 설립을 위한 선언문이다. 찬양회(讚揚會)는 서울 북촌에 살던 여성들이 여학교 설립에 힘을 모으면서 시작되었다.

이제 우리 이천만 동포 형제가 성스러운 뜻을 본받아 과거 나태하던 습관은 영구히 버리고 각각 개명한 새로운 방식을 따라 행할 때, 시작하는 일마다 일신우일신함을 사람마다 힘써야 함에도 불구하고, 어찌하여 한결같이 귀

먹고 눈먼 병신처럼 옛 관습에만 빠져있는가. 이것은 한심한 일이로다. 혹 이목구비와 사지오관의 육체에 남녀가 다름이 있는가. 어찌하여 병신처럼 사나이가 벌어 주는 것만 앉아서 먹고 평생을 깊은 집에 있으면서 남의 제어만 받으리오. 이왕에 우리보다 먼저 문명개화한 나라들을 보면 남녀평등권이 있는지라. 어려서부터 각각 학교에 다니며, 각종 학문을 다 배워 이목을 넓히고, 장성한 후에 사나이와 부부의 의를 맺어 평생을 살더라도 그 사나이에게 조금도 압제를 받지 아니한다. 이처럼 후대를 받는 것은 다름 아니라 그 학문과 지식이 사나이 못지않은 까닭에 그 권리도 일반과 같으니 이 어찌 아름답지 않으리오.[5]

근대적 시민으로 호명된 여성이 남녀평등권을 주장하며 여성의 교육을 강조하지만 실상 이 시기의 여성교육은 애국계몽의 필요성이 불러낸 모성담론이다. 이 모성담론에서는 건강한 모체라는 개념과 사회진화론이 맞물려 여성교육의 필요성이 제기되기 시작한다. 여성도 국민으로 호명되지만, 여전히 여성교육은 아들을 낳고 기르는 모성의 역할에 한정된다. 청년회 연설 장면을 실은 《독립신문》 기사의 한 대목을 보자.

어찌 홀로 사나이만 학문을 배우며 (그) 권으로 말할지라도 남녀가 다 같은 인품이라 어찌 사나이만 사람의 권을 가지고 여편네는 사람의 권을 가지지 못하리오. (…) 대개 여편네의 직무는 세상에 나서 사나이를 가르치라는 것이라. 여편네가 학문이 있게 되면 자식을 처음에 배속에 포태하였을 때부터 아홉 달을 잘 보호하여 해산한 후로 차차 기르면서 더웁고 춥고 주리고 배

부르고 가렵고 아픈 것을 때때로 잘 살피어 묘리 있게 길러내여 밤낮없이 인도하는 말이 남과 싸우지 말나 학교에 가서 공부를 독실히 하라 효제충신 으로 행세를 잘하여 세계에 명예를 크게 나타내라 하며 남의 고모나 누이가 그 조카와 그 아우를 대하여 가르치며 애호하는 범절은 너나없이 다 아는 바이요. (《독립신문》, 1898.1.4.)

애국계몽기의 모성담론에서 건강한 국민의 생산이라는 부국강병 론의 일환으로 모체의 건강, 교육 등의 과학적 지식이 관련되기 시작 했다면, 이러한 모성담론이 적극적인 과학담론과 연결되기 시작한 것 은 식민지 우생학에서였다. 식민지 우생학과 1960년대 기술민족주의 의 과학담론을 비교해보면 국민정체성 형성을 위해 여성성이 재구성 되는 방식의 특성을 엿볼 수 있다. 이를 통해 여성의 신체가 직접적으 로 도구화되는 제국주의적 건강담론과 간접적으로 남성성의 대타적 존재, 비체적 존재로 구성되는 호르몬담론의 방식의 차이를 이해할 수 있을 것이다.


## 2. 식민지 시기: 우생학과 사회진화론

식민지 지배의 논리를 합리화하는 과학주의담론의 예로는 우월한 민 족이 열등한 민족을 계몽하거나 지배할 수 있다는 일본의 우생학을 대 표적으로 꼽을 수 있다. '인종개선학(人種改善學)' 혹은 '민종개선학(民種 改善學)'으로 번역된 우생학은 나치의 우생학으로 잘 알려진 것처럼 인종 간의 우열을 과학화하여, 식민 지배를 합리화하는 대표적 기제로 작동한다. 일본 식민학의 창시자 니토베 이나조(新渡戶稻造)는 "인종 간의 우열은 개인이 아니라 인종 전체를 기준으로 보아야 한다"라는 관점에서 식민의 개념을 "대체로 우등한 인종이 열등한 인종의 토지를 취하는 것"으로 정의하기도 한다.[6] 즉, 우등한 인종의 문명 전파라는 측면에서 식민지 지배는 자연스러운 일이 된다. 특히 분리, 감금, 단종으로 배제하는 열등한 형질이 유전적 질환만이 아니라 환경적 요인을 모두 포함하고 있어서 식민지민들을 자연스럽게 열등한 인종으로 배제할 수 있는 근거가 된다. 빈민, 실업자, 불량아, 게으름뱅이까지 정신병적 경향으로 분류되는[7] 기준에 따르면 일본인에 비해 식민지 조선인이 열등한 인종으로, 조선인에 비해서는 몽골인이 도태되어야 할 열등한 인종으로 분류될 수밖에 없기 때문이다. 우생학의 국가사회적 의미를 강조했던 이케다 시게노리(池田林儀)의 열등자 분류를 보면, ① 유전에 의한 정신허약자, ② 유전성의 정신병자, ③ 간질, ④ 선천성의 생리적 허약자, ⑤ 선천성 기형자, ⑥ 무도병의 병적 이유가 유전적 질병소인을 가지는 자, ⑦ 생래의 맹인, 농아 같은 특수 감관의 장애자, ⑧ 만성취벽자, 상습적 범죄자, 매음부, 빈궁자와 같은 나태계급[8]이 이에 해당한다. 특히 ⑧항의 경우가 식민지의 열등성을 만들어내는 논리와 맞물려 있는데, 상대적으로 문명화 정도가 낮은 식민지의 상황을 생래적인 것으로 만들어내는 근거가 된다. 환경적 요인, 즉 의료 지식, 청결의식, 게으름, 가난함까지 열등인자로 규정하여 상대적으로 문명화가 늦은 조선이나 중국을 열등인자로 규정하게 된다.[9]

이기영의 『처녀지』,[10] 한찬숙의 『초원』[11] 등 친일 작품들을 보면 이 시기 우생학의 논리가 잘 드러나 있다. 『처녀지』를 중심으로 잠시 식민지 시기 우생학의 특징을 살펴보기로 하자. 우생학의 논리에 담긴 제국주의적 인종차별의 논리가 이 작품에서 어떻게 합리화되고 있는지를 여성에 대한 의학담론과 관련지어 주목하고자 한다. 우생학의 논리는 부인야학회에서 의사인 주인공 남표가 여성들에게 강연하는 중심 내용으로 전개된다. 여성은 가정에서 주부이자 어머니로서 국가에 헌신하는 일꾼을 배출해야 하는데, 독일의 '유전우생학'의 예처럼 '건민운동'의 목적을 달성하기 위해서는 건강한 신체와 우수한 자식의 출산이 제일 근본이라고 주장한다.

> 에—그럼으로 우리나라의 여성은 현모양처를 이상으로 삼는데 무엇보다도 여자는 모성(母性)으로서 가장 현량한 부덕을 가추어야 하겠습니다. 여러분께서도 잘 아시는 바와 같이 어느 나라고 간에 부국강병이 되려면 훌륭한 자녀를 많이 낳고 또한 잘 길러야 되는 겁니다. 이렇게 우량한 자녀를 많이 두려면 그것은 전혀 모성에게 달린 줄 압니다. 박궈서 말하면 훌륭한 어머니가 많아야만 훌륭한 자손을 많이 둘 수가 있다는 것이올시다. 그런데 우리나라는 다행히 출생률이 매우 좋다는데 그것은 독일이나 영국에 비하면 거의 배에 가깝다합니다. 그래서 문명국으로서는 우리 일본이 제일 생산을 잘하는 편으로 이것은 여러분의 매우 자랑꺼리인 줄로 생각합니다. (403쪽)

부국강병을 위해서는 우량한 자녀를 많이 낳아 길러야 하며, 이를 위해서는 여성을 천시하고 건강조차 돌보지 않는 조선의 전통을 버려야 한다는 남표의 주장은 모성 보호와 남녀의 동등한 사회적 중요성을 강조한 것으로 보인다. "여자도 인구의 절반을 차지하는 국민의 일분 자요 사회의 성원인 만큼 그들에게도 중대한 책임이 있다"(416쪽)라는 대목 또한 농촌 부인들의 열렬한 지지를 받는 것으로 그려진다. 여성들이 비로소 공적 시민권을 얻는 것으로 보이기 때문이다.

하지만 유전우생학에서 어머니의 혈통이 중요한 이유는 우수한 아들을 낳아야 하기 때문이다. "우생학에서 생각해보면 유전적으로는 모친편이 부친보다도 더 많이 아이한테 피를 가지게" 되고 "더욱 사내아이는 외탁을 하"(406쪽)기 때문에 모성이 중요한 것이며, 이러한 아들 생산은 곧바로 일제의 병사 생산과 연결된다. "인구는 수만 많고 질이 나빠서는" 안 되며, "건민(健民)이 되지 않으면 건병(健兵)도 될 수 없다"(404쪽)라는 서술은 아들 생산이 전쟁 수행을 위한 일제의 병사 충원 정책과 맞물려 있음을 드러내는 대목이다.

전쟁기에 접어들면서 조선에서도 우생학과 출산 장려 담론이 급증하게 된다. 당시의 신문이나 잡지에는 「우생사상보급의 필요」(《동아일보》, 1935.1.26.), 「억센 어린이, 조선을 어떻게 건설할가」(《동아일보》, 1938.1.1.), 「나허라! 불려라! 조선의 인구증식대책」(《매일신보》, 1941. 6.29.) 등의 글이 다수 발표되는 한편, 매일신보사 주최로 1941년부터 매년 다자가정(多子家庭)을 표창하기도 한다. 『처녀지』는 이러한 일본의 국가 시책에 발맞추어 쓰인 작품이라 할 수 있다.

우생학담론의 문제는 병사충원정책이었다는 측면만이 아니라 근본적으로 식민지의 열등화와 제국주의의 배타적 우월성을 형성하는 논리였다는 점이다. '우생학'은 건강한 인구의 생산이 약육강식의 세계질서에서 살아남는 방법이라는 사회진화론의 일환으로 등장했다. 19세기 말부터 유행했던 일본의 우생학은 다윈(Charles Robert Darwin)의 자연선택설 대신 갈톤(Francis Galton)의 인위선택설을 중시했다고 한다. 이는 인간혈통도 가축이 개량되는 것처럼 인위적인 선택에 의해 개선될 수 있다는 입장에 근간을 둔 극단적인 인종개선학이었다. 열등 형질을 배제하고 우수한 형질을 선택함으로써 특별한 재능을 갖추게 되는 인종은 진보할 것이라는 신념과 심지어는 도덕적·종교적 감정이나 정서들도 엄격한 선택에 의해서 개선될 수 있다는 믿음이었다.[12]

『처녀지』에서 독일의 유전우생학을 소개하는 부분은 바로 이러한 인종에 대한 선택과 배제의 논리를 담고 있다.

> 유전결혼상담소란 것이 독일에서는 한 구역에 하나의 비례로 생겨서 거기를 가보면 관할 안의 가족계도(家族系圖)가 적어도 삼대까지-할아버지 때까지의 계통도면이 있어서 그들은 어떤 사람이었다는 것을 쉽사리 알게 되는데 거기에 의사와 심리학자 두 사람이 있어서 당자의 신체는 의사가 보고 마음은 심리학자가 보아가지고 서로를 이 결혼이 장래 좋은 아이를 낳게 할 수 있을 것이라는 판정이 붙으면 곧 증명을 해준답니다. 그러나 이래서는 변변한 자식을 못 두겠다는 인정이 붙을 때는 법률로써 그 혼인을 금지시킬 수 있게 됩니다. 이미 결혼을 한 자에 대해서는 소위 단종법(斷種法)이란 것이 있어서 그 부부간에 생산을 해서는 안 되겠다고 생각되는 경우에는 아이를 낳지 못 하도록 단종의 수술을 강제로 하게 됩니다. (405-406쪽)

식민지 시기의 우생학은 앞서 설명한 것처럼 출산과 유전형질의 개선을 통한 건강한 국민재생산을 위한 것이었다. 하지만 그 내적 논리를 따져보면, 식민지민들이 열등한 유전형질이 되는 식민 지배의 논리였다. 우생학에서는 인종, 젠더 모두 위계를 만드는 요소로 작동하지만, 젠더보다 더욱 중요한 요소는 인종적 요소로 보인다. 열등한 인종에 대한 식민 지배가 정당화되어야 하기 때문이다. 물론 이 과정에서 식민지 남성성이 여성에 대한 계몽자의 위치에서(친일작품들의 경우 대부분 남성주인공이 제국주의자의 목소리로 여성을 계몽한다) 훼손된 남성주체를 회복[13]하려 시도하지만, 인종적 혹은 민족적 열등성의 논리에 압도되어 실제 회복은 그리 쉽지 않아 보인다. 모방은 개혁된(reformed) 그리고 인식할 수 있는(recognizable) 타자에 대한 욕구다. 이 모방은 똑같지는 않지만 거의 동일한 차이의 주체가 될 수 있다. 그런데도 식민지 저항담론의 제국주의 모방은 타자 자체가 될 수 없기 때문에 끊임없이 자신의 미끄러짐과 잉여 그리고 차이를 내포한다. 그래서 모방은 양가적이고 식민주체는 불확실성을 떨쳐버리기 위해 권위성을 강화한다. 감시의 강화, 규범화된 지식, 학제적 권력 등으로 자신의 불확실성을 극복하려는 권위주의적 주체가 되는 것이다. 따라서 인종적 혹은 민족적 요소가 차별의 원리에 중심으로 작동한다. 우생학이 집중하는 차별의 논리도 인종 차이에 집중되어 있다.

그런데도 여기서 젠더가 식민지 남성성을 여성화하고 하위 위계에 위치시키는 원리로 작동한다는 사실에 주목해야 한다. 식민지 남성성은 우생학적으로 열등한 형질, 여성적 형질로 여성젠더화되기 때문이다. 민족의 문제를 보지 못하고 여성의 공적 시민권에만 호응했던 식민지 말기 여성주의자들의 친일이나 제국주의의 국가주의에 동원되었던 역사적 경험도 민족, 계급, 젠더가 항상 함께 작동한다는 사실을 말해준다. 이 시기의 젠더와 과학이 직접적인 신체를 대상으로 포획하는 방식이라면, 이후 1960-70년대의 기술민족주의의 젠더는 국민정체성의 성격 형성과 관련된다. 국민재생산에서 과학주의담론과 젠더가 핵심적으로 결합된 것은 1960-70년대에 와서였다. 급속한 근대화프로젝트를 진행하는 독재화된 국가권력이 공/사의 경계를 변동시키면서 생산노동력으로 국민을 효율적으로 재구성하는 데에 젠더가 중요한 요소로 선택되었기 때문이다.

## 3. 1960-70년대 기술결정론과 기술민족주의

1960-70년대는 박정희 근대화프로젝트가 진행된 시기다. 이 시기에 국민들은 기술민족주의담론을 중심으로 일상, 가정, 젠더의 재배치가 이루어지는 압축적 근대화를 경험한다. 정치와 과학이 호응하고 산업주의국가로 도약하려는 시점에서 과학주의가 국가 프로젝트의 핵심이념으로 떠오르게 된다. 『사상계』를 분석한 결과에서도 과학주의가 민족을 구원할 수 있는 시대정신으로 등장했음을 알 수 있다. 민족주의와 과학주의가 결합하여 만들어진 기술민족주의가 박정희정부의 근대화프로젝트를 이끌었던 핵심이념이 되기까지 근대화에 대한 열망이 과학주의라는 이념으로 다양한 잡지와 언론에 등장한다. 특히 『사상계』의 발간인 장준하는 1962년의 권두언 「과학하는 정부, 과학하는 국민」(1962.7)에서 "오늘날은 과학의 시대라고 한다. 그리고 과학적인 사회-국가일수록 더 부강한 것 같다"라고 선언하고 정부가 경제

정책을 과학적 방법으로 이끌면 국민도 자연스럽게 과학하는 국민이 될 수 있다고 주장한다. 이러한 과학주의는 새마을운동의 생산성담론이나 군사주의 이념과 함께 박정희 시대를 이끌어 간 핵심이념이라고 판단된다.

그렇다면 기술민족주의가 여성을 호명하는 방식은 무엇인가? 식민지 우생학이 여성신체를 직접적으로 도구화하고 동원하는 방식이라면 기술민족주의는 첫째, 생활의 과학화를 통해 테일러주의를 생활화하고 둘째, 호르몬과 건강담론으로 신체를 규율하고 국민으로 재구성해낸다. 잡지 『여원』을 통해 드러나는 테일러주의의 생활화는 여성을 알뜰주부로 재구성하면서 부불(不拂)노동인 가사노동과 저임금의 여성노동력을 창출하는 과정이었다. 여기서 동원되는 과학적 원리는 합리화·수치화·표준화다. 당시 『여원』이 벌이는 3대 캠페인이 '부엌을 개조하자', '한 접시 요리로 식탁을 간소화하자', '재봉틀을 녹슬게 하지 말자'였다는 점도 이런 변화를 짐작케 한다. 가정생활도 공장의 합리화와 동일하게 재편되는 기계산업화의 전면화라고 볼 수 있다. 가정은 공장의 컨베이어벨트처럼 의식주생활의 동선을 최소화하고, 가계부를 쓰고, 노동력 재생산을 해내는 자본주의의 총후부대로 재편된다. 젠더의 역할 구분, 성역할 고정관념이라 부르는 역할이분법을 통해 생산성을 높이는 과정이라 볼 수 있다.

이러한 역할이분법도 중요하지만 좀 더 꼼꼼하게 따져보아야 하는 젠더정치학은 과학주의담론이 재구성해내는 국민의 정체성 형성이다. 잡지 『학원』과 『여학생』은 그 당시 청소년 독서교양을 위해 출간된 잡지였지만, 미래 국민 만들기라는 중요한 담론적 역할을 하고 있었다. 미래의 남성성/여성성을 재구성하는 방식을 엿볼 수 있는데, 이성적 남성성/감정적 여성성이라는 이분법을 설명하기 위해 호르몬담론과 성담론을 동원한다. 서구적 생물학이 전파되고 과학담론이 본격적으로 남녀이분법의 젠더를 구성한 시기는 1960년대다. 특히 『여학생』은 사춘기, 호르몬, 2차 성징, 월경 등 신체의 변화와 남녀의 차이에 대한 의학적·과학적 설명이 전면적으로 진행된다. 섹스나 젠더도 구성된 지식의 체계라는 구성주의적 젠더이론을 참고해보면, 이 시기가 우리 사회에서 섹스와 젠더가 본격적으로 구성되는 시기라 할 수 있다. 전문가 의사의 권위와 함께 사춘기가 되면 남자아이는 분석적이고 이론적인 성격의 남자로 성장하고 여자아이는 감상적 성격의 음악을 좋아하는 여성성을 갖게 된다는 젠더 차이를 과학적 지식으로 전달하고 있다.[14] 의사나 교수 등 권위 있는 전문가들이 설명하는 사춘기의 특징은 호르몬의 변화이므로 자연스러운 현상이라는 것이다. 특히 서구의 생물학, 의학 지식이 동원되는데, 이 담론들은 남녀의 젠더 차이가 생물학적 기원에 의해 구성된다는 자연화를 시도하고 있다.

이러한 젠더정치학이 기술결정론 혹은 기술민족주의와 어떤 연관이 있을까. 왜 이런 이성/감정, 합리/비합리로 나뉘는 극단적인 이분법으로 국민의 정체성을 구성하게 된 것일까. 극단적인 젠더이분법의 헤게모니 남성성/여성성의 재구성은 생산성담론의 일환으로 국민정체성을 형성하는 목적과 관련이 있다. 1960-70년대는 국가 주도의 급속한 근대화프로젝트가 추진되는 가운데 이를 수행할 수 있는 노동주체인 국민 만들기가 진행된 시기다. 이 시기에 재구성된 여성성 역시 국민 만들기의 일환으로 진행되었음을 알 수 있다. 제복의 소녀와 위

대한 모성인 신사임당으로 여성성이 제도화되는 한편, 실제 여성의 육체는 피 흘리고 찢어진 비체로서 혐오의 대상이 되어 지워진다. 소녀성에 부여된 관리되지 않은 신체, 피 흘리고 찢어진 신체는 인간의 불안정성을 나타내므로 제거되고 감추어야 할 요소인 것이다. 1972년 1월 〈특집: 새해를 새로운 각오와 설계로〉에서 소설가 정연희는 여성은 인류의 풍요한 꿈을 키우는 대지이며 아무리 세태가 바뀌어도 "여성의 여자다움만은 변할 수 없다", "여성의 무한한 가능성을 구현한 신사임당이 '우리의 구원의 여상'이다"(「여자의 꿈을 살리는 길」, 『여학생』, 1972.1)라고 강조한다. 이러한 제도화된 여성성은 이 시기 잡지를 통해 다양한 규율담론으로 구성되며 과학담론으로 전파된다. 생산성을 증진하는 노동주체로 구성된 남성성이 버려야 하는 인간적 요소, 감정적이고 취약한 신체는 모두 대타적 존재인 여성에게 부여된다. 그리고 여성은 이를 관리한 타자(신사임당)와 관리하지 못하고 처벌된 비체(피 흘리는 실제의 신체)로 재구성된다. 이처럼 여성성을 재구성하는 과정을 통해 남성주체는 감정적이고 취약한 존재라는 인간적 요소를 제거해나갈 수 있는 것이다.


## 4. 국가동원: 우주과학, 강철신체, 피 흘리는 비체

박정희정부의 국가주의적 개발독재는 전후 훼손된 남성성의 급속한 회복을 추구했고, 노동생산성의 증대를 위해 1970년대로 접어들면서는 노동전사라 불리는 기계신체 상상력이 헤게모니 남성성으로 구성된다. 1960년대 소년/소녀 개념의 재구성은 예비국민으로 국민 만들기의 중요한 매개가 된 것이다. 1970년대에는 새마을운동과 전국민과학화운동이 전개되고 우주과학과 원자력에너지에 대한 정책적 관심이 강화된다. 이 시기 남성성/여성성에서 주목해야 할 변화는 기계신체 선망이 대중문화물에서 급속히 증가한다는 점이다.

〈로봇태권V〉(1976)는 지금도 남성성의 향수를 불러일으키는 인공의 국민적 신체(national body)●가 되었다. 인간 소년의 특권적 지위를 강화하기 위해 소년의 신체는 우주선을 입는 일종의 도구적 기계신체로 증강된다. 이는 인공의 국민적 신체를 만드는 과정으로 이어진다. 이러한 국민 만들기 시기에 소녀성은 소년성과 두드러진 대립적 특징을 보이게 된다. 1970년대에 어린 시절을 보낸 사람들이라면 지금도 TV 화면으로 봤던 만화영화 〈우주소년 아톰〉을 기억할 것이다. 그 후로는 일본 거대로봇의 원조만화 〈철인28호〉와 그 변주격인 〈로봇태권V〉, 〈마징가Z〉 등의 로봇만화가 소년들의 마음을 사로잡았다. 이 시기에 어린이들은 『새소년』, 『소년중앙』, 『어깨동무』 등의 잡지들과 TV, 극장에서 로봇만화의 세계를 접하기 시작했다. 그만큼 이 시기부터 과학기술 발전이나 우주개발 전쟁과 핵개발에 대한 정치적 관심이 당대 잡지들의 지배적 담론으로 떠오른 것이다.

우주과학과 원자력에너지의 시대에 로봇만화는 어떤 관계를 지닌

---

● 김준양은 『이미지의 제국』(한나래, 2006, 298쪽)에서 〈우주소년 아톰〉을 분석하면서 전쟁의 패배와 상처받은 일본의 자존심을 회복하기 위한 아톰은 새로운 인공의 '국민적 신체'로 구성되었으며, 이러한 국민적 영웅 서사를 통해 과거와 단절할 수 있었다고 설명한다. 특히 기계신체는 전쟁으로 처참해진 일본 남성성이 열망하는 유기체의 불완전함과 단절하는 완벽함을 상징하는 것이었다고 분석한다.

것일까. 소년들의 로봇에 대한 열망은 어떻게 설명할 수 있을까. 소년들의 로봇 열망은 강철신체에 대한 선망과 관련 있는 것으로 보인다. 인간의 존재적인 취약성에 대한 부정과 혐오로 남성성을 형성할 때 모든 감정과 신체의 동물성을 배제한 강철신체, 로봇은 인간의 나약함을 극복할 수 있는 궁극의 완벽함을 표상한다고 할 수 있다. 강박적인 과학주의담론이 생산하는 이상적 남성성은 이러한 존재적인 취약성이 부정된 강철신체와 완벽한 이성, 논리성, 합리성으로 그려진다. 소년들의 로봇 열망은 이러한 완벽한 신체가 될 수 없다는 절망, 남성성의 근본적인 허약함을 반영한 것으로 볼 수 있다.

마사 너스바움(Martha Nussbaum)은 원초적 혐오가 동물적 취약성이나 수치심의 경험과 밀접하게 연관되어 있어서 남성이 강철과 금속의 이미지에 강박적일 정도로 집착을 보인다고 분석한 바 있다. 인간의 유한성은 수치스러운 것이고 숨겨야 하는 것이며, 나아가 초월할 필요가 있다는 인식이 바탕에 깔려 있기 때문이라는 것이다. 특히 수치심은 완전한 신체, 완전한 통제력을 지니려는 원초적 욕구에 기인하기 때문에 다른 사람에 대한 폄하와 어떤 형태의 공격성과 연결될 가능성이 있다고 지적한다.\*

이처럼 남성의 강철신체에 대한 욕망은 수치심을 벗어나려는 완벽함에 대한 갈망이기 때문에, 식민지 경험이나 전쟁의 패배는 남성성의

---

\* 예를 들어 제1차 세계대전 후 독일남성이 겪은 수치심은 강철 같은 남성상을 요구하면서 인간의 감정과 신체를 지닌 여성은 수치스럽고 혐오스러운 존재가 되었다. 공산주의자, 유대인, 빈민 등도 혐오스러운 존재가 되었는데, 이들은 사회에 위협이 되는 집단으로서 증오스러운 여성성이 확장된 것이라고 인식되었다(마사 너스바움, 『혐오와 수치심』, 조계원 옮김, 민음사, 2015, 205, 378-384쪽 참조).

훼손을 대체하려는 강철이미지를 더 강화하는 경향이 있다. 제2차 세계대전에서 패배한 이후 일본 애니메이션의 거대로봇 상징들은 훼손된 남성성이 꿈꾸는 강철신체에 대한 열망의 한 예로 볼 수 있다. 우리나라의 경우는 1970년대 산업화드라이브와 관련되어 있는 것으로 보인다. 전후 훼손된 남성성을 급속하게 완벽한 노동전사로 재구성하기 위해 선택된 이미지가 강철신체에 대한 열망으로 나타난다. 특히 달탐사 이후 우주과학의 현실화와 선진국에 대한 열망이 금속으로 강화된 신체이미지로 나타난다.

소년들은 슬퍼하거나 다른 사람의 도움을 필요로 하는 것이 수치스럽다고 배운다. 소년 문화의 특징 중 하나는 여성적이라고 여겨지는 성격의 모든 측면(감정 특히 욕구, 슬픔, 동정심)을 폄하하고 경멸하는 것이다. 여성을 향한 혐오는 자신의 취약한 부분을 향한 적대감이라[15] 볼 수 있다. 그 때문에 강철신체의 남성성을 헤게모니 남성성으로 삼았을 때 여성성에 대한 혐오와 수치는 더욱 강력해지는 경향이 있다. 이때 구성된 소년성과 소녀성의 특성은, 절대적인 근대화 주체와 그 주체가 버려야 할 것들로 대비되면서 젠더가 극단적으로 이분화된다.


## 5. 과학, 남성적 권력이 만들어낸 지식의 형태

위에서 개괄적으로 살펴본 과학주의담론과 젠더의 정치학은 고정된 남성성/여성성이 아니라 끊임없이 변화하고 흔들리는 개념이라는 것을 보여준다. 코넬(R. W. Connell)은 과학적 지식도 남성적 권력이 만들어낸 지식의 형태라고 주장한다. 우리가 객관적 지식이라고 믿었던 과학이 사실은 흔들리는 문화담론이라는 말이다.

20세기 내내 과학은 남성성에 관한 관념의 발달을 규정했다. 주도적 담론은 제아무리 어처구니가 없어도 그것이 과학적이라고 주장했으며 과학적 발견을 활용했다. 심지어 로버트 블라이(Robert Bly)도 『무쇠 한스 이야기 (Iron John)』에서 우리 뇌의 3분의 1이 전사의 뇌고 DNA가 전사의 본능을 전달한다고 주장하면서 과학적 용어를 구사한다. 그러나 과학에 호소하는 일은 우리를 순환 논리에 빠뜨린다. 구체적인 역사적 정보를 통해서 자연과학 자체의 젠더화된 성격이 드러났기 때문이다. 서구의 과학과 기술은 문화적으로 남성화돼 있다. 과학자와 기술자가 대부분 남자들이라는 말은 개개인이 그렇다는 의미가 아니다. 과학적 연구에서 사용하는 일반적 은유, 과학 담론의 비인격성, 과학 내부의 권력과 소통의 구조, 내부 문화의 재생산, 이것들 모두 젠더화된 세계를 지배하는 남자들의 사회적 위치에서 비롯됐다. 남성성의 논의에서 과학의 지배도 사회적 젠더 관계에서 남성성(또는 특수한 남성성들)의 위치가 반영된 결과다.[16]

헤게모니 남성성의 개념을 주장한 코넬은 남성성을 담론적 구성물로 간주한다. 그러한 담론적 구성물을 만들어온 지식이 과학이었다고 주장하면서 과학이라는 객관적 환상을 벗기려 시도한다. 과학적이라고 하는 수많은 용어가 사실은 젠더화된 세계를 지배하는 문화적 담론이라는 것이다. 젠더가 사회적 상호 작용으로 고정된 게 아니라 그 작용에 따라 구성된다는 사실, 남성성 안에서도 젠더 차이가 있다는 사실은 현대 젠더사회학의 중요한 주제다.[17] 젠더차를 자연화하는 데 기여했던 과학지식이 담론적 구성물이었음을 인식한다면 변화하는 남성성/여성성의 담론적 투쟁과 경합의 과정들을 이해할 수 있을 것이다.

# 3장

# 1960-70년대 기술민족주의와 기술결정론: 『사상계』

## 1. 무성적 잡지의 내면화된 젠더 위계화

1960년대 대표적인 교양잡지 『사상계』(1953.4-1970.5)에 나타난 과학주의는 이 잡지의 주요한 특징이다. 그러나 지금까지는 이에 관한 몇 편의 과학사 연구자들의 논문이 나와 있을 뿐 과학주의는 크게 주목받지 못했다. 1960년대 연구는 냉전과 군사주의, 새마을운동과 생산성 담론에 초점이 맞추어져 있었기 때문이다. 기술민족주의라 규정할 수 있는 이 시기의 과학주의는 부국강병을 이룰 수 있는 마술적 조력자로 기능했으며, 기술이 모든 이들에게 이익이 될 것이라는 기술결정론의 관점을 지니고 있다. 이러한 특성을 추출하고 실증하는 작업을 통해 기술결정론이 만들어내는 남성성/여성성의 젠더 구성을 함께 분석할 수 있다.

이는 '위기담론으로서의 과학주의와 여성성'에 대한 연구의 한 부분이다. 1900년대부터 국가적 위기에 대한 대안담론으로 등장한 주요 담론을 꼽으라면 그 하나가 과학기술과 관련된 논의다. 두 차례에 걸친 일제 말기 친일문학 연구를 진행하면서 사회진화론과 우생학이 식민지민들의 열등성을 강조하는 이론으로서, 여성성을 감성성으로 연결하고 다시 변덕스러움, 무책임성과 연결 지어 식민지 남성을 여성화하여 열등화하는 이론적 근거가 되었다는 사실을 발견했다.[1] 과학주의가 인간성에 대한 가치요소들을 위계화하는 일종의 이념적 플랫폼 역할을 한 것이다. 이러한 연구를 기반으로 식민지 이후 전후 한국사회의 재구성에서는 과학주의가 남성성과 여성성을 어떻게 재배치하는가를 연구할 필요가 있다고 판단했다. 시대별 헤게모니적 남성성과 여성성* 재구성에 관한 연구로 확장해보면 한 시대의 민족(국가) 정체성의 형성이 변해가는 특성을 볼 수 있을 것이다. 1900년대의 사회진화론과 애국계몽기 공론장에서 이루어진 여성 호명 방식, 1930-40년대의 우생학 이론과 총후부인의 여성성의 특징, 1960년대 기술민족주의와 감성적 여성성의 재배치 등이 과학주의담론의 두드러진 특징이라 볼 수 있다. 그중에서도 『사상계』의 과학주의가 전후의 가치전복과 혼란을 다시 재구조화하는 이념적 배경이 된다는 점에서 매우 흥미

---

● 지배담론을 설명하는 개념으로는 프레데릭 제임슨의 우세종 개념이 주로 사용되지만, 헤게모니적 남성성은 그람시의 헤게모니 개념을 남성성과 연결 지어 지배담론의 형성과 담론 간의 경쟁, 지배, 복종의 협상관계에 대한 분석을 좀 더 선명하게 드러내고자 하는 개념이다. 남성성 연구자 코넬의 'Hegemonic masculinity'가 국내에서 주로 소개되었으며 이 논문에서는 코넬의 헤게모니적 남성성/여성성 개념을 사용하기로 하겠다(R. W. 코넬, 『남성성/들』, 안상욱·현민 옮김, 이매진, 2013, 69쪽).

롭다. 특히 미국문화의 유입과 서구문
명에 대한 전면적 수용이 급물살을 타
던 이 시기에 이성/감성, 합리/비합리,
서구/동양 등의 사회적 가치를 재배치
하는 원리가 된다는 점에서 중요한 담
론적 장이라 할 수 있다. 푸코의 분석
처럼 지식 권력이 우리 사회에서는 '과
학주의'라는 이름으로 작동한다. 이 시
기 『사상계』가 주장했던 과학주의의
성격은 무엇인지, 그리고 젠더 재배치
의 과정은 어떻게 이루어지는지 분석

〈그림 3-1〉 『사상계』 1961년 4월 표지

하는 것은 이 시기 사회적 가치가 재구성되는 과정의 한 단면을 이해
하는 방법이기도 하다.

　『사상계』는 민족주의론, 시민사회론을 주로 쟁점으로 삼은 정론지
로 알려져 있다. 그러나 이에 대한 새로운 해석이 필요하다는 연구들이
등장했고, 젠더적 관점에서 다시 보기를 하는 연구들도 나와 있다. 본
격적인 잡지 연구의 시작이라 할 수 있는 김건우의 연구에서는 냉전시
대 『사상계』의 사상적 배경과 문학작품들의 실증적인 작업과 특성에
대한 분석이 이루어졌다. 사상계연구팀 외 여러 연구자가 1950-60년
대 시대적 배경과 정치적·문화적 접근을 총체적으로 시도하고 있다.[2]
그 외에 과학주의와 여성성에 대한 논의는 아직 미진하고, 1960년대
과학기술담론 연구가 개별적으로 이루어졌을 뿐이다. 잡지 연구로는
통합된 주제별 연구보다는 각각 대상 잡지 연구가 토대연구 차원에서

진행되었다.

그중 한영현과 김복순의 연구에 주목할 만하다. 한영현은『사상계』의 시민사회론이 후진국콤플렉스를 극복하기 위한 물질적 근대화에 경도되면서 당위론적 차원에서 자유와 평등을 논의했다고 지적했다. 즉, 여성 역시도 구체적인 현실과 실태가 소거된 채 근대적 시민사회의 당위를 강조하는 차원에서 도구적으로 호명되는 문제점을 보인다고 평가했다. 김복순은『사상계』를 1960년대의 잡지로만 보고 순수한 사상으로 근대를 전파한 '민족적 저항지'라고 평가하는 것에 문제를 제기하며 이 잡지에 대한 재평가를 주문한다.『사상계』는 순수일반교양지가 아니라 반공을 공고히 할 사상체계를 마련하기 위해 만들어진 '반공로컬' 잡지이며, 근대화의 주체에서 여성-개인을 배제함으로써 여성을 '방공로컬'이자 성적 차별을 받는 '중복 로컬'로 재구획했다고 보았다. 이후 젠더 관련 논의들이 이루어졌지만, 표면적으로는 무성적 매체로 나타나기 때문에 심화연구를 진행하기 어려웠던 것으로 보인다.[3]

과학기술담론의 전파에 주목하기 시작한 연구들도 과학주의와 젠더를 연결하기 위해서 검토해볼 필요가 있다.『사상계』에 나타난 과학과 기술의 표상을 분석한 김상현은 과학과 기술이 근대화의 핵심요체로서 구성되었음[4]을 밝혔다. 효율성과 급속한 속도, 번영의 상징으로 과학기술이 상상되면서 정치적·물질적 힘으로서 과학과 기술이 인식되었다고 분석했다. 김태호는 한국 과학기술계의 지형도를 보여주는 논문에서 사상계의 과학자들과 그들이 1950-60년대 정치적 격변기를 따라 정치권력과 결부되는 과정[5]을 실증적으로 분석했다. 백영경은 산아제한이 인구라는 사회적 몸을 상상하고 재구성하는 계기를 만들었으며, 『사상계』는 이러한 과학지식과 정치가 연결되는 과정을 보여주는 담론⁶임을 밝히고 있다. 이 연구들은 과학주의와 국가적 통치성, 정치적 권력의 작동과정에 대한 다양한 아이디어를 제공했다. 그러나 과학담론만을 대상으로 하고 있어서 이 잡지의 전체적인 담론적 경쟁을 읽어내기 위해서는 좀 더 새로운 맥락화가 필요해 보인다. 실제 잡지의 기사들을 대상으로 과학주의와 여성성을 연결하여 통치성을 확장해나가는 담론적 경쟁과정을 분석해보면 1960-70년대의 근대화과정이 어떤 모습의 국민을 이상으로 형성해나갔는지 알 수 있다.

먼저 『사상계』의 중심 담론이 과학주의였음을 밝히는 실증작업을 진행하면서 과학 관련 기사와 여성작가의 문학작품을 연결 지어 살펴보겠다. 담론적 경쟁의 직접성을 분석하기 위해 논설, 평문, 수기, 기사 등을 살펴보고 여성작가들의 문학작품을 통해 여성성의 재배치 과정을 탐구하고자 한다. 그 외 탐방기, 번역기사, 독후감 등 다양한 장르로 제공되는 서구인물소개란, 서구적 과학 지식을 소개하는 기사들도 함께 읽어보겠다.

『사상계』에는 민족, 민주, 평등 등의 용어가 자주 사용되지만 여성 관련 담론은 거의 논의되지 않는다. 젠더 관점에서 연구자들이 한결같이 지적하는 것처럼 1960년대 지성사의 중심이면서 여성담론에 무관심했다는 사실은 그 자체가 연구 대상이 될 것이다. 담론에서 무엇이 말해지는가뿐만 아니라 무엇이 침묵되는가 역시도 중요한 연구거리가 된다. 동시대 잡지인 여성교양지 『여원』에서는 과학적 합리성, 가정의 과학화라는 담론이 여성담론의 핵심이 되고 있으므로 과학주의를 둘러싼 사상적 배치나 관련성에 대한 논의가 필요하다. 여성작가들의 작품에 나타난 여성성의 재구성과 『사상계』의 과학주의가 구성하는 과학적 합리성이 어떤 관계인가를 따져보면 각 요소 간의 배치가 이루어지는 과정을 볼 수 있다.

과학기술이라는 신지식을 매개로 형성되는 여성성에 대한 분석은 자칫 단순한 결론을 반복할 우려가 있다. 과학적 합리성＝서구＝남성성, 감성적 비이성성＝한국＝여성성이라는 이분법이 여성성 형성을 매개로 이루어지는 위계 만들기, 즉 제국주의 모방이자 식민화담론의 일종이라는 기존 해석의 동어반복이 되곤 하기 때문이다. 식민지 남성성은 여성에 대한 계몽자의 위치에 섬으로써 제국주의적 남성성의 위치를 전유한다는 해석도 이미 충분히 이루어졌다고 생각한다. 특히 호미 바바의 모방(mimicry) 이론은 최현무 등의 한국문학 적용[7]과 함께 탈식민이론으로 여성문학연구에 상당한 진전을 가져왔다. 그러나 이러한 논의들은 남성주의 이론이 근본적으로 위계 만들기의 권력을 내포한다는 동질성을 분석하는 데는 유용하지만 한국의 담론적 특성을 파악하는 데까지 기여하지 못한다. 국경을 넘는 순간 이론은 모방하면서 균열하는 새로운 문화번역으로 기능할 뿐이다. 따라서 선규정된 잣대로 평가하기보다 담론의 역동적 변화를 추적하는 데 중점을 두고자 한다. 담론의 경쟁과정에서 지배담론으로 떠오르는 것들은 무엇인지, 어떤 내적 논리를 기반으로 헤게모니적 남성성과 여성성이 구성되는지, 그 요소들은 무엇인지를 찾아가며 읽어보면 근대화를 겪는 후발국가의 동질성과 차이를 읽어낼 수 있을 것이다.

## 2. '과학하는 정부', '과학하는 국민'

『사상계』는 민족적 자본주의를 주장하기도 한 1960년대 지성사를 대
표하는 잡지다. 이 잡지는 1952년 8월 당시 문교부 산하 국민사상연
구원(원장 백낙준)의 기관지였던 『사상』에서 출발했다. 이후 『사상지』로
창간되어 통권 4호를 냈고, 잡지의 편집에 참여했던 장준하가 1953년
4월에 인수하여 『사상계』라는 제호로 출간, 종합교양지로 발간되었
다. 1970년 5월 종간 때까지 사상의 통일이나 자유민주주의, 반공정
신 등을 강조하며 전시하에 있는 지식인층의 사상운동을 주도했다. 특
히 이 잡지에서는 '기술민족주의(Technonationalism)'라 불릴 만한 국가
주의적 기술개발에 대한 논의를 진행했다. 기술민족주의는 생산의 단
순한 한 가지 요소로서 기술을 바라보는 것이 아니라 국가의 힘과 부
의 원천으로서 과학기술을 파악하며, 국가가 과학기술의 개발, 확산,
이전 등의 문제에 개입해야 한다는 것[8]으로 정의할 수 있다.

이 잡지는 1960년대 민족, 민주주의의 발전을 잡지의 기본 모토로
삼은 사상지로 민주주의와 과학주의를 민족국가 발전의 핵심 개념으
로 삼았다. 잡지의 주제어 검색\*으로도 민주(200건), 민족(187건), 과학
(142건) 관련 기사들이 가장 큰 비중을 차지하고 있음을 알 수 있다. 주
제어 '여성'으로 검색된 기사 6건, '가족' 5건, '가정' 5건에 비하면, 이
잡지의 관심사가 무엇이었는지 짐작할 수 있는 부분이다. 그나마 가족

---

* 잡지 기사 검색은 동방미디어 『사상계』 영인본에서 주제어 검색으로 본 결과다. 주요한 기
사들은 한국여성문학학회 사상계세미나팀에서 함께 강독하고 확인했다.

은 산아제한 관련 기사들이 대부분이다. '산아제한' 기사로 검색하면 16건이었다. 가족이나 가정도 국가의 인구문제로 접근하고 이를 과학적으로 통제할 방법에 대해 고민한 것이다.[9]

'과학'이라는 주제어로 검색된 142건의 기사들을 살펴보면, 특집이나 기획 제목을 제외한 실제 기사는 130건이다. 과학사 소개와 우주여행, 원자력, 의학, 과학과 신학 등의 소재를 주로 다루고 있다. 그중에서 과학적 인식과 가치의 문제를 다루고 있는 과학담론들을 중심으로 살펴보면 다음과 같다.

우선, 과학 기사들을 크게 세 가지로 분류할 수 있다. 첫째, 일반적인 과학 기사로 과학사, 과학철학, 의학, 생물학 등 다양한 과학 지식을 소개하고 있다. 이러한 과학지식 기사들은 과학적 인식론, 부국강병론 등과 연관되어 논의된다. 둘째, 원자력 관련 글들이 다양하게 실려 있다. 주로 원자력이 제2의 불이라는 주장과 함께 원자로 도입으로 이어지는 원자력 에너지에 대한 글들이다.[•] 원자력의 위험성을 제기하면서 원자로 도입에 반대하는 글 역시 다수 실려 있다. 셋째는 인공위성과 관련된 우주개발에 대한 글들이다. 1957년 소련이 인공위성 개발에서 먼저 성공하면서 미소경쟁에서 민주진영이 우위를 지켜야 한다는 주장을 펼친다. 과학의 발달=국방력이라는 신념을 드러내고 있으며 미국의 과학연구는 공개적인데 소련은 비밀주의이기 때문에 미

---

• 공임순은 이 글들을 대상으로 전후 냉전체제의 수립과 원자탄이 갖는 상징성에 대해 분석했다(공임순, 「원자탄을 둘러싼 한반도의 변화되는 세계상과 재지역화의 균열들」, 『냉전과 혁명의 시대 그리고 사상계』, 소명출판, 2012, 43쪽 참조). 그에 따르면, 원자탄이 과학기술과 자본, 지식정보가 총집결된 문명의 상징이자 문명의 파멸의 징조로 여겨졌다는 것이다.

국의 우위가 유지되어야 한다는 냉전적 신념을 보여주는 글들이 대부분이다.

1960년대의 과학주의는 『사상계』에 한정된 이념적 특징이 아니라 근대화프로젝트의 핵심요소로 강조되었으며, 핵무기와 핵발전에 대한 열망과 함께 부국강병의 상징적 기호로 사용되었다. 장준하는 1955년 4월 발간의 목적을 밝히는 권두언에서 "현대화라는 것은 과학화를 의미하는 것입니다", "우리 민족의 역사와 우리 민족의 문화가 과학적으로 분석되고 정리되고 체계화되어 이것이 우리 민족의 현대화의 거점이 되어야 합니다"라고 밝히면서 과학화를 민족 부흥의 방법으로 선언했다. 이러한 과학주의에 대한 관심은 이후에도 지속된다. 민족이 살아나가는 데 필요한 요소가 개척정신이요 과학적 방법이라는 장준하의 『사상계』 권두언 「못난 조상이 되지 않기 위하여」(1959.3)처럼 과학주의는 민족지성과 국가정책이 맞물리는 지점이었다.

우리가 애국을 하는 것은 우리가 잘 살고 우리와 직결되는 우리 후손들이 잘 살 수 있는 터전을 만들자는 데 있다. 그러므로 애국은 감정이 아니고 「이념」이어야 하고 그 이념에 기초를 둔 설계이며 행동이어야 한다. (…) 우리의 지도자들은 민족적 감정의 불길을 일으켰을망정 민중을 확고한 이념 위에 세워놓지는 못했다. 언필칭 삼일정신을 운위하고 그 실천을 고조하나 이 정신이 우리의 실생활에서 살아날 수 없을진대 역사적 유물은 될지언정 우리의 지도이념은 될 수 없을 것이다. 이같이 감정만으로 묶이워졌던 이 민족은 8·15와 더불어 급작스럽게 받아들여진 민주, 공산의 두 이념 속에 휩쓸려 갈피를 잡지 못한 채 분할된 지역 속에서 불행한 분열과 대립상을 이루어 놓았다. (…) 그러면 무엇이 이 현실에서 우리로 가장 애국하게 하는 길이겠는가. 두말할 것도 없이 **민족정기를 세우고 허트러진 사회 기준을 바로 잡는데 거족적인 노력을 기우리는 일이다. 여기에서 먼저 요청되는 것은 개척 정신이요, 과학적 방법이다.** 먼저 나서고 과학적으로 움직여야 한다. 연후라 야 우리가 바라는 이념의 태동을 볼 수 있고 나라 살림의 올바른 설계도 기 대할 수 있으며 참다운 재건과 부흥도 이루워질 것이다. (14-15쪽)

이 글은 새로운 근대국가는 과학적 방법으로 건설되어야 한다는 주 장을 담고 있다. 여기서 과학적 방법이란 '재건', '개발', '부흥'의 수단 으로 비합리성·감성이 아닌 지성·이성의 방법이었고, 감성에서 벗어 난 이성의 독립을 의미한다. 민족정기를 바로 세우고 흐트러진 사회 기준을 바로잡기 위해서는 개척정신과 과학적 방법이 필요하며, 건전 한 사회를 만드는 데 지성이 필요하다고 강조한다.

이 글 외에 1962년의 권두언에서도 「과학하는 정부, 과학하는 국 민」(1962.7)이라는 제목으로 다시금 과학적 정신을 강조하는 글을 발 표한다. 이 글은 "오늘날은 과학의 시대라고 한다. 그리고 과학적인 사 회-국가일수록 더 부강한 것 같다"라는 선언적 진술로 시작한다. 여기 서 사주, 관상, 태몽 등 비과학적인 삶의 방식으로 점철된 우리나라의 관습을 비판한다. 그리고 "과학적이란 간단히 말하면 일정한 법칙하 에 있는 몇 가지 요인의 상호작용은 반드시 일정한 결과를 가져올 것 이며, 이와 같은 인과관계로 세상만사가 설명된다는 태도"(30쪽)라고 정의한다. 이러한 합리적 추론과 인과론적 사고가 우리 정부의 경제정 책에 반영되어야 한다는 것이다. 무모한 도전보다는 과학적인 전망을

<그림 3-2> 『사상계』 1962년 7월 권두언

제시해야 하며, "정부가 먼저 과학하여야 (⋯) 국민은 과학하기 시작할 것이다"(31쪽)라고 강조한다.

이 잡지의 과학주의는 기술과학에 대한 지식과 과학적 인식론의 측면으로 전개되는데, 『사상계』 주요 필진은 과학적 사고, 인식론의 문제에 집중한다. 『사상계』 창간 5주년 기념 강연으로 개최된 제1회 과학진흥강연회(서울대학교, 1958.4.11-12.)의 내용도 과학주의와 관련하여 중요한 언급을 보여준다. 이용희의 「과학과 현대정치: 과학을 지배하는 정치와 정치를 지배하는 과학」(1958.6)과 윤세형의 「과학의 문화사적 의의」(1958.6)에서는 과학정신이 정치적 원시심리, 정치적 미신에 호소하지 않는 민주주의의 기본원리임을 강조하고, 우리나라의 문화적 후진성 역시도 과학이 해결할 수 있다고 한다.

우리나라의 문화적 후진성은 문화적인 활동 그 자체의 빈곤성에 있을 뿐만 아니라 과학이 우리 개인생활에 침투되어 있어야 하고 과학이 국민경제향상의 자산으로 이용되어야 하고 과학이 모든 예술가에게 풍요한 知의 원천이 되어야하고 과학이 모든 문화적 활동의 언어로서 또는 전달방법으로서 이용되어야 한다는 오늘날의 문화사적 현실에서 우리 자신 뒤떨어져 있는 까닭에 우리가 문화적 후진성을 모면하지 못하고 있는 것이 아닌가? (52쪽)

이 글에서 드러나듯이 과학은 우리나라의 후진성을 극복할 수 있는 마술적 조력자로 상징되며, 과학적 합리성이 정치, 경제, 문화, 예술 전 영역의 후진성을 해결해줄 것이라는 비상한 신념으로 발화된다.

그 외의 글에서도 과학적 합리성, 인과적 사유가 감정, 불합리와 대립하는 새로운 사회의 요소가 되어야 한다는 주장들이 자주 등장한다. 좌담회 「건전한 사회는 어떻게 건설할 것인가」(1956.9)에서 유진오는 과학적 사고를 '민주주의의 기반'이고 "인간생활이나 훌륭한 사회를 건설하는 데 기본"이 된다면서, 야만을 멀리하며 감정, 불합리, 비합리에 지배되는 것을 반대하는 것으로 정의했다. 김팔봉은 "객관적인 현상을 정확하게 관찰하고 정확하게 인식하고 정확하게 반영하는 것"으로 정의했다. 배성룡은 「동양인의 인생관」(1953.4)에서 동양적 정체성으로부터 근대의 후진사회가 되었고 이러한 정체된 동양사회의 청빈하고 검약 자족적인 인간관을 '결함'/'결핍' 있는 인간관이라고 비판했다. 그리고 이에 대비되는 새로운 인간관으로 "과학에 입각한 인간"(52쪽)을 제시하고 이를 계몽 교양할 것을 주장했다.

G. 랜더스의 글 「새로운 과학자의 사명」(1957.7)은 부국강병론의 과

학기술론을 반영하고 있다. 랜더스는 과학기술의 발달이 우리를 여러 고통에서 해방시켜주었듯이 핵물질의 과학자와 기술자들이 새로운 세상에 희망을 줄 것이라고 했다. 과학은 제2차 세계대전 이후 비약적으로 발전하여 원자력과 인공위성을 완성했고 이를 통해 인간은 지구뿐만 아니라 우주까지 지배하는 주인공이 되었다.

'과학과 명일의 세계'라는 주제로 세계적 권위자들에게 들은 내용을 담은 18편의 글[10]도 실렸는데 그중에서 윤세형의 글은 매우 흥미롭다. 그는 「국가와 과학」(1958.5)이라는 글에서 과학이 뒤떨어진 나라는 곧 군사적으로나 경제적으로 뒤떨어진 나라이며, 과학을 진흥케 하지 못한 정치는 잘못된 정치 또는 현명치 못한 정치라고 주장했다. 과학은 생활을 윤택하게 하고 국력을 향상시키는 국민경제의 자본이 된다는 것이다.

1958년 6월에는 과학 특집으로 글 여섯 편이 실렸다. 그중에서 이용희의 글 「과학과 현대정치: 과학을 지배하는 정치와 정치를 지배하는 과학」(1958.6)은 과학이 정치적 군사적 경쟁과 긴밀한 관련이 있음을 밝혔다. 과학은 국방 외에도 다른 여러 가지 문제, 즉 국민의 복지, 생활의 향상, 혹은 사회 및 산업의 발달, 이런 것들과 긴밀한 관계가 있다. 과학이 이러한 다른 방면과의 관계 못지않게 또는 가일층 정치와 긴밀한 관계를 맺는다는 것이다. 과학의 발달은 진리의 추구에서 온 것이 아니라 군사경쟁 때문이라는 것이 이 글의 핵심 주장이다.

과학적 인식론이나 부국강병론의 주제와 달리 실제 과학기술에 관련된 기사들도 다수 게재되었는데, 원자력에 관한 기사들과 인공위성을 둘러싼 미소의 우주전쟁 역시도 이 잡지의 주요한 관심사였다.

원자력에 대한 관심은 1959년 원자력원을 설립하고 서울대학교에 학과를 설치하는 등 실제적인 성과로 결실을 보게 된다. 지지부진하던 원자로 사업을 1962년부터 본격화하여 박정희정부의 핵심 사업으로 삼았으며, 1978년 고리1호기의 상업운전이 시작되면서 원자력 에너지의 시대를 열게 된다. 에너지에 대한 기술개발과 우주전쟁, 군비경쟁 등은 이 시기 과학지식의 핵심으로, 부국강병과 냉전의 우위라는 이념을 반영한다.[*]

인공위성과 관련된 글에서는 1961년 4월 소련이 금성에 혹성 간 스테이션을 발사하여 로켓 분야의 우위를 차지하게 된 기사가 이슈화되기 시작한다. 금성에 간 가가린 소령의 우주여행과 미국의 우주개발 전쟁이 단순히 우주의 이야기가 아니라 로켓기술과 군사력, 경제력과 세계에서의 민주 진영의 위기를 보여주는 것이라는 냉전의 논리가 그대로 반영되어 있다. 한만섭은 「우주과학의 오늘과 내일」(1961.10)에서 미국의 인공위성 기술이 기후위성, 통신위성, 항해위성, 로켓 탐지위성 등 인간생활의 개선을 위해 사용될 것이며 인공위성의 군사적 가치는 탐지 및 정찰용에 그칠 것이라고 소개한다. 따라서 미국의 인공위성은 소련보다 인류에게 더 많은 혜택을 주고 소련처럼 인공위성을 우주탐험에 이용할 것인가, 미국처럼 인간생활에 이용할 것인가를 질

---

● 관련 기사로는 프리쉬, 「원자력」(이시호 옮김, 1958.1); 이종진, 「원자력이용에 대한 전망」(1958.6); 육지수, 「원자력과 호황의 10년: 60년대의 세계경기순환」(1960.3); 김종수, 「동력원의 현황과 개발: 수력, 화력, 원자력이용」(1961.1); 백용균, 「원자력의 작물육성에 대한 이용」(1968.7) 등 원자력을 긍정적으로 다루는 글들과, 이와 달리 이종진, 「원자력시대의 인간상」(1960.9); 이종진, 「원자력시대와 휴머니즘」(1961.10) 등 원자력의 위험성을 다루는 글들도 실려 있다.

문한다. 기술개발에서 앞서가는 소련보다 기술적 휴머니즘을 미국이 실천하고 있다고 주장하는 것이다.•

『사상계』의 과학주의는 일종의 기술결정론으로 보인다. 기술이 사회와 무관하게 중립적으로 발전하며, 특정한 집단에 이익을 주는 것이 아니라 모든 사회집단에 이익이 된다는 기술중심주의[11]의 일면을 드러낸다. 그러나 초기 과학주의자들의 기술결정론은 1980년대 미소군비경쟁과 과학기술 발전의 정치적 권력화를 보면서 모두에게 선이 되는 기술은 없다는 기술의 사회적 형성론에 의해 비판받는다. 기술이 사회적으로 구성될 뿐만 아니라 기술이 사회를 형성한다는 것이다. 기술결정론과 달리 기술의 사회적 구성론과 사회적 형성론은 사회와 기술의 상호작용에 주목한다. 기술의 사회적 구성론은 과학적 사실이 사회적으로 구성되는 것처럼 기술적 인공물도 사회적으로 구성된다는 관점으로 과학과 기술의 구분을 거부하고 '기술과학'으로 개념화한다. 기술의 사회적 형성론은 사회적 구성론과 달리 기술과 과학을 구분하여 사회적 상호작용 속에서 기술이 형성되는 과정을 분석하고 기술 형성에 민주적 개입이 가능한 방법을 적극적으로 모색하는 관점이다.[12] 이러한 관점들이 제기되면서 과학기술도 가치중립적인 지식의 세계가

---

• 인공위성 관련 기사로는 이원철, 「인공위성과 천문」(1958.6); 존 레이, 「무진장의 공중자원: 하늘에서 노다지를 파는 사람들」(박배송 옮김, 1957.11); 신응균, 「우주시대와 세계전략」(1959.1), 「쏘련의 우주스테이션」(1959.11), 「미국과 쏘련의 인공위성 경쟁」(1961.4), 「우주여행에 앞장 선 소련」(1961.5), 「미국의 인간로켓 발사성공」(1961.6); 김홍우·최영두·홍승면, 「우주여행성공이 의미하는 것: 미소의 우주여행성공을 보고서」(1961.6); 한만섭, 「우주과학의 오늘과 내일」(1961.10); 이종수, 「텔스타라와 보스토크 3, 4호」(1962.9), 「우주종합경기에서 다시 득점: 미 머큐리계획 완수로 쏘에 육박」(1963.6) 등이 있다.

아니라 사회적 권력과 관련되어 형성된다는 점을 인식하게 된다. 특히 핵무기의 경우 결정권자의 절대성 때문에 독재적 권력이 필요한 정치적 특성을 보인다고 지적한다.[13] 1960년대 핵무기에 대한 한국 정책권자들의 열망 역시도 중앙집권적 권력화에 대한 욕망을 반영하는 것이었음을 간과할 수 없다. 『사상계』의 과학주의는 냉전의 논리나 부국강병론의 입장을 합리화하는 기술결정론이라는 점에서 국가주의적 생산성담론과 맞물려 들어간 것으로 보인다. 1970년대 유신정권의 본격적인 '과학총동원령'에 과학자들이 적극적으로 호응했던 것만 봐도 기술결정론이 과학기술의 정치성에 대해 무성찰적인 이념이었음을 알 수 있다.

민족이라는 이름이 모든 것을 초월하는 절대적 이념이 될 때, 개인적 자유보다는 민족공동체의 발전이 우선될 수밖에 없다. 전후 뜨겁게 분출되었던 '개인적 자유'에 대한 욕망을 재규율화하는 문제가 당시의 주요 화두로 등장한 것도 그러한 변화를 반영한다. 『사상계』는 특히 민족을 중심이념으로 삼으면서 자유를 재규율화하는 방향으로 담론들을 전개한다. 자유란 "인격이나 개별적 인간으로서의 자유가 아니라 국가민족의 현실과 결부된 자유여야" 하며, "그것은 마치 민주주의의 목표는 민주주의에 있다고 하는 동의어 반복과 다를 것이 없"[14]다는 논의가 등장한다. 서구의 자유민주주의가 후진국에 이식되자 사대주의와 결부되어 반민족적·반사회적인 매국적 이기주의를 형성[15]하게 되었다는 논의들도 그러한 예다.[16] 민주주의가 민족적 민주주의가 되고, 자유가 한국적 자유가 되는 순간 개인의 자유는 재규율화의 길을 걷게 된다. 이러한 민족 우위의 이념이 기술민족주의로 전개될 때

『사상계』의 과학담론은 성찰성을 잃고 국가주의적 생산성담론이 될 수밖에 없었을 것으로 판단된다. 생산성담론과 결부되는 부분에 대해서도 좀 더 충분한 논의가 필요하지만, 기술결정론이 가치의 위계를 계열화하는 과정에 대해 남성성/여성성의 젠더 재구성을 중심으로 살펴보는 것도 중요하다.

## 3. 보편적 민족 주체의 재구성: 감정적 여성성의 하위위계화

잘 알려진 것처럼 『사상계』는 민족, 민주, 경제발전, 문화창조 등 민족주의 사상의 함양을 기본 방향으로 삼아 신사상, 새로운 세계인식을 지향했기에 여성에 관련된 사상적 모색도 상당하리라 기대했다. 그러나 제목에 여성이 들어간 글은 여섯 편뿐이었고, 여성작가의 등단도 세 명뿐이었다. 여성 관련 글들은 김기석, 「민주국가와 여성의 지위(상·하): 여성문제 연구원창립을 기회로」(1953.5-6), H. H. 밀러, 「여성과 과학」(1958.1), 박영숙, 「【기행】 힌두의 나라 인도를 다녀보고: 녀성이 본 인도」(1962.5), 이태영, 「여성운동의 어제와 오늘: 2차대전 전후에 있어서의」(1963.3), 이효재, 「【해방20년기념씨리즈 ⑧】 여성의 사회진출: 안방살이에서 사회전역으로」(1965.10) 등이다.•

---

• 그 외 장경학, 「결혼의 근대화」(1958.12); 정양은, 「현대청년의 연애와 결혼」(1963.3), 「미대생들의 성논쟁」(1963.7); 소정자, 「북한남녀의 애정문제」(1964.10), 「불란서여성과 연애」(1961.5), 「(좌담회) 가정생활의 현대화」(1960.4); 강성일, 「삼각산에서의 제야」(1962.3); 안인희, 「同窓會餘滴」(1962.9); 이장현, 「과속과 담보의 남녀평등」(1968.12) 등이 여성과 직접 관련된 글들이다.

이태영과 이효재의 글은 여성운동에 대한 일반적인 소개글이라 할 수 있으며, 『사상계』의 여성에 대한 관점을 보여주는 글로는 김기석의 글이 유일하다. 김기석은 독재주의나 전체주의는 인간차별관에서 유래된 것인 반면에, 민주주의는 인간평등관을 기초로 하며, 민주주의는 인간의 인격적 평등을 주장·수호하는 주의라고 보았다.* 따라서 인간의 평등을 근거로 하는 민주주의 사회에서 가장 먼저 남녀평등이 보장되어야 한다는 것이다. 민주주의에 기초한 보편적 평등주의에 대한 표명이라 할 수 있다. 그러나 "진정한 의미의 남녀평등은 남성 또는 여성이 인간으로서 자기와 남을 새로 건립, 발견하는 일이요 단순한 복수나 모방이 아닐 것입니다. 남녀평등이란 남성 또는 여성이 자기들을 바른 인간으로 자각하는 일에 지나지 않습니다"(94쪽)라는 진술처럼 남녀의 차이에 기반한 전통적인 성역할 구분을 유지하는 성역할론에 가깝다.

오늘의 사회가 남녀의 평등을 내세우거니와 이것이 주로 제도의 개변(改變)과 의문(儀文)의 논의에 흘러 형식적인 평면적인 남녀평등에 기울어지는데 미쳐 하나의 새로운 남녀평등에 떨어지고 있습니다. 과거의 죄악이 여성예속에 있었다고 하면 현재의 병폐는 여성상실을 가지고 오고 있습니다. 여성은 남성의 손에 끌리는 노예가 되어도 안 되거니와 남성의 병신된 탈을 물려받는 초상이 되어도 안 될 것입니다. 형식적으로 남성의 자리가 여성에게

---

• 김기석, 「민주국가와 여성의 지위(상·하): 여성문제 연구원창립을 기회로」, 『사상계』, 1953. 5, 41쪽.

맡겨진다고 해서, 여성의 지위가 과연 올라간 것이겠습니까. 만약 여성의 사회적 지위가 올라간 것 같이 보이게 하기 위하여 그렇지 않으면 남성들 사이의 어떤 다른 이유에 의하여 한때 여성을 이용하기 위하여 그렇게 만들었다고 하면, 이것은 여성의 지위의 제고가 아니고 도리어 그 저하일 것입니다. 남성과 여성을 겨누는 직업에 많이 진출되었다. 남성과 같은 자리 또 그보다 높은 자리에 앉은 수효가 늘었다. 이 같은 단순한 겉에 나타난 숫자만을 가지고 남녀평등, 또는 여성해방이 성취되었다고 할 것입니까. 여성이 직업에 있어서 남성과 겨루게 되고, 지위에 있어서 남성과 대등하게 된 것만도 확실히 향상이요, 전진이요, 그리고 통쾌하기조차 합니다. 그러나 직업에 있어서의 진출과 지위에서의 대등이 반드시 여성의 남성에 대한 평등을 보장하는 소이가 되지 못하는 것이니, 경우에 따라서는 남성에 대한 여성의 접근이 여성 자신의 전복조차 가져오는 일이 없는 바 아닙니다. (95쪽)

그러나 이러한 성역할론 역시도 구체적으로 논의되지는 않았다. 이 잡지의 주된 관심사는 보편적 주체로서 민족, 민주, 평등의 가치를 실현할 근대적인 시민상이기 때문이다. "민족은 어데까지던지 민족이요 남성 또는 여성이 아닌 것입니다"(45쪽)라는 진술에서 드러나는 것처럼 여성이 민족 혹은 인간으로 당위적으로 호명되지만, 구체적인 여성 현실에 대해서는 침묵한다.[17] 보편적 주체를 설정했기 때문에 젠더에 관련된 논의가 거의 전개되지 않았던 것으로 보인다.

그러나 이 잡지에서 보편적 주체, 이상적 인간상으로 설정한 가치와 여성성으로 구성된 가치의 계열을 분석해보면, 내면적으로는 가치의 위계나 계열화가 이루어져 있음을 알 수 있다. 특히 여성성의 젠더

구성에 대해서는 이 잡지의 신인 여성작가와 여성작가들의 작품을 분석해보면, 어떠한 성격적 요소들이 여성성으로 구성되는지 알 수 있다. 『사상계』 신인상으로 등단한 구혜영과 박순녀, 서영은의 작품들과 강신재, 손소희와 같이 여러 작품이 실린 작가들의 작품 경향이나 평자들의 선자평 등을 살펴보면 일정한 경향성을 파악할 수 있다. 김기석의 성역할론, 즉 이성과 합리성으로 규정되는 남성성과, 감성과 정서로 규정되는 여성성의 구분법이 단지 김기석 개인의 주장이 아니라 『사상계』의 지배적 담론으로 구성되어 있음을 알 수 있다.

구혜영은 「안개는 거치고」(1955.7)로 창간 2주년 기념당선작 가작에 입선했으며, 박순녀는 「외인촌 입구」(1964.11), 서영은은 「교(橋)」(1968.10)로 사상계 신인상에 당선되었다. 수록된 여성작가 작품 39편은 〈표 3-1〉과 같다(재수록된 강경애 「마약」을 제외하면 38편이 수록되었다).

작가는 총 15명이다. 강경애 1편, 강신재 3편, 구혜영 7편, 김의정 1편, 박경리 3편, 박순녀 4편, 박화성 1편, 서영은 1편, 손소희 5편, 손장순 1편, 전숙희 1편, 정연희 3편, 최정희 2편, 한말숙 3편, 한무숙 3편이 실려 있다. 이 중 『사상계』로 등단한 구혜영이 7편으로 가장 많고 손소희, 박순녀 순으로 실렸다.

여성작가들의 작품은 크게 세 유형으로 구분된다. 남성-청춘서사에 대한 비판, 즉 허무와 냉소에 빠진 남성주인공과 대립되는 생명력을 보여주는 여성이거나 여성-청춘서사의 주체로서 자유의 갈망을 그린 작품들이 주를 이룬다. 또 한 유형은 낭만적 사랑을 추구하며 가부장적 억압 사이에서 갈등하는 여성들을 그린 작품들이다.[18] 여성작가의 작품을 분석할 때 작품들이 실린 기간도 길고 여러 작가의 작품들이기

## 〈표 3-1〉 『사상계』 여성작가 작품목록

| 작가 | 작품명 | 수록 연월 | 비고 |
|------|--------|-----------|------|
| 최정희 | 인정 | 1955.2 | |
| 구혜영 | 안개는 거치고 | 1955.7 | 창간2주년 기념 당선작(가작입선) |
| 구혜영 | 상록의 지층 | 1956.6 | |
| 강경애 | 마약 | 1956.7 | 재수록 |
| 전숙희 | 귀로 | 1957.6 | |
| 한말숙 | 낙루부근 | 1958.8 | |
| 손소희 | 어둠 속에서 | 1958.10 | |
| 한무숙 | 그대로의 잠을 | 1958.12 | 1958년 9월로 정리된 서지도 있으나 확인 결과 12월임 |
| 정연희 | 한뼘의 땅 | 1959.8 | |
| 한말숙 | 장마 | 1959.9 | |
| 구혜영 | 암초 | 1959.9 | |
| 손소희 | 태풍 | 1959.11 | |
| 박경리 | 해동여관의 미나 | 1959.12 | |
| 강신재 | 젊은 느티나무 | 1960.1 | |
| 정연희 | 어느 하늘 밑 | 1960.5 | |
| 최정희 | 인간사 | 1960.8-12 | 연재 |
| 손소희 | 다리를 건널 때 | 1961.8 | |
| 한무숙 | 대열 속에서 | 1961.11 | 100호특집문예특별증간호 |
| 구혜영 | 메기의 추억 | 1961.11 | 100호특집문예특별증간호 |
| 한무숙 | 배역 | 1962.11 | |
| 강신재 | 황량한 날의 동화 | 1962.11 | 문예특별증간호 |
| 박순녀 | 아이러브유 | 1962.11 | |
| 한말숙 | 이 하늘 밑 | 1964.7 | |
| 김의정 | 사랑의 개가(凱歌) | 1964.7 | |
| 박순녀 | 외인촌 입구 | 1964.11 | 신인문학상 입선 추천작 |

| 박경리 | 풍경(B) | 1964.12 | |
|--------|---------|---------|---|
| 박순녀 | 임금의 귀 | 1965.3 | |
| 박화성 | 팔전구기 | 1965.11 | |
| 박경리 | 하루 | 1965.11 | |
| 강신재 | 강물이 있는 풍경 | 1965.12 | |
| 손소희 | 그 자매 | 1966.4 | |
| 박순녀 | 단절 | 1966.10 | |
| 구혜영 | 어떤 평일 | 1967.6 | |
| 손소희 | 성곽 밖의 봄 | 1968.5 | |
| 구혜영 | 은빛깔의 작은 새 | 1968.6 | |
| 손장순 | 우울한 한강 | 1968.6 | |
| 정연희 | 제 오(伍)의 계절 | 1968.7 | |
| 서영은 | 교(橋) | 1968.10 | 제10회사상계신인상입선작 |
| 구혜영 | 명희 | 1969.8 | |

때문에 단순화해서 설명하기는 어렵지만, 『사상계』를 통해 등단한 작가들을 살펴보면 몇 가지 특징을 발견할 수 있다. 전후의 우울하고 무기력한 남성-청춘 표상과 대비되는 생기 있고 자신의 욕망에 솔직한 여성들이 이 작품들에 많이 등장한다. 특히 『사상계』를 중심으로 활동한 구혜영의 작품들에는 청춘표상을 통한 새로운 인간상의 추구가 잘 드러나 있다. 이 작품들을 중심으로 어떠한 인간상이 이상적으로 제시되고 있는지, 그 과정에서 남성성/여성성의 젠더 재구성은 어떻게 이루어지고 있는지 살펴보기로 하겠다.

구혜영은 『사상계』의 여성작가를 말할 때 중요한 위치에 있다. 창간 2주년 기념 당선작 가작에 입선하여 등단했고, 7편의 작품을 『사상계』에 실어 여성작가 중에서는 가장 많은 작품을 발표했다. 등단작인 「안개는 거치고」(1955.7)는 전후 청년들의 우울과 혼란을 다루는 문제작으로 감상, 우울, 허무, 감정 등의 용어를 자주 사용한 점이 눈에 띤다. 이 작품에는 세 명의 여성이 등장한다. 남자주인공 이진수를 짝사랑하는 다방 추화의 종업원 이순우와 이진수의 약혼녀 강수옥, 그리고 이진수가 사랑하게 되는 최문경이 그들이다. 이 작품은 독특하게 이순우의 수기와 최문경의 편지 등을 통해 이진수의 성격을 관찰하고 초점화한다. 행위 자체가 소거된 이진수라는 인물의 무기력함을 드러내는 서술기법이라 할 수 있다.

이순우의 관찰수기에 의하면 그는 허무한 목소리와 푸른 눈동자를 지녔으며, 그에게는 젊고 고운 강수옥이라는 약혼자가 있다. 이진수는 퍽 유쾌한 사람으로 보이지만 그의 처세술일 뿐이며, 그는 "노여울 때 노하지 않고 분할 때 화내지 않는"(38쪽) 체념적 상태에 있다고 판단한다. "그는 인생의 모든 기대에 배반당한 나머지 기대에 대한 가능을 부정하는 것 같다. 그리고 그것은 아마 사실일께다. 그는 확실히 강수옥에 대하여도 별로 큰 기대를 걸고 있지는 않는 것 같다"(39쪽)라는 인물묘사가 이어진다. 속물성을 드러내는 인물인 강수옥은 이진수와 마찬가지로 어떤 열망이나 세상에 대한 희망을 가질 수 없는 인물이다. 이순우 역시도 소극적이고 우울과 허무에 빠진 인물이라는 점에서 이진수의 무기력을 변화시킬 수는 없는 인물로 그려진다.

그 반면에 최문경은 백화점 점원으로 가족의 생계를 짊어지고 있지만, 현실에 짓눌리지 않고 생생한 욕망과 자기 삶에 의지를 지닌 인물로 그려져 있다. "그 여자의 추상적이 아닌 관(觀)은 모다 현실생활에 사고와 행동의 표준이 되며 그것은 또한 움직일 수 없는 뜨거운 신념으로써 그 여자의 성실과 감격을 북돋아 주는 것 같다. 기계가 가진 정확성과 인간정신의 가능성을 그 여자처럼 익숙하게 몸에 지니고 있는 사람은 드물 것"(53쪽)이라는 서술로 최문경이 이상적 인간상으로 제시되어 있음을 알 수 있다. 술에 취한 이진수를 구해주기도 하고, 불이 난 그의 자취방에서 살림살이를 끌어내는 용기를 발휘하기도 한다. 이런 최문경의 적극성에 이진수도 감정이 있는 인물로 변화하기 시작한다. 최문경은 다른 작품들과는 달리 이성적이면서 열정을 지닌 인물로 그려져 있다. 『사상계』가 지향하는 이상적 인간상이 투사된 인물이라 볼 수 있다. 그러나 이러한 인물은 더 이상 진전되지 않으며, 허무적 남성 주체를 각성시키는 도구적 역할을 맡고 있다. 그 외 대부분의 여성 인물들은 다양한 감정의 계열체들로 구성되어 있음을 알 수 있다.

전후의 허무주의와 냉소에 균열을 내고 욕망이 있는 인간, 생기 있는 인간이 되고 싶다는 갈망은 구혜영 작품의 여성-청년서사의 중심을 이룬다. 유부남과의 사랑을 다룬 「상록의 지층」(1956.6), 「암초」(1959.9), 「메기의 추억」(1961.11) 모두 여성주인공들이 자신의 사랑과 욕망에 적극적인 인물들이다. '생기'는 이 인물들의 특징으로 드러나는데, 「상록의 지층」의 순실은 "영롱하리만큼 해맑은 눈빛. 그 거리낌 없이 용솟는 웃음. 해바라기처럼 풍성스런 표정"(298쪽)으로 자신의 사랑을 향해 돌진한다. 자살을 시도했으나 살아난 그녀가 "서로 살아 있다는 것. 그것만으로 모든 것은 다시 찬연히 존재할 수 있게 되는 것"(310쪽)이라는 생의 실감을 느끼는 것으로 소설이 끝을 맺는다.

"꽃이파리를 마구 주어서 입속에 뿜고 다니려는"(370쪽) 야성적인 성격의 의정은 「암초」의 여주인공이다. 그녀는 알코올중독의 폐인인 유부남과의 사랑을 지키기 위해 고군분투한다. "저는 모든 상식적인 실사회적 법규에 저항하고 있습니다"(372쪽)라고 말하는 그녀는 "어쩐지 술에 타고 비쩍 마르고 땟물이 흐르는 와이셔츠바람으로 동굴 속처럼 허무한 눈을 우두머니 뜨고 앉아 있는 그"(372쪽)에게 공포에 가까운 이끌림을 느끼고 그를 다시 살게 한다. 어둠, 데카당에 끌리는 청춘이 그러한 어둠과 대적해나가는 청춘서사라 볼 수 있다.

「메기의 추억」에 등장하는 수란은 앞의 두 인물과는 달리 자살로 끝을 맺는다. 독립운동가인 김동진을 남성인물로 설정해서 전쟁기의 좌우대립과 파란만장한 이야기를 두 남녀의 후경으로 삼고 있다. 그 때문에 전후의 데카당한 인물들의 내면심리에 집중하는 서사보다는 거칠게 사건 위주의 회고가 주를 이룬다. 수란의 성격에 대해서도 그녀의 사후에 주변 인물들이 회고하는 방식으로 재구성된다. 그런데도 그녀의 성격에서 두드러지는 부분은 자신의 사랑에 무모할 정도의 인물이라는 점이다. 고모부인 김동진을 사랑하는 그녀는 독립운동을 함께 나서기도 하고 남편과 아이를 버리고 좌익운동에 투신하기도 한다.

「은빛깔의 작은 새」와 「명희」 역시도 자신의 사랑과 욕망에 솔직한 여성인물들이 등장한다. 「은빛깔의 작은 새」(1968.6)는 여성의 성욕을 상징하는 제목으로 여성이 자신의 성욕에 눈뜨게 되는 내용이 솔직하게 묘사된 작품이다. 세 번째 결혼인 남편과 초혼인 아내가 주인공인 이 작품에서 여주인공 정요는 점차 사랑이 식어가는 남편과의 결혼생활이 불안하고 외롭기만 하다. 그녀는 은빛깔의 새의 환각에 사로잡혀 있는데, 빛과 어둠으로 된 새의 환각은 그녀의 욕망을 상징한다. 자신의 욕망을 따라 움직이고 방황하는 주인공의 내적 심리를 따라 읽게 되는 서술방식이 두드러진다. "정요의 전신에서 열락의 잔물결이 일제히 일며 기복하는 파류상으로 정요의 어두운 자궁 속으로 와아하고 소리내며 밀려드는 것을 느꼈다"(299쪽)라는 표현이 여성인물의 욕망을 실감나게 보여준다. 「명희」(1969.8)는 해방둥이 고아인 명희의 이야기다. 나는 친구 ㄴ의 그림 속에서 한 누드화를 보게 된다. 명희와의 만남은 그렇게 이루어지고 그녀에게 관심을 가지게 된다. 미국인 양부에 의존해 살면서 허무와 무기력에 빠져있는 인물이다. 누드모델을 자처한 그녀는 누드화를 자신의 양부에게 팔아 ㄴ에게 대금을 치른다. 양부와의 모호한 관계, 자살하고 싶어 하지만 그 또한 용기가 없는 명희, 다양한 청년 초상에 대한 작가의 관심을 보여주는 작품이다.

월부인생, 빚으로 살아가는 셀러리맨의 비애를 다룬 소품 「어떤 평일」(1967.6)을 제외하면, 구혜영의 작품들은 생의 욕망이 강하고 타나토스, 죽음의 욕망과 맞서는 여성 인물들이 주인공들이다. 초기작의 계몽성이 후기작에서는 사라지기는 하지만, 구혜영 소설의 여성인물들은 모두 사랑으로 여성의 운명을 결정짓는다. 현실에 대한 불안과 연민, 우울과 허무 등의 부정적 감정과 싸워나가는 야성에 가까운 생기와 발랄함은 이 인물들이 보여주는 성격이다. 부정적 감정과 긍정적 감정 모두 여성의 운명이고 여성들은 이런 운명과 맞선다.

이 작가의 작품은 『사상계』의 여성성 배치를 상징적으로 보여준다. 데카당한 허무주의에 빠진 남성 주체 대신 생기와 생의 의지를 불어넣을 수 있는 감정의 세계를 여성성으로 배치한 것이다. 여성작가의 작품으로는 첫 작품으로 실린 최정희의 「인정」, 대중적으로도 상당한 인기를 누렸던 강신재의 「젊은 느티나무」 등의 작품도 섬세한 여성의 감수성을 다룬 작품들이다. 전후 처녀가장의 비애를 다룬 전숙희의 「귀로」, 한말숙의 「낙루부근」, 정연희의 「어느 하늘 밑」 등도 삶의 불안과 자신의 욕망 사이에서 흔들리는 여성들의 감정들을 다루고 있다. 이 작품들의 특징은 기쁨이나 슬픔, 불안과 우울 등의 감정의 세계를 여성성의 성격으로 배치한다는 점이다. 「안개는 거치고」의 이진수처럼 아무것에도 감정을 느끼지 못하는 허무주의적 주체 대신 모든 삶의 희로애락의 감정을 여성이 맡은 것이다.

문제는 이러한 허무주의적 주체인 남성 인물들이 『사상계』 남성작가들의 작품에서도 자주 등장한다는 점이다. 허무와 무기력에 빠진 지식인 주체의 자기각성을 서사화[19]한 많은 작품이 우울증적 주체로서 전후의 청년-남성주체의 좌절을 다루고 있다. 이러한 청년-남성주체의 서사와 여성주체의 서사는 과학주의담론하에서의 젠더의 재배치와 관련지어 설명할 수 있다. 근대적 남성 우울증적 주체는 과학주의담론에 등장하는 이성적·합리적 주체라는 이상형과는 거리가 멀다. 1950년대 말부터 1960년대 전반기를 거치는 동안 이 두 남성 주체는 혼돈과 갈등을 빚는 것으로 보인다.

우리 동양인에게는 과학에 입각한 '인간'을 먼저 인식케 하는 것이 급선무일 것이다. 사람이라는 기둥이 확호히 선 뒤에 이상이 굳어질 수 있고 올바른 인생관도 서게 되며 과거를 검토하고 현재를 파악하며 미래를 창조할 수 있다. 인생의 실무기준도 설 수 있는 것이다. 그러므로 필자는 동양 후진사회에 있어서는 늘 계몽과 교양이 일체에 앞선다 하는 바이어니와 결국 자아인식운동을 강력히 일으킴으로써 일체 문화건설의 토대를 삼고 불확실한 인생관이 엄정 확호한 것으로 고쳐짐에 따라서 지금까지와 같이 허무한 경우에서 맹랑, 모색, 황혹하는 실망적 낙담적인 인간적 불안으로부터 벗어날 수 있을 것이다.[20]

배성룡의 주장처럼 과학적 사고에 입각한 합리적 주체는 허무맹랑한 모색이나 불안으로부터 인간을 구해줄 것이라는 신념으로, 이상적인 인간상을 이성과 합리성으로 구성한다. 그러나 전후 현실의 남성성은 더욱 불안해지고, 헤게모니적 남성성이 이성으로 무장할수록 현실 남성주체의 우울증은 깊어지게 된다. 물론 『사상계』는 1950년대 후반을 거쳐 1960년대를 대표하는 잡지이므로 하나의 잡지가 단성적 목소리로 구성된다고 볼 수는 없다. 그러나 어떠한 주장이 담론적 경쟁을 통해 지배담론으로 형성되는가를 살펴본다면, 이 잡지는 이성과 과학적 합리성으로 무장한 담론과 우울증적 남성 주체가 중심이 되는 서사의 투쟁에서 과학적 합리성이 지배담론으로 점차 부상하는 담론적 특징을 드러낸다고 생각할 수 있다.

푸코는 「정치학과 담론」이라는 논문에서 대상(objects), 작동(operations), 개념(concepts), 이론적 옵션(theoretical options)을 중심 요소로 분석하여 줄임과 내포, 일반화, 대상 사이의 위치 전환, 대립항 사이의 우위가 바뀌는 변화, 종속소의 변화, 배제와 포함 등을 추적해 보면 담론 구성이 바뀌는 과정을 분석할 수 있다고 강조한다.[21] 이 방법은 실제 담론 연구에서 지배담론이 육체로 재해석되고 위치성을 갖게 되는 과정을 분석하는 데 도움이 된다. 손창섭, 장용학, 김성한 등의 실존주의 문학이 보여준 우울증적 남성 주체의 합리주의 철학에 대한 거부, 거대 세계에 맞선 단독자의 실존에 대한 탐색이 점차 냉전의 논리와 과학주의적 합리성으로 포섭되어가는 과정으로 판단된다.

이후 1960-70년대 기술민족주의는 특히 급속한 근대화프로젝트와 맞물리면서 감정을 배제한 도구적 남성성이 헤게모니적 남성성으로 자리 잡는 데 기여한다.[22] 1960-70년대 드라마의 남성주인공은 과묵하고 무표정한 회색 양복의 산업전사가 주를 이룬다. 박정희 근대화프로젝트의 동도서기(東道西器)론이 만든 젠더 이분법의 특징이라 볼 수 있다. 근대화와 산업전사를 맡는 남성과, 급변하는 개발의 불안에서 우리 민족을 지켜줄 정신으로서의 모성(신사임당)으로 양분된 젠더 배치가 이 시기의 특징으로 자리 잡는다. 이러한 기계적 남성성을 합리화하고 이상화할 수 있었던 사상적 출발점을 『사상계』의 기술결정론, 기술민족주의에서 발견할 수 있다. 도구적 남성성은 우울이나 불안과 같은 부정적 감정만이 아니라 기쁨이나 슬픔 같은 정상적인 감정까지 배제하는 이성으로 무장한 기계적 남성성이기에, 감정에 대한 극도의 혐오와 선망을 드러낼 수밖에 없었던 것으로 보인다. 여성성의 배치가 감정이 과잉된 인물들로 이루어지는 것은 이렇게 이상화된 도구적 남성성과 배치되는 타자화로 인해 빚어지는 현상이라 할 수 있다.

## 4. 합리적 이성 주체 선망: 감정 배제의 남성성 재구성

1960년대 과학주의담론의 특징을 『사상계』를 중심으로 살펴보면, 기술민족주의라 명명할 수 있는 민족주의와 기술결정론이 결합된 이념적 특징을 발견할 수 있다. 이 시기의 과학기술담론은 핵무기, 핵연료 등 선진국이 되기 위한 기술개발에 집중되어 있다. 그 때문에 선진국을 과학적 세계와 동일시하고 한국문화를 열등화하는 쉐임컬쳐(shame culture) 만들기가 진행된다. 근대화담론 중에서 과학주의가 절대화된 이유는 근대화를 서구화, 민족부흥과 동일한 개념으로 받아들인 우리나라의 현실을 반영한다.

이러한 과학주의담론은 급속한 국가프로젝트로 속화된 기술민족주의와 맞물리면서 이상적 인간상을 기계적 남성성으로 만들어내는 생산성담론으로 변화해간다. 이러한 기계적 남성성은 감정과 철저히 분리된 이성과 합리성으로 구성되어, 여성적 감정에 대한 혐오와 선망의 양가적 문화를 재생산하게 된다. 1960-70년대 남성작가들 작품에 나타난 근대적인 남성 우울 주체 역시도 이러한 감정혐오를 배경으로 했으리라 생각한다. 또한 기계적 남성주체의 생산성담론은 이후 뿌리 깊은 한국사회의 여성혐오주의와도 관련된다. 기계적 남성성과 감정 과잉된 여성성으로 이분화된 젠더의 재배치가 이루어진 시기는 1960년대이며 이를 강화하는 이념이 과학주의라 볼 수 있다.

지금까지 헤게모니적 남성성과 여성성의 구성에 대해서는 연구가 많이 되었고 이분법적으로 획일화된 가치가 인간소외의 원인이 된다는 분석 또한 이루어졌다. 그러나 헤게모니적 남성성, 특히 생산성담론의 기계적 남성성이 왜 한국사회의 헤게모니적 남성성이 되었는가에 대한 성찰은 부족하다. 어떻게 개인의 신체를 통해 기계적이고 이성적인 남성성을 재구성하는가에 대한 이해가 이루어질 때, 다양한 인간적 가치를 인정하고 위계적 사회를 해체해가는 길을 찾을 수 있을 것이다. 『사상계』가 새롭게 구성하고자 했던 민족정체성은 민족발전론에 기반한 합리적 이성 주체였다. 이는 전후 혼란과 국가의 위기를 극복하고 새로운 통치성의 원리를 찾고자 했던 민족 지성의 담론이었지만, 젠더에 대한 무성찰성으로 인해 생산성담론으로 끌려갈 수밖에 없었다고 판단된다. 기술결정론의 관점을 전파하면서, 지나친 서구과학기술에 대한 선망은 감정을 혐오하는 이성 주체에 경도되고 만다. 이처럼 민족국가주의의 남성중심성이 만들어낸 비틀어진 욕망을 과학주의담론과 젠더의 재구성에서 읽어낼 수 있다.

## 부록: 『사상계』 주제별 기사 목록

〈과학 기사〉

'과학'이라는 주제어로 총 142건이 검색됨(특집이나 기획 제목을 제외한 실제 기사는 130건)

백낙준, 「한국의 교육·과학·문화: 1952年 파리 「유네스꼬」 총회 개회연설」, 2호, 1953.5.

박익수, 「모순의 통일성: 과학적 논리의 전개」, 7호, 1953.11.

김덕준, 「사회사업의 과학적 고찰」, 7호, 1953.11.

해리 포웨트, 「과학과 신학」, 13호, 1954.8.

죤 터어키 빗지, 「쏘련 과학의 진출」, 13호, 1954.8.

권영대, 「과학하는 심상」, 23호, 1955.6.

윤일선, 「학생과 과학」, 23호, 1955.6.

김준섭, 「지성의 방향: 화이트헤드의 과학철학」, 33호, 1956.4.

부리쮀먼, 「과학과 미래의 전망」, 39호, 1956.10.

권영대, 「연재교양 과학사 ①: 고대와 르네쌍스의 과학」, 43호, 1957.2.

J. R. 오펜하이머(이철주 옮김), 「과학과 현대」, 44호, 1957.3.

권영대, 「연재교양 과학사 ②: 과학의 세기」, 44호, 1957.3.

권영대, 「연재교양 과학사 ③: 20세기의 과학」, 45호, 1957.4.

권영대, 「연재교양 과학사 ④: 원자력시대」, 46호, 1957.5.

「비중이 커가는 과학자의 위치: 오펜하이머 등의 경우」, 47호, 1957.6.

G. 랜더스, 「새로운 과학자의 사명」, 48호, 1957.7.

E. W. 시놋(이상봉 옮김), 「과학과 인간정신」, 52호, 1957.11.

김용권, 「I. A. 리챠즈의 비평과 그 방법(상): 〈과학과 시〉를 중심으로」, 52호, 1957.11.

김용권, 「I. A. 리챠즈의 비평과 그 방법(하): 〈과학과 시〉를 중심으로」, 53호, 1957.12.

【특집】 과학과 명일의 세계 54호(1958년 1월)

    A. H. 콤프튼(이시호 옮김), 「인간의 자유」.

    O. 프리쉬(이시호 옮김), 「원자력」.

    I. B. 코헨(이시호 옮김), 「경이의 세기」.

    L. N. 라이드나워(이시호 옮김), 「항공」.

    S. B. 헨드릭스(김만기 옮김), 「생명」.

    E. P. 커어티스(양흥모 옮김), 「공중교통」.

    F. W. 노오트스타인(편집부 옮김), 「젊어지는 백성」.

    E. M. 위킨, 「변이와 진화」.

    E. 젱가, 「우주여행: (1) 시간」.

    W. R. 브류스타(박송배 옮김), 「우주여행: (2) 공간」.

H. 하우(석향 옮김), 「우주여행: (3) 숙제」.

H. 오디쇼(이철주 옮김), 「인공위성」.

H. H. 밀러, 「여성과 과학」.

R. 스티븐즈(주여래 옮김), 「생활문화」.

D. A. 쉐퍼드(박명찬 옮김), 「자연자원」.

H. 게르쉬노비쯔(홍봉룡 옮김), 「창조」.

「(움직이는 세계) 우주시대의 신전략: 서방의 과학력 총집 결과 방위기구의 통합」, 1958.1.

이종진, 「생명의 본질은 과연 구명될 것인가?: 과학적 사고방식을 중심으로」, 1958.2.

I. B. 코헨(주여래 옮김), 「【지식의 전선】 자연에 관한 상상: 과학사연구의 의의」, 1958.3.

윤세원, 「국가와 과학」, 1958.5.

【특집】 과학(1958년 6월)

이용희, 「과학과 현대정치: 과학을 지배하는 정치와 정치를 지배하는 과학」.

윤세원, 「과학의 문화사적 의의」.

이종진, 「원자력 이용에 대한 전망」.

이원철, 「인공위성과 천문」.

기용숙, 「인명의 과학」.

김동일, 「한국의 공업과 기술의 현황: 주로 기술자 대책에 관하여」.

이종진, 「과학과 생활 ①: 식생활의 과학」, 1958.7.

이종진, 「과학과 생활: 인체와 세균과 약」, 1958.7.

유기천, 「【연구】 한국문화와 형사책임: 법률학의 과학적 방법의 한 적용」, 1958.9.

권순영, 「범죄예방책의 과학화: 범죄와 세상」, 1958.9.

이종진, 「생활과 과학 ③: 태양에너지」, 1958.9.

홍이섭, 「과학·기술문화의 역사적 추이: 그 단층 「근대와의 괴리」의 사적 록유(綠由)」, 1958.10.

강영선, 「과학교실: 암의 과학」, 1958.11.

전종취, 「과학·비과학」, 1958.11. [수필]

이길상, 「근검과 과학의 나라: 독일의 인상」, 1958.12.

이종진, 「행복과 번영의 과학: 고분자화합물·항생물질·오토메이숀」, 1959.1.

한준택, 「【과학교실】 방사선과 인체」, 1959.1.

한구동, 「【과학교실】 약이야기」, 1959.3.

정낙은, 「【과학교실】 원자력의 장래: 구미의 원자력 발전과 한국의 실정」, 1959.4.

김경식, 「【과학교실】 결핵에 관해서」, 1959.5.

서명원, 「【과학교실】 문화인의 정신위생」, 1959.6.

최신해, 「【과학교실】 노이로제」, 1959.7.

김석찬, 「【과학교실】 술의 공과」, 1959.8.

이종진, 「【과학교실】 바이터민」, 1959.9.

김동일, 「【과학교실】원자력과 연료」, 1959.10.

심상칠, 「【과학교실】방사능과 작물개량」, 1959.11.

김하태, 「과학과 인간: 과학적 휴머니즘의 딜렘마」, 1959.12.

이길상, 「【과학교실】연금술의 석금: No 원소 이야기」, 1960.2.

서석조, 「【과학해설】간질병」, 1960.5.

김하태, 「과학과 현대 신비주의」, 1960.8.

【특집】20세기의 과학과 인간 (1960년 9월)

　　　권영대, 「인간사고능력과 현대물리학」.

　　　이종진, 「원자력시대의 인간상」.

　　　강영선, 「동서진영의 유전학」.

권영대, 「과학자와 요술」, 1961.2.

이해양, 「W. 하게만 저 과학으로서의 푸블리찌스틱」, 1961.2.

【특집】가치체계의 과학적 인식 (1962년 5월)

　　　김하태, 「통일적 가치체계의 설정」.

김근희, 「과학기업」, 1962.4. [수필]

「읽을 만한 두 가지의 과학서적:『과학위인전』,『우주로 가는 길』」, 1962.5.

「【권두언】과학하는 정부 과학하는 국민」, 1962.7.

「【파이오니어 그룹】하늘을 응시하는 젊은 과학도군」, 1962.8.

김윤경, 「【선구자의 회상 ⑧】주시경 선생: 과학적 국어학의 앞잡이」, 1962.8.

이종수, 「【상식인의 과학메모】흑의의 여인과 정찰위성: 개발되는 새로운 정찰 비행체」, 1962.10.

이종수, 「【상식인의 과학메모】가공할 수중이동기지: 유도탄장과 대잠장」, 1962.11.

이종수, 「【상식인의 과학메모】전자계산기와 인공두뇌: 지금은 인간대용품시대」, 1963.1.

이종수, 「【상식인의 과학메모】망상을 현실화시키는 과학의 힘: 올 플라스틱시대가 다가오고 있다」, 1963.2.

이종수, 「【상식인의 과학메모】생명의 신비를 푸는 열쇠: 핵산과 단백질에의 도전」, 1963.3.

이종수, 「【상식인의 과학메모】태양에너지 이용에의 길: 그 풍부한 빈광은 이렇게 개발되고 있다」, 1963.4.

이종수, 「【상식인의 과학메모】바다는 이렇게 개발되고 있다: 아직도 이용여지 많은 무진장의 보고」, 1963.6.

이종수, 「【상식인의 과학메모】방사성동위원소의 경이적 효력: 과학기술분야에서 갖가지 기적을 실현」, 1963.7.

이종수, 「【상식인의 과학메모】미래세계의 인공식량: 아무도 안 굶을 때가 올 것인가?」, 1963.8.

이종수, 「【상식인의 과학메모】스피드시대의 도로: 외국에선 수퍼 하이웨이가 사통팔달」, 1963.9.

이종수, 「【상식인의 과학메모】이젠 트랜지스터도 너무 크다: 막이 오른 마이크로 엘렉트로닉스 시대」, 1963.10.

이종수, 「【상식인의 과학메모】새로운 주택설계제안: 팽창하는 인구와 주택난해결을 위하여」, 1963.11.

이종수, 「【상식인의 과학메모】암은 정복될 것인가?: 아직은 조기발견만이 살 수 있는 길」, 1963.12.

이종수, 「【상식인의 과학메모】보이지 않는 살인가스: 연탄을 완전 연소시킬 수는 없다」, 1964.1.

【특집】과학세기의 전망 (1965년 1월)

버틀랜드 러셀, 「양자택-시대의 전쟁과 사회: 과학이 사회에 미친 영향과 인류생존의 길」.

A. 지크프리트, 「기술문명의 방향: 기술·교양·문명 관계」.

김준섭, 「전후과학관의 발전: 존망의 위기에서 창조적 사관을」.

이만갑, 「과학세기의 인간관계: 과학적인 조직과 획일을 탈피하려는 인간존재」.

이종수, 「한국과학기술의 전망: 과학기술개발에 지름길 없다」.

조사부, 「미·쏘의 과학정책비판: 핵 균형의 대결은 곧 과학의 싸움이다」. [자료]

「과학전의 기현상」, 1965.11. [문화시평]

안세희, 「평범한 모습의 오펜하이머」, 1965.11. [과학자]

안인길, 「【현대문학시리즈 (현대작가의 문제와 장황 ⑥)】현대문학과 과학시대: 전후독문학과 원자문명을 중심으로」, 1965.11.

Dr. H. S. Olcott Dr. M. B. Shaefer(권태완 옮김), 「【과학】바다에서 나오는 식량」, 1966.5.

시드니 후크(박상규 옮김), 「「자본론」100주년의 맑스주의(상): 「과학적 사회주의」에서 신화로」, 1967.2.

시드니 후크(박상규 옮김), 「「자본론」100주년의 맑스주의(하): 「과학적 사회주의」에서 신화로」, 1967.5.

권태완, 「【과학】식품첨가물의 필요성과 안전도: The Necessity and Safety of Food Additives」, 1967.6.

【특집】과학(지식의 경이 ①) (1968년 1월)

한만춘, 「인간공학」.

김재관, 「우주개발」.

【특집】과학(지식의 경이 ②) (1968년 2월)

한용철, 「내과의학의 발달」.

민병철, 「외과의학의 발달」.

정우국, 윤동석, 차균희, 「【한국학의 형성과 그 개발 ②(정담)】한국의 과학」, 1968.3.

【특집】과학(지식의 경이 ③) (1968년 3월)

최상, 「해양학(상)」.

김성삼, 「기상학」.

【특집】과학(지식의 경이 ④) (1968년 4월)

최상, 「해양학(하)」.

【특집】과학(지식의 경이 ⑤) (1968년 5월)

　　현정준, 「천문학: 물질의 역사」.

　　감상돈, 「물리학」.

이종각, 「트란지스터에 대한 과학 상식」, 1968.5.

【특집】과학(지식의 경이 ⑥) (1968년 6월)

　　김근희, 「레이서광선의 신비」.

【특집】과학(지식의 경이 ⑦) (1968년 7월)

　　백룡균, 「원자력의 작물육성에 대한 이용」.

조완규, 「*② 문화활동의 암중모색* 과학기술교육 및 정책」, 1968.8.

【특집】과학(지식의 경이 ⑦) (1968년 8월)

　　오현의, 「전자기술의 제2혁명 I.C.」.

아이작 아시모프(편집부 옮김), 【속·미래학론고】금후 1세기: 다음 세기가 가져올 사태에 대한 과학
　　적 측정」, 1968.10.

【특집】과학(지식의 경이 ⑦) (1968년 10월)

　　강만식, 「생명체의 동결」.

【특집】과학(지식의 경이 ⑩) (1968년 11월)

　　현정준, 「미·소우주경쟁: 미국의 아폴로 계획과 소련의 존드 5호를 중심으로」.

김상일, 「비평의 과학과 사이버네틱스」, 1968.11.

【특집】과학(지식의 경이 ⑪) (1968년 12월)

　　박인원, 「단백질의 생합성」.

이종구, 「현대를 초극할 과학과 철학: 사상의 빈인을 극복하기 위하여」, 1970.5.

소흥렬, 「과학시대의 새로운 도정」, 1970.5.


〈가족 관련 기사〉

주제어 검색에서 10건의 수필 등 문학작품을 빼고 5건

이해영, 「마리온· J· 레비저 「근대중국의 가족혁명」」, 63호 1958.10. [북·레뷰]

이만갑, 「가족관념과 산아제한」, 97호, 1961.8.

조향록, 「산아제한 반대론의 반박: 가족계획은 절대 필요하다」, 137호, 1964.8.

이만갑, 「한국에서의 가족계획: 인구문제의 합리적 해결은 무엇?」, 139호, 1964.10.

안토니 지머맨(안철구 옮김), 【특별기고】합리적인 가족계획을: 조향록씨의 「산아제한 반대론반박」
　　에 답하여」, 141호, 1964.12.


〈가정 관련 기사〉

주제어 검색으로 7건 검색, 문학작품 빼고 5건

「무너지는 가정생활」, 66호, 1959.1.

최이순, 이효재, 정태섭, 이만갑, 「【좌담회】 가정생활의 현대화」, 81호, 1960.4.

권순영, 「가정법원의 설치를 요망한다」, 105호, 1962.3.

류성, 「가정부화의 유행병 TV」, 106호, 1962.4.

전영창, 「학생생활의 단면 가정교사 붐의 이면: 젊은 별들의 고민을 취재한다」, 126호, 1963.10.

〈여성 관련 기사〉

주제어 검색으로 6건 검색

김기석, 「민주국가와 여성의 지위: 여성문제 연구원창립을 기회로」, 2호, 1953. 5.

김기석, 「민주국가와 여성의 지위(하): 여성문제 연구원 창립을 기회로」. 3호, 1953.6.

H. H. 밀러, 「여성과 과학」, 54호, 1958.1.

박영숙, 「【기행】 힌두의 나라 인도를 다녀보고: 여성이 본 인도」, 107호, 1962.5.

이태영, 「여성운동의 어제와 오늘: 2차대전 전후에 있어서의」, 119호, 1963.3.

이효재, 「【해방20년기념 시리즈 ⑧】 여성의 사회진출: 안방살이에서 사회전역으로」, 152호, 1965.10.

〈산아제한 관련 기사〉

주제어로 16건 검색─기획기사 표제 3건을 빼고 실제 기사는 13건

「〈움직이는 세계〉 중공의 산아제한」, 1956.10.

고황경, 「산아제한의 국가적의의」, 1960.4.

【특집】 산아제한과 종교 (1960년 7월)

　　　서석태, 「천주의 법과 산아제한」.

　　　강원룡, 「하나님의 말씀과 산아조절」.

【특집】 산아조절의 의학 (1960년 8월)

　　　박재빈, 「산아조절의 의학」.

　　　A. F. 가트매커(편집실 옮김), 「인구조절을 위한 정제(錠劑)」.

【특집】 긴급한 산아제한운동 (1961년 8월)

　　　박재빈, 「폭발선상의 한국인구」.

　　　이만갑, 「가족 관념과 산아제한」.

　　　강주심, 「수태조절의 방법과 입법조치」.

　　　고황경, 「외국의 산아제한실태」.

이선환, 「제한론의 문제점」, 1961.11.

조향록, 「산아제한 반대론의 반박: 가족계획은 절대필요하다」, 1964.8.

안토니 지머맨(안철구 옮김), 「【특별기고】 합리적인 가족계획을: 조향록씨의 「산아제한 반대론반박」
에 답하여」, 1964.12.

4장

# 1960년대『학원』의
# 과학주의담론과 소년의 재구성

## 1. 우주과학담론과 소년의 재구성

### 1) 과학입국의 꿈과 청소년잡지의 등장

이 장에서는 1960년대 대표적인 청소년잡지『학원』의 소년 개념이 재구성되는 과정을 살펴보고자 한다. 소년 개념의 재구성은 미래의 남성국민 만들기와 연결되어 있다는 점에서 한 시대의 지배담론적 특성을볼 수 있는 중요한 지표가 된다.『학원』은『여학생』과 함께 이 시기 대표적인 청소년잡지다. 이 두 잡지를 비교해보면 1960-70년대 소년/소녀의 이상형이 무엇이었는지, 청소년 교육의 핵심은 무엇이었는지알 수 있다.

　이 두 잡지는 과학지식의 젠더화가 뚜렷하게 나타나 있어서 흥미롭다.『여학생』은 실제 과학지식에 대한 논의보다는 신체관리·생활관리·감정관리 방법을 의학·과학지식(호르몬과 사춘기담론이 중심)을 기반으로 설명하는 몸담론과 생활표준화 지식을 전파한다는 특징을 보인다. 또한 과학소설도 거의 실리지 않는다는 점에서 실용지식을 중심으로 한 과학지식 전달에 초점을 맞추고 있음을 알 수 있다. 과학주의담론의 신체화라 할 수 있는 생활표준화 담론이 신체규율로 각인되는 특성을 잡지『여학생』이 보여준다는 사실을 알 수 있다.<sup>•</sup>

그에 비해 청소년을 보편독자로 설정한『학원』의 경우 우주과학 중심의 과학지식담론과 SF과학소설 연재 등의 과학담론을 실었다(부록: 과학기사 목록). 이 잡지의 대상독자 청소년은 소년/소녀를 모두 포괄하고 있다.『학원』과『여학생』의 내용적 차이가 표면적으로는 잡지 특성상의 차이로 보이지만, 실제『학원』의 과학담론과 과학소설이 구성하는 소년성/소녀성을 분석·비교해볼 필요가 있다고 판단된다. 보편독자로 설정된 청소년 독자가 과학담론과 과학소설을 통해 소년성의 특권적 위계를 재구성하는 것으로 보이기 때문이다. 소년모험담으로 구성된 과학소설들과 '소녀들만 보세요'라고 구성된 신체 관련 담론들, 그리고『여학생』과 달리 호르몬과 사춘기담론이 부차적으로 취급된 점 등은 과학주의담론이 젠더화된 방식으로 소년/소녀를 구성하는 데 작동하고 있음을 보여준다.『여학생』은 '소녀성'을 감성적 소녀로 구성하고 소녀의 히스테리적 신체를 규율하고 관리하는 데 의학,

---

• 『여원』,『여학생』은 1960-70년대 과학적 관리법을 생활에 전파하는 대표적인 잡지였다. 노동생산성 증대의 방식이 의식주를 표준화하고 계량화하는 생활표준화 담론으로 전파되었음을 알 수 있다. 특히『학원』의 발간인 김익달이 발간한『여원』이 과학적 관리법을 생활표준화로 전파한 대표적인 잡지라는 점에서도 과학의 젠더화가 진행되었음을 보여준다.

과학지식을 동원하여 이상적 소녀와 불량소녀 개념을 재구성한다. 반면에『학원』은 우주과학 중심의 기계신체적 상상력을 통해 소년 개념을 재구성한 것으로 판단된다.『여학생』의 발간목적도 교양이나 사회의 성원으로 길러낸다는 계몽의 목적은 비슷해 보이지만, 실제 과학지식의 내용은 전혀 다르게 구분된다.『여학생』이 소녀의 교양화·국민화를 위해 과학지식 자체보다는 생활의 과학화를 기본 내용으로 했다면,『학원』은 청소년 특히 소년의 교양과 남성국민화를 위해 과학주의담론이 작동하는 특징을 보여준다. 이 장에서는『학원』의 과학기사를 대상으로 분석하고 이 잡지의 독자 설정과 과학담론이 재구성하는 '소년'의 개념을 분석해보고자 한다.

　이 시기 과학주의담론은 우리나라에서 SF적 상상력이 출발하는 시점과 맞물려 있다.『사상계』가 지성사에서 과학입국담론을 전파한 주요한 잡지였다면, 과학주의가 미래세대 교육의 핵심 요소로 전파된 것은『학원』을 통해서였다. 해외 SF소설을 번역 소개하고, 창작소설도 연재된다.『금성탐험대』와『우주벌레 오메가호』를 연재한 한낙원은 한국 SF의 본격 시작을 알린 작가로 꼽힌다. 우주탐험과 관련된 기사들이 중심이 되면서 소설에서는 신체증강, 변형 등 사이보그적 상상력이 펼쳐지고, 외계인과의 접촉을 통한 정체성의 혼성도 이루어진다. 그야말로 우주적 세계가 펼쳐진 플랫폼이 잡지『학원』이었던 것이다. 그러나 동시대 청소년잡지임에도『여학생』이 생활관리, 몸관리 담론으로만 구성되었다는 점은 과학의 젠더화에 대한 뚜렷한 차이를 드러낸다. '과학은 문화다'라고 언급하면서 상징적으로 사이보그 선언을 했던 도나 해러웨이(Donna J. Haraway)의 주장처럼 과학이 객관적 진

리가 아니라 문화적 담론투쟁의 장임을 알 수 있는 현상이다.[1]

특히 도나 해러웨이의 '자연문화(nature culture)'라는 개념은 이 시기 과학주의담론을 분석하는 데 매우 유용하다. 기술생명권력(technobiopower)과 몸담론을 연결하여 젠더정치를 적극적으로 해석하고 실천하는 이론으로 알려진 해러웨이는 생명체가 더 이상 자연이라 볼 수 없으며, 사이보그 기획은 생물정치학적 몸에 대한 지도를 만들려는 시도라고 분석한다. 자연/문화의 이분법이 더는 존재하지 않으며, 그러한 이분법의 해체를 위해 '자연문화'라는 개념을 사용한다.[2] 해러웨이에게 있어서 기술은 본질적으로 정치적이며 사회적으로 형성된다. 과학을 하나의 담론으로 생각하는 관점은 이 연구에서도 유용할 것이다. 여성성/남성성의 젠더정체성의 구성요소들을 변화시켜 인간을 재구성하고 변화시키는 과학담론에 대한 이해가 좀 더 정치해질 수 있다. 우리나라에서는 1960년대부터 우주과학, 외계인, 로봇 등에 대한 사유가 시작된다. 유기체와 기계의 혼합물에 대한 상상력, 즉 사이보그에 대한 상상력이 시작되는 시기라는 점에서 몸의 혼종에 대한 담론은 섬세한 분석이 필요하다. 사이언스 픽션이 서구에서는 메리 셸리에서부터 어슐러 르귄에 이르기까지 여성적 글쓰기의 영역에서 인정받아왔던 것*과 달리, 우리나라에서는 왜 남성적 영역으로 존재해왔는지, 제국주의적 상상력과 거대로봇신체의 상상력으로 진행되

---

● 조애나 러스는 테크노필리아, 테크노포비아 모두 가진 자들의 태도라고 분석하고 있다. 과학이 가져올 권력의 손상에 대한 공포 혹은 권력의 극대화를 노리는 욕망이 만들어낸 양가적 감정이기 때문이다. 그러나 애초에 권력이 없는 여성들의 경우 가부장제에 대한 탈출 욕망, 전복적 상상력이 SF를 통해 드러난다고 설명한다(『SF는 어떻게 여자들의 놀이터가 되었는가』, 나현영 옮김, 포도밭, 2020, 98쪽).

어왔는지에 대한 해명이 필요해 보인다. 1960-70년대 국가주의적 팽창주의를 계몽하는 도구로 출발한 이 시기 과학담론의 젠더화는 과학이 국가주의에 전유되는 한 가지 방식을 보여줄 것이다. 그럼에도 불구하고 잡종의 사이보그적 상상력이 지니는 전복적 성격이 지배담론에 흡수되지 않는 잉여를 만들어냈음도 이 시기 과학담론을 다시 보는 이유가 된다.

## 2) 『학원』의 발간과 잡지의 성격

『학원』(1952년 11월 창간-1990년 10월 폐간)은 대구 출판인 김익달(金益達)이 대양출판사에서 중학생 종합잡지로 발간하여, 휴간 복간을 거듭하면서도 1990년 10월호까지 통권 343호를 출간한 명실상부한 청소년 교양잡지다. 초기에는 자주 휴간되며 정상적으로 발간되지 못했다. 1961년 3월에 속간되었으나 중단되었다가 다시 속간한 1962년 3월부터 꾸준히 발간되었다.* 1960년대 발행인은 학원사 김익달이었다가 1969년 3월 학원출판사 박재서로 변경되었다. 그 뒤 1978년 9월 판권이 학원출판사에서 다시 학원사로 재인수되었으나 1979년 2월 복간 2호(통권 293호)로 종간되었다. 1984년 5월 학원사에서 재창간한 후부터 1990년 10월호까지 발행되었다.

　김익달의 창간사(1952년 11월)에 의하면, 이 잡지는 "중학생들을 위한 참된 교양과 올바른 취미의 앙양"을 목적으로 발간되었다. "불행한

---

• 휴간기간은 1958.1-1958.4, 1960.4-1961.2, 1961.10-1962.2까지다. 장수경의 『『학원』과 학원 세대』(소명출판, 2013, 18쪽)를 참고했으며, 국립중앙도서관 소장본을 확인하여 출간사항을 확인했다.

이 나라 학생들에게 마음의 양식이 될 만한 것을 드리고자 하는 본디의 뜻"(7쪽)을 알아주기 바란다는 말에서 전쟁으로 폐허가 된 나라의 청소년들의 교양과 계몽이 시급한 과제였음을 알 수 있다. '편집후기'에서는 전쟁기 이 잡지의 발간 동기와 성격을 엿볼 수 있다. 1953년 1월호 후기에는 「메아리 하우스」에 학생들의 독자후기가 실려 있고, 편집후기가 다음 장에 실려 있다. 독자후기는 주로 읽을거리를 충실히 실어달라는 주문이 많고, 편집후기는 3호를 발간하면서 더 발전한 잡지가 되겠다는 의지와 "대구 미국 공보원장의 말씀마따나 항상 시사에 밝으며, 시대사조에 발맞추어 나갈 수 있는 그런 『학원』이 되려고 한다"(112쪽)라는 다짐이 실려 있다. 「우리의 맹서」(112쪽)는 당시 판권과 함께 실어야 하는 것으로 편집후기, 판권, 우리의 맹서가 한 페이지에 구성되어 있다. 그 내용은 "1. 우리는 대한민국의 아들 딸 죽음으로써 나라를 지키자 2. 우리는 강철같이 단결하여 공산 침략자를 쳐부수자 3. 우리는 백두산 영봉에 태극기 날리고 남북통일을 완수하자" 등이다. 1961년 3월에 속간되었을 때 설창수의 「'권두언' 자네들의 참된 친구가 돌아왔다: 학원 속간의 소식을 듣고」에는 4·19 정신과 학생 주체의 중요성을 강조하는 내용들이 실린다. "먼저 『학원』 시대는 이승만 대통령시대였다. 독재와 불법과 죄악과 부패의 정치시대였다. 이번 『학원』 시대는 제2공화국시대다. 그동안 우리나라에선 세계를 눈부시도록 놀랍게 하여 주었던 4월 혁명이 있었던 것이다"(21쪽). "그처럼 고귀한 4월 혁명은 우리 어른들이 치른 것이 아니다. 자네들 백만 학도들이 전국적으로 박차고 일어서서 이룩한 성스러운 사업이었다"(21쪽).

그러나 몇 달간 휴간하고 1962년 3월 재속간된 잡지에는 '우리

〈그림4-1〉 박정희정부의 1960년대 청소년 교육의 키워드: 반공, 우주과학 사례

| 1961년 3월호 속간 표지 | 1962년 3월호 표지 | 혁명공약이 속표지에<br>명시됨 | 미국 우주비행 지구궤도<br>선회 성공 기사 |

의 맹서' 대신에 군사정권의 「혁명공약」이 속표지에 소개된다(〈그림 4-1〉). 반공과 미국과의 우방 공고화, 민족정기 고취, 민생고 해결, 공산주의 척결을 위한 실력 배양과 민주공화국의 건설 등을 내용으로 했다. 이런 특징 때문에 『학원』은 반공주의와 국가주의에 동원된 잡지라는 평가를 받기도 한다. 그러나 오랜 시기 다양한 담론들이 경합을 벌이는 잡지의 경우에는 한 가지 이념이 잡지를 일관성 있게 지배한다고 볼 수는 없다. 잡지에는 다양한 기사들이 실리고, 편집자와 필자, 독자가 다양한 담론들을 형성하며 소통하는 장이기 때문이다. 즉, 지배이념과 경합하는 부상하는 이념, 그리고 쇠퇴하는 이념이 담론적으로 투쟁하는 장이라 보는 것이 좀 더 입체적으로 담론을 읽어내는 방법이 될 것이다. 우선 소년을 남성국민으로 길러내는 핵심 요소로 과학주의를 분석해보고자 한다.

『학원』 연구는 장수경의 연구[3]에 힘입은 바 크다. 이 잡지에 대한 본격적인 연구라 할 수 있는데 발간사항과 학원문학상, 연재소설의 특징,

소년계몽으로 등장한 문학주의, 청소년 교육의 역할에 이르기까지 총체적인 면모를 꼼꼼하게 다루어서 이후 연구의 기틀이 된 책이라 할 수 있다. 이 잡지의 과학소설에 대한 연구로는 최애순의 연구[4]가 대표적이다. 『학원』에 실린 과학소설을 정리하고, 미소의 우주탐험 경쟁을 배경으로 한 공상과학소설들에 나타난 우주공학 중심의 성격과 팽창주의적 이데올로기를 분석했다. 특히 1970년대 아동전집의 과학소설의 경우 본격 성인물이 아닌 청소년의 공상과학소설로 번역 소개된 배경을 설명한 바 있다. 한편, 임지연[5]은 한낙원의 초기 소설에서 왜 소년이 미래의 주역으로 설정되었는지, 어떻게 특권화된 과학자 리더로 재구성되었는지를 분석한다. 소년성의 재구성을 주목한 의미 있는 연구지만, 사이보그적 신체인식을 좀 더 진전시켜 소년성 구성의 특징을 분석할 필요가 있어 보인다. 그 외에 학생과학 잡지의 국가주의적 이데올로기 전파에 대한 연구들이 있는데, 이 연구들은 『학원』의 과학소설들이 국가주의적 팽창주의, 반공주의, 남성주의 성격을 띠고 있음을 분석했다.

과학소설 연구를 중심으로 살펴보았을 때 이 연구들은 주로 1960년대에 집중하고 있으며, 1970년대 이후 변화에 대해서는 논의가 거의 없다. 물론 박재서가 맡은 이후 1970년대 『학원』에는 과학소설도 더 이상 연재되지 않고, 과학지식에 대한 본격적인 기사도 드물다. 그러나 로맨스 청춘물로의 전환이 확연해지는 이런 변화가 무엇을 의미하는지는 해석이 필요하리라 생각된다. 1960년대의 『학원』이 청소년 교양의 두 축으로 문학주의[6]와 과학주의를 잡지의 자율적 계몽성으로 보여주었던 것과 달리 1970년대의 성격은 대중화·상업화된 변화를 전면에 드러낸다. 국가 주도의 청소년 교양운동의 영향도 뚜렷하게 보여주고 있어서 이 시기의 변화도 흥미롭게 보인다.

### 3) 우주식민지 미소 대결과 제국주의적 팽창주의

1962년 박정희정부는 경제개발계획의 하부계획으로 제1차 기술진흥 5개년계획(1962-1966), 제2차 과학기술진흥 5개년계획(1967-1971)을 수립하고 과학기술정책을 적극적으로 추진하기 시작한다. 1966년 한국과학기술연구소가 설립되었고, 1967년 1월 과학기술진흥법이 제정되었으며, 같은 해 4월 과학기술처가 설립되었다. 연이어 과학기술개발 장기종합계획(1967-1968)을 발표하고 과학기술 개발에 박차를 가한다.[7] 이후 1968년부터 매년 4월 21일 과학의 날 행사가 개최되기도 했다. 이러한 과학기술정책은 청소년 교육에도 반영되었으며, 이 시기의 청소년 과학소설, 과학잡지, SF영화, 애니메이션 등 다양한 매체를 통해 과학은 미래 인재 양성의 핵심 요소로 꼽히게 된다.

특집에 실린 과학기사들은 우주과학담론과 SF담론을 특징적으로 드러낸다. 「특집: 비행접시의 수수께끼」(1961.8)는 비행접시의 존재가 사실이라고 가정하고, 비행접시를 타보았거나 목격한 사람들의 이야기에 관하여 소개한다. 기사에 화이트 선즈 사건, 난장이 우주인, 우주선을 타본 부인 등의 사례를 담아서 호기심을 불러일으킨다. 「지구를 수술한다/편집부」(1963.5)는 원자력을 '평화롭게' 이용하는 방법으로, 세계를 일주일 만에 일주할 수 있는 고속철도를 소개한다. 온도를 유지할 수 있는 얼음 속에 이루어진 근대도시, 토성처럼 얼음 띠를 만들어 지구에서 밤을 없앨 수 있다는 에너지에 대한 과학적 지식도 동원해서 미래사회를 설명한다. 「특집 기사: 우리 주위에 우주인이?!」

(1966.2)에는 지구의 전기를 먹어 치우는 생물, 인간을 집어삼키고 인간 행세를 하는 생물과 식물인간이 등장한다. 이러한 것들은 모두가 SF의 세계에 등장하는 공상의 생물이다. 그러나 가없이 넓은 이 우주의 어딘가에는 우리가 아직 모르는 우주인이나 그 밖의 어떠한 생명체가 존재하는 것만은 거의 틀림없는 일이라고 한다. 「특집 과학: 우주여행은 떠돌이별을 타고—떠돌이별로 우주선을 만들 수 있다/편집부」(1963.8)에는 이탈리아 천문학자 피앗치가 발견한 소혹성 '셀레스'를 소개하면서 이후 1700개가 넘는 소혹성이 발견되고 있으며 우주여행을 할 수 있는 날도 머지않았다는 내용이 들어있다. 우주개발을 독려하는 기사로 보인다. 「과학 특집: 우주에서 생물이 살아왔다」(1964.2)는 우주운이나 200만 년 만에 깨어난 개구리 등 지구에서 나타나는 우주 생명체의 근거들을 소개한다. 심승택(《한국일보》 과학부장)의 「과학특집 우주에 서다: 미국 제미니4호」(1965.8)와 「과학 특집: 달나라로 가려는 사나이들」(1967.6)은 달 탐험을 중심으로 다룬 글이다. 닐 암스트롱의 달 착륙은 1969년 7월 20일이다. 아폴로우주선의 준비과정과 소련과의 우주개발 경쟁, 우주 최초의 달 정복자는 누가 될 것인가 등을 소개했다.

『학원』의 과학기사는 미소냉전을 반영한 미국중심주의와 우주정복이라는 팽창주의적 이데올로기를 담은 점이 특징적이다. 1961년 3월 속간 1호의 특집은 과학기사로 미소의 경쟁과 우주전쟁에 대한 소개로 시작한다.* 1961년 최초로 우주여행에 성공한 소련의 가가린 소령의 탐험에 맞서 미소우주개발 경쟁에서 미국도 워싱턴 3호를 발사하며 치열한 경쟁을 이어가고 있다고 미국의 편에 서 있음을 명확히 보

〈그림 4-2〉 우주식민지 개척이라는 제국주의적 팽창의식 사례

1966.8 21세기의 우주 탐험:
이렇게 만들어진다 우주식민지

1966.8 화성 식민지가
여러분을 초대합니다

1966.5 달에 도전한다:
우리의 과학은 어디까지 갔는가

여준다. 우주개발, 우주전쟁, 정복, 식민지 등의 용어를 사용하여 우주를 우리 상상력의 지도 속으로 불러올 때 우주는 그 자체의 존재가 아니라, 정복의 대상으로 만들어진다는 점이 특징적이다. 정복, 식민지, 전쟁 등의 용어를 사용하여 사유되기 때문이다. 1966년 8월 「21세기의 우주 탐험: 이렇게 만들어진다 우주식민지」(〈그림 4-2〉) 기사에는 서력 2089년 화성 도시가 완성되었다는 부제와 함께 화성 식민지의 자세한 조망도가 그려져 있다. 소설처럼 쓰인 글에서 화성에 도착한 인류는 화성을 식민지로 개척하기 위해 산소 공급과 중력 문제를 해결

---

• 1961년 3월 속간 1호의 특집이 과학기사였다는 점은 잡지의 방향성을 보여주는 상징적인 구성이었다. 「과학기사 특집: 드디어 태양은 만들어지다—미국의 과학이 예언하는 빛나는 미래, 여러분을 21세기의 위싱턴으로 안내한다」(1961.3), 「과학 시사: 세계 최초의 우주여행 성공—미·소의 경쟁과 여행담을 듣는다」(1961.3).

하는 엄청난 과학적 진보를 보여준다. 인류의 성과로 우주가 정복되어 나간다는 식민지 개척의 제국주의적 상상력이 우주식민지 삽화의 시각적 효과와 함께 뚜렷하게 각인되었음을 알 수 있다. 이러한 이념적 특징은 소설에서 더 분명하게 나타난다.

　　주로 번역소설인 이 작품들은 우주생물, 약물실험, 인체실험과 같은 SF적인 우주과학 소설이 많이 등장한다는 점에서 장르적 특이성을 보인다.[8] 이전에는 일본을 통해 번역 소개되던 과학소설이 주류를 이루었지만, 점차 미국이나 서구권의 동시대적 작품을 직접 번역·소개하게 된 점은 당대의 미국 중심 지식번역을 통한 담론의 변화를 나타낸다. 또한 청소년 교육을 목적으로 번역된 작품들이기 때문에 과학의 고전보다는 물리, 화학, 생물, 천문학 같은 과학 관련 교과목에 유용한 과학적 지식[9]을 담고 있는 경우가 많다. 편집부 편으로 소개된 「제논성의 우주인」(1967.7), 「화성 탐험 SOS」(1967.7)와 얼 스탠리 가드너의 작품도 「제로인간」(1967.10)으로 번역되었다. 그 외에도 다양한 서구의 작품들이 번역 게재되었다. 이 잡지의 대표적인 창작소설로는 한낙원의 『금성탐험대』(1962.12-1964.9), 『우주벌레 오메가호』(1967.6-1969.2)가 연재되었다. 이 소설들은 당시 미소경쟁의 달 탐험과 화성 탐험을 그대로 반영해 다루었으며, 원자력 에너지에 대한 관심과 방사능 치료의 유용함을 강조하는 국가의 정책적 방향을 반영했다.[●] 『학원』

---

● 원자력 에너지 개발은 국가 발전의 기본 동력이 되는 것이어서 원자력과 핵무기는 제2차 세계대전 이후 모든 국가가 욕망하는 권력으로 상징된다(Langdon Winner, 「기술은 정치를 가지는가」, 송성수 편역, 『우리에게 기술이란 무엇인가』, 도서출판 녹두, 1995, 61쪽). 우리나라도 1959년 원자력원을 설립하고 서울대학교에 학과를 설치하는 등 실제적인 성과로

의 과학지식에 대한 관심과 과학소설의 번역 및 창작은 청소년 과학교육정책과 맞물려 있는 것으로 보인다. 그간 연구에서도 이러한 과학지식의 전파와 청소년 교육이 국가주의적 팽창주의, 우주정복이라는 용어로 단적으로 표현되는 제국주의적 담론의 성격을 지닌다는 논의는 되어왔다.[10] 그런데 이러한 팽창주의적 욕망이 어떻게 소년의 욕망으로 연계되고 남성성을 재구성하는가에 대한 설명이 좀 더 필요해 보인다.

### 4) 속물적 성인 남성과학자/우주괴물/감성적 소녀를 극복한 소년성

우주과학담론의 또 한 가지 특징을 든다면 신체의 변형, 증강으로 나타나는 사이보그적 상상력이다. 로봇이 등장하고 미래인, 외계인 등이 등장하는 SF소설들은 기계와 인간, 인간이 아닌 다른 생명체와의 만남을 다룬다. 『학원』의 SF소설들도 로봇, 우주괴물, 화성인, 금성인 등 외계인과의 커뮤니케이션에 대한 상상력을 보여준다는 점에서 포스트휴먼적인 새로운 세계를 보여주는 장점이 있다. 그러나 이 시기 담론들은 인간과 로봇, 인간과 인간이 아닌 생명체와의 잡종들의 결합을 다루는 해러웨이식 잡종들의 결합체에 대한 상상력과는 달라 보인다. 경계가 뒤섞이고 혼성되는 과정이 아니라 각각의 정체성 간의 경계가 분명하고 위계적 관계를 만드는 인간중심주의를 강화하는 지배환상을 보여준다. 우주담론이 오히려 인간이라는 현실의 정체성을 강화하는 방식으로 작동한다는 점에서 제국주의적 가부장담론의 해체가 아닌 강화를 위해 작동하고 있다는 점이 지적되어야 할 것 같다.

---

결실을 맺게 된다. 원자로 사업을 1962년부터 본격화하는데, 1978년 고리1호기의 상업운전이 시작되면서 원자력 에너지의 시대를 열게 된다.

『학원』의 우주과학담론들은 번안 또는 창작소설로 연재된 과학소설을 통해 소년성의 요소로 재구성되는 과정을 보여준다. 우주과학담론이 보편적인 청소년 주체를 대상으로 쓰였지만, 이 담론이 서사와 연결되면서 소년영웅 리더만들기와 소녀의 하위위계화로 연계된다. 특히 남성주인공 그중에서도 소년주인공의 우주모험서사가 주로 연재되었는데, 소년성의 재구성을 중심으로 어떠한 정체성이 소년을 통해 다음 세대의 이상적 남성성으로 재구성되었는지 살펴볼 수 있다. 소년주인공 작품으로는 김학수의 「황금나라의 비밀」(1964.10-11), 강석호의 「10만 광년의 추적자」(1966.2), 에드워드 E. 스미드의 「은하 순찰대」(권인배 편역, 1966.10), 파체트의 「달 나라의 화성인」(이승길 옮김, 1968.9-10), 권준섭의 「화성왕의 명령! 지구에게 기습 착륙하라」(1969.4), 윤동일의 「돌아오지 않는 성」(1969.7-1970.1) 등을 들 수 있다. 오리온 성인에게 납치된 연인을 찾으러 우주를 모험하는 모험서사, 지구를 지키는 은하 패트롤대의 소년전사 이야기, 화성인의 침공을 막아내는 소년영웅 이야기, 타임머신으로 시간여행을 하는 모험서사 등 다양한 우주탐험서사들이 실렸다. 이 작품들은 단편적인 이야기로 소설로서의 완결성이 부족하다. 이에 비해 『학원』의 대표적인 과학소설이라 할 수 있는 한낙원의 『금성탐험대』(1962.12-1964.9)와 『우주벌레 오메가호』(1967.6-1969.2)는 서사적 구성력이 탄탄한 작품이다. 두 작품 모두 소년을 주인공으로 하는 소설이지만, 소년 우주탐험서사의 특성을 잘 보여주는 작품 『금성탐험대』를 중심으로 살펴보고자 한다.

이 작품은 소년주인공이 우주전쟁서사를 이끄는 청소년 과학소설 작품이다. 번안 작품과 달리 한낙원의 소설은 창작소설이기에 독자들의 동일시가 쉬었을 것으로 판단된다. 이 작품에서 소년주인공(중학교를 졸업하고 4년간 우주항공교육을 받은 갓 청년기에 돌입한 주인공들이다)은 세 번의 부정을 통해 남성 주체로서 성장하게 된다.[*] 우주대모험을 하면서 구시대적인 성인과학자와 대립하고 이겨나가는 과정이 첫 번째 과업이고, 둘째로는 우주괴물과 싸워 이기는 것이다. 세 번째 요소는 감성적인 소녀성과 절연하고 강철 같은 의지로 지구를 구하는 것이다.[**] 이로써 소년은 미래의 주역으로 특권화된 새로운 남성성으로 탄생한다. 이러한 세 번의 부정을 통한 정체성 형성은 『학원』의 과학담론들이 어떻게 소년성으로 연계되는가에 대해 좀 더 잘 보여줄 것으로 생각된다. 이 작품에서 소년은 미래우주시대의 새로운 과학지식과 지구인으로서의 완벽한 몸, 이성적 합리적 남성성 이 세 요소를 통해 새로운 남성성을 재구성한다.

『금성탐험대』는 미국의 우주선 V.P.호와 소련의 C.C.C.P.호의 금성탐험 대결을 다룬 작품이다. 주인공 고진과 최미옥은 하와이 우주항공학교의 후보생으로 4년간의 교육을 마치고 금성탐험을 떠나게 된다.

---

• 엘리자베트 바댕테는 남성성의 형성이 여성성에 대한 끝없는 부정과 거부를 통하여 여성성에 대한 일종의 탈동일화로 이루어진다고 설명한다. 남성성은 세 번의 부정을 통해 이루어지는데, 나는 어머니가 아니다. 아이가 아니다. 동성애자가 아니다라는 강제적 교육을 통해 형성된다고 보고 있다(96-100쪽). 우주모험서사에서 소년리더가 정체성을 구성하는 방식에서도 이러한 부정을 통한 재구성이 이루어진다는 점이 흥미롭다(『XY: 남성의 본질에 대하여』, 최석 옮김, 민맥, 1993).
•• 임지연은 한낙원의 초기 소설에서 소년주인공이 몸(우주에서 괴물과 싸워 이기는 호쾌한 몸으로 신체 강화가 이루어짐), 과학지식(우주물질을 탐사하여 괴물이 두렵지 않은 상태의 과학적 지식을 갖추게 됨), 도덕성(구시대의 이기적 성인 남성과학자와 달리 미래를 구하는 순수한 마음을 소유)을 성장시키면서 이상적 남성으로 성장한다고 분석한 바 있다(「초기 한낙원 소설에 나타난 소년의 의미」, 『한국언어문학』, 65권, 2018, 292-293쪽).

그러나 소련의 스파이였던 교관에 의해 납치된 고진은 소련의 우주선 조종사로 강제로 금성으로 출발하고 최미옥은 또 다른 후보생이었던 박철과 함께 미국의 우주선을 타게 된다. 소련의 우주선은 미국의 우주선 기밀을 훔쳐서 복제한 우주선이어서 고진이 조종사를 맡아 조종한다. 이 두 우주선은 모두 금성에 도착해서 탐사하는데, 이미 금성 개발을 하고 있던 알파성인의 기지를 우연히 발견하면서 우여곡절을 겪는 이야기가 펼쳐진다. 알파성인의 기지를 먼저 발견한 것은 소련의 탐사팀이었다. 그러나 알파성인의 동력장치를 비밀리에 촬영하다 걸려서 감옥에 갇히고 감시로봇과도 충돌을 일으켜 로봇인간 케아로를 죽이기까지 한다. 한편 화산 폭발로 망가진 미국우주선에서 겨우 탈출한 대원들은 소련우주선을 지키고 있던 고진과 만나 함께 알파성인의 기지에 도착한다. 미국대원들 역시 사진 촬영으로 위기를 겪게 되지만 겨우 의사소통을 하여 서로가 해칠 의도가 없음을 알게 되어 협상을 잘 맺게 된다. 하나 남은 소련의 우주선에 미소의 살아남은 대원들 모두가 함께 타고 무사히 지구로 향한다.

이 작품의 메시지는 스파이 노릇을 했던 니콜라이 중령이 죽으면서 남긴 유언에 담겨 있다. "지구는 하나다…. 금성에 와 보고… 나는 그것을 알았어…. 모든 민족은… 적이 될 수 없어…. 형제야…. 싸워선 안 돼"[11]라는 대목에서 드러나는 인류평화의 메시지다. 주인공들은 거대나비, 괴조, 거대한 용 등 다양한 우주생물을 만나 위기를 겪는다. 원자력, 우주선, 로봇인간, 금성의 지질과 환경에 대한 다양한 과학적 지식이 새로운 우주적 상상력을 제공하고 있다. 게다가 한국의 청년들이 주인공이어서 자신들과 동일시하기 쉬웠을 것이다. 당시 청소년들에게 읽는 재미와 지식 모두 제공하는 즐거운 읽을거리였을 것이라 짐작된다.

앞서 말했듯이 이 작품은 소년이 자기정체성을 형성하기까지 세 가지 적들과 싸우는 과정을 보여준다. 그 첫 번째 적이 소련스파이 니콜라이 중령이다. 그는 소련이 우주 경쟁에서 이기기 위해서는 반드시 금성의 좋은 기지를 차지해야 한다고 생각하여(57쪽) 미국의 금성탐험호 설계도를 훔친 장본인이다. 고진의 스승이기도 한 그는 소련의 냉전적 지식인이며, 이기적인 속물적 과학자다. 그와 싸워 이기는 것이 고진의 첫 번째 과제다. 고진이 금성탐험에 성공하고 니콜라이가 실패하여 죽는 이유는 도덕적 우월성뿐만 아니라 우주선에 대한 탁월한 지식과 외계인에 대한 유연한 자세 때문이다. 고진이 이런 역량을 가질 수 있었던 것은 우주과학 지식과 경험, 탐험가로서의 성찰성 때문으로 그려진다. 원자력과 우주과학이라는 새로운 지식을 지닌 남성성이 기존의 지식을 이기고 미래의 헤게모니 남성성으로 재구성되는 과정을 보여주는 것이다.

소년주인공이 기성의 성인 남성과학자와의 대결에서 우위를 점하는 것보다 더 중요한 것은 우주의 괴물과 대결하는 것이다. 외계인인 알파성인과 금성의 우주생물, 로봇인간 등 우주세계와 만나면서, 이 소설은 다양한 정체성 탐색을 한다. SF소설의 본령이라 할 수 있는 잡종들의 경합에서 무엇이 '괴물'인가, 무엇이 진정한 '나'인가는 한 시대의 정체성 지도를 보여준다는 점에서 매우 시사적이다. 이 작품에서 괴물은 외계인, 사이보그 등 모든 잡종적 요소들로 나타난다. 특히 많은 삽화에서 외계 괴물이 시각적으로 인간 영웅과 대조되어 나타나기 때문에, 외계적 요소가 괴물로 형상화되는 효과는 더욱 강화된다. 잡종의 경계에서 싸워 이긴 후 소년영웅이 보여주는 메시지는 불안해진 지구적 정체성을 강화하는 것이라 할 수 있다. 인간과 외계생명체, 인간과 로봇의 관계에서도 자연스럽게 위계만들기가 나타난다. 금성을 식민지로 개발하려는 제국주의적 이념뿐만 아니라 알파성인의 외모 묘사에서 드러나는 외계인 폄하의 태도, 알파성인과 동일한 모습으로 개발된 로봇인간에 대한 폭력성 등이 그러하다.

세 번째 젠더에 대한 상상력도 소년을 구성하는 요소로 보인다. 소녀도 우주항공학교에 함께 다니는 동료이고 우주탐험을 함께하는 것으로 설정되는 등 파격적인 변화를 보여준다. 여성인물 최미옥의 역할은 통신원으로 설정되어 있는데, 각각의 직책으로 호명되는 남성인물과 달리 처음부터 끝까지 '최미옥양'이라는 호칭으로 불린다. 통신원이라는 직책도 당시 현실의 여성 전화교환수를 우주로 변환한 것에 불과하다. 단추를 눌러 먹는 캡슐 식사도 주문받고, 단추를 누르고 배식하는 등 전통적 여성의 역할을 한다. 성역할의 구분과 함께 주목되는 부분은 여성인물의 감정적 성격이다. 우주탐험 내내 고진에 대한 사랑과 박철에 대한 감정적 갈등, 위기에 빠질 때 보여주는 감정적 태도 등은 소년이 이상적 남성성이 되기 위해서는 이겨내야 할 불안정한 요소로 그려진다. 이러한 부정을 통해서 소년이 갖게 되는 이상적 남성성은 냉정한 합리성과 강인함으로 구성된다. 특히 잡종의 정체성을 배제한 인간적 완결성에서 감정적 요소를 배제한 다음, 소년 남성에게 새롭게 증강된 신체는 우주선이라는 기계신체다. 그것도 도구적으로 증강된 인간이 지배하는 기계이기 때문에 그러한 기계신체적 증강이 잡종적 정체성 탐색으로는 기능하지 못한다는 한계를 보인다.

## 5) 잡종의 상상력과 기계적 신체 증강 남성성의 사회적 의미

신체의 변형, 증강, 사이보그적 상상력이 시작되는 시기에 백인 중심, 인간 중심, 남성 중심의 정체성 재구성은 전복적 상상력을 억압하고 탈경계가 아닌 경계적 사유로 회귀하게 만든다. 우리의 몸들, 즉 우리 자신인 몸들에서 권력과 정체성의 지도를 발견할 수 있다[12]고 말한 해러웨이의 지적처럼, 이 시기의 몸들은 전후 백인중심주의, 남성중심주의 지구인의 특권적 지위가 재구성되고 있음을 보여준다. 『학원』의 과학담론과 소설들은 소년 소녀의 꿈으로 우주인을 상상하게 만드는 우주적 플랫폼이다. 당시 소년들의 장래희망이 대통령과 과학자였던 예를 떠올려 보면, 소년성을 구성하는 데 이러한 우주과학담론이 상당한 영향을 끼쳤을 것으로 보인다. 그에 비해 소녀들은 조력자이거나 피해자로 자주 등장하고, 모험의 주체가 되지 못한다. 여학생페이지와 남학생페이지라는 제목으로 연재되는 여가나 취미생활 소개란도 젠더화된 정보들이 강화되는 역할을 한다. 그럼에도 불구하고 1960년대 과학주의담론은 우주를 날아다니고, 과학적 지식을 공유하는 전복적 가능성을 제공했다는 점에서 경계의 해체와 전복적 사유가 열릴 가능성을 보이기도 했다. 그래서 이 시기 『학원』의 과학주의담론을 위로부터의 계몽, 일방적인 국가정책 전성기의 산물이라고만 볼 수는 없다. 우주과학지식의 자발적 생산과 유통이 이루어진 신지식의 장이었던 것은 분명하기 때문이다. 그러나 냉전 이념과 젠더 위계, 인종 간 위계 등을 그대로 전파 혹은 확대재생산하는 데 머물러 잡종들의 전복성으로는 나아가지 못한 것으로 판단된다. 이후 1970년대의 청소년 교육은 과학주의담론이 후퇴하고 위로부터의 계몽적 인문주의가 도래한다. 성찰성이 배제된 국가주의적 과학담론이 상업화의 길을 걷게 되고, 거대로봇담론과 국가주의적 인공의 신체로 변질되어간다. 국가정책에 발맞춘 생산성담론으로 변모하게 된 것이다.

1960년대 우주적 상상력의 가능성과 한계는 이 모든 뒤섞임이 가능했던 시기에 인간 소년의 특권적 지위로 회귀하는 아쉬움에 대한 평가다. 남성 성인과학자와 구별되는 새로운 우주과학지식의 소유자로 등장한 소년, 우주생명체와 싸워 이기는 완벽한 지구인 신체, 그리고 소녀의 감정적 특성과 절연한 이성적·합리적 성격이 새롭게 제시된 이상적 소년성으로 재구성된다. 이러한 소년의 특권적 정체성의 문제점은 모든 잡종과의 혼종 속에서 새로운 정체성 탐색을 할 기회를 놓치게 된다는 점이다. 그러한 이념적 한계 때문에 사이보그적 상상력이 시작되고, 다양한 혼종의 장이 되었던 『학원』의 실험이 더 이상 진전되지 못한 것으로 생각된다. 이후 1970년대의 과학담론이 무성찰적 거대로봇신체로 도구화되어가는 변화에 대해서 성찰적인 문화적 대응을 하지 못했다는 아쉬움이 남는다.

사이보그란 잡종의 피조물로서, 유기체와 기계로 구성되어 있다. 해러웨이의 지적처럼 이런 잡종으로 변화하는 것은 거부하거나 부정하기 어려운 기술문명사회의 일상적 변화라 할 수 있다. 그런 잡종적 결합을 특권적으로 지배하고 배제하기보다 그 자체로 받아들이고 인정하는 과정이 기술문명의 성찰성이 된다는 주장은 이 시기의 과학주의담론을 평가하는 데 시사하는 바가 크다.

## 2. 스페이스오페라와 소년영웅: 괴물, 사이보그, 젠더의 재구성

### 1) 스페이스오페라: 소년리더의 탄생

정보와 신체가 분리된 기술사회에서 진행되는 신체화된 가상성에 대해 캐서린 헤일스(N. Katherine Hayles)는 세 가지 핵심 질문을 던지고 있다. 첫째, 어떻게 정보가 신체를 잃었는가, 어떻게 별개의 개체로 개념화되었는가. 둘째, 제2차 세계대전 이후 어떻게 사이보그가 기술적 인공물이자 문화적 아이콘으로 자리 잡았는가. 셋째, 인간이라고 불리는 역사적으로 특수한 구성체가 어떻게 포스트휴먼이라고 불리는 다른 구성체로 대체되었는가 등이다.[13] 이런 질문들은 가상세계에 대한 기본적인 질문이자 윤리를 구성하는 근본 질문이 된다. 유기체와 인공 확장물을 연결하는 정보의 경로 문제, 즉 정보를 단백질과 실리콘이 하나의 시스템으로 작용하도록 하는 탈신체화된 개체로 상정하는 새로운 가상세계의 출현에서 인간의 정체성 탐색이 어떻게 이루어져야 하는가를 질문하기 때문이다. 우리나라에서 이러한 가상세계와 사이보그, 로봇에 대한 본격적 논의가 시작된 시기는 1960년대다.

달 탐사와 미소의 우주개발 경쟁을 텔레비전을 통해 시청하게 된 우리 국민들도 우주적 상상력의 세계에 접속하게 된다. 이를 계기로 과학입국, 기술민족주의를 내세운 정책적 변화와 발맞추어 청소년 과학교육도 변화를 맞게 되었다. 우주과학 중심의 SF적 상상력의 세계가 교양의 한 부분을 차지하게 된 것이다. 『사상계』가 1960년대 지성사에서 과학입국담론을 전파한 주요한 잡지였다면, 우주공학 중심의 과학지식을 미래세대 교육의 핵심요소로 전파한 것은 『학원』을 통해서였다. 청소년잡지인 『학원』에서는 해외 SF소설을 번역 소개하고, 창작소설도 연재한다. 한낙원의 『금성탐험대』와 『우주벌레 오메가호』를 연재하여 인기를 끌기도 하고, 우주 관련 연재기사들은 청소년 독자들의 호기심을 불러일으키기도 했다. 우주탐험과 관련된 기사들이 중심이 되면서 소설에서는 사이보그적 상상력이 펼쳐지고, 외계인과 접촉을 통한 정체성의 혼성도 이루어진다. 우주괴물, 외계생물, 인조인간, 로봇 등 잡종적 요소들이 등장하고 몸의 정체성이 흔들리는 과정을 보여준다.

『학원』에서는 로봇이나 로봇소설에 대한 정보를 자세하게 소개하는 「과학 이야기: 인조인간이란?」(1967.5)이라는 글이 실리기도 한다. 이 글에서 로봇이라는 말이 처음 등장한 것은 체코슬로바키아 작가 카렐 차페크(Karel Capek)라는 사람이 1923년 쓴 「롯샘의 만능 로버트」라는 희곡에서라고 소개한다. 이 희곡에서는 로봇이 자동화된 기계라기보다는, 인간과 흡사하게 만든 '합성인간' 같은 존재였다는 내용도 자세히 설명한다. 또한 소설가 아이자크 아시모프의 로봇의 삼원칙도 이 글에 실려 있다. 최근에 논의되는 포스트휴머니즘의 포스트바디(post-body), 포스트데스(post-desth), 포스트에고(post-ego)가 최초로 등장한 잡지라 볼 수 있다. 포스트휴먼은 기존의 인간 한계를 과학기술에 의존하여 극복하고 초월함으로써 죽음과 육체, 자아 정체성에 대한 새로운 인문학적 사유를 요청하는 인간의 새로운 정체성이다. 그 핵심 요소로 포스트바디, 포스트데스, 포스트에고를 꼽을 수 있는데, 포스트바디는 신체강화에서 변형, 탈신체화까지 다양한 상상력으로 나타난다.[14]

그러나 포스트휴먼적 상상력이 발현되기 시작한 새로운 정체성 탐색의 시기에 과학교육은 철저히 젠더화된다. 우주과학 중심의 소년들의 과학교육과 달리 소녀들의 과학교육은 생활지식으로 전파되었고, 이러한 담론을 대중화한 잡지가 『여학생』이었다. 소년들이 우주를 날아다니는 스페이스오페라의 영웅을 꿈꾸는 한편에서, 여학생들은 생리혈을 감추고 신체를 관리·규율하는 규범적 지식을 배우고 익혔다. 사이보그의 잡종적 상상력이 시작되는 이 시기 과학주의담론을 분석하는 키워드로 사이보그, 괴물, 젠더를 꼽은 이유도 이러한 과학지식이 권력의 비대칭성을 구성해내는 특징을 볼 수 있기 때문이다. 인간의 정체성을 재규정하는 시기에 사이보그적 잡종성이 어떻게 괴물과 인간으로 이분화되어 사유되는가, 젠더는 어떻게 작동하는가를 보면 객관적이라 생각했던 과학지식이 권력을 생성하는 문화담론임을 알 수 있다.

사이보그 선언을 했던 해러웨이의 주장처럼 기계와 문명으로 재구성되어가는 인간은 사이보그라는 잡종성의 운명을 받아들여야 한다. 신체의 통합적 정체성을 추구하지 않는 아이러니를 받아들여야 한다면서 해러웨이는 "나는 여신보다는 사이보그가 되겠다"라고 선언한다.[15] 그럼에도 끊임없이 인간이라는 순수한 통일체의 특권적 지위를 상상하게 되면 인간의 정체성은 이러한 과잉 상상력을 위해 무엇인가를 타자와 비체로 만들어 주체의 특권을 재구성해야 한다. 이때 개입되는 것이 젠더의 정치학이다. 남성을 보편적 인간주체로 특권화하고 여성을 타자화, 비체화하여 통일적 주체라는 과잉상상력을 만들어내야 하기 때문이다.

외계, 우주라는 새로운 영역을 마주했을 때 잡종성의 위험성은 외계인과 로봇으로 나타난다. 소년영웅의 우주모험서사가 이들을 물리치는 서사로 구성되는 것도 이러한 정체성 탐색의 일환이다. 따라서 사이보그신체라는 주체 내부의 혼종성을 외화시켜 대상화하고 제거하는 일종의 정체성서사로 우주모험서사를 읽어내면 재미있는 사실을 발견할 수 있다. 늘 먼저 여성이 외계성이나 잡종성의 위험에 처하게 된다는 것이다. 그래서 그들은 괴물이 되거나 외계괴물의 편이 된다. 제일 먼저 실험용으로 사이보그화되는 대상도 여성이라는 점을 상기해보면, 여성이 정체성의 경계에서 밀려나는 대상이었음을 부정하기 어렵다. 이러한 외계성에 대한 공포가 만들어내는 기표가 괴물이다.* 인간의 정체성을 무너뜨릴지도 모른다는 외부로부터의 공격을 이 시기의 우주서사들은 괴물로 형상화했다. 한편으로 기계문명과의 혼성에 대해서는 로봇을 폭력적으로 지배하는 모습을 보인다. 로봇이라는 사실을 인지하는 순간, 파괴와 제거가 쉽게 일어나고, 인간은 자연스럽게 이들을 지배하는 주인이 된다. 왜 그들이 적이고 공격해야 하는 대상인가에 대한 의문은 제기되지 않는다. 우주에 대한 공포, 기계문명에 대한 공포를 이러한 모험서사에 담아 유쾌하게 처리하고 나면 주

---

• SF공포영화는 근본적인 남성 불안을 다루는데, 재생산에 대한 대안적인 관점을 발명하고 여성 신체의 형상을 조작함으로써 그 불안을 대체한다. 이 영화들에서는 종종 여성의 몸과 외계인, 동물 또는 곤충의 몸 사이에 유사점이 그려진다. 여성 신체는 괴물 같은 페티시화된 타자로 그려지고, 그것은 불온하고 보기 흉한 오점들을 번식시킬 수 있는 능력이 있다. 이러한 여성의 괴물성은 일종의 역설로 한편으로는 여성 섹슈얼리티가 약하고 비체적이라는 가부장적 가정을 강화하지만, 한편으로는 여성 주체의 엄청난 위력을 기술하기도 한다(로지 브라이도티, 『변신: 되기의 유물론을 향해』, 김은주 옮김, 꿈꾼문고, 2020, 370쪽).

인공은 완벽한 인간 남성주체로 재탄생된다. 그러나 이러한 잡종성의 공포는 내 안의 취약성이자 동물성이고 기계성이기 때문에 사라지지 않는다. 새로운 문명과 접할 때마다 괴물과의 싸움이 점점 더 격렬해지는 이유도 그 때문이다.

## 2) '우주벌레 오메가호'의 모험

『학원』의 대표적인 과학소설 작가라 하면 한낙원을 꼽을 수 있다. 『금성탐험대』(1962.12-1964.9)와 『우주벌레 오메가호』(1967.6-1969.2)를 연재한 한낙원은 청소년소설이지만 본격적인 과학소설을 창작한 작가다. 『우주벌레 오메가호』 12회 연재에 「본지 학생기자의 5분간 인터뷰」(1968.6, 302쪽)라는 한낙원 인터뷰 기사가 실려 있다. 이 기사에는 "우리나라에서 최초로 과학소설을 쓰셨으며 지금까지도 집필하고 계신 과학소설의 선구자"라고 소개한다. 그는 이 작품을 "학생들에게 모험심을 기르고 어려운 난관에 부딪치더라도 이겨낼 수 있는 지혜와 담력을 길러주기 위해" 썼다고 밝힌다. 특히 주목할 언급은 "과학소설은 생산문학"이라고 정의하는 대목이다. 그는 미래세대가 과학지식을 넓혀 나라의 부흥에 이바지하길 바란다는 말을 인터뷰에서 전한다. 과학기술이 경제적 부흥과 연결되어 발전해온 우리나라의 상황을 반영하고 있음을 짐작할 수 있다. 이처럼 기술민족주의 흐름과 무관하지 않기 때문인지 실제 소설에서도 우주과학기술과 우주인, 외계인 등 미래기술에 대한 지식정보를 전달하려 노력하고 있으며, 미래의 주역인 청소년을 중심으로 새로운 정체성 탐색을 주 서사로 삼는다.

한낙원의 작품들 중에서도 잡종들의 경합이 가장 잘 나타난 작품은

『우주벌레 오메가호』다. 이 작품은 스페이스오페라 장르로 볼 수 있는 우주활극으로 지구를 침략한 목성인과 대결하는 소년주인공의 모험을 그렸다. 스페이스오페라(Space opera)는 SF(Science Fiction)의 하위 장르다. 미래의 우주를 배경으로 한 모험과 전쟁을 즐겨 다루며, 10대에서 20대 독자를 대상으로 하던 1940년대 미국의 펄프잡지에서 큰 인기를 끌면서 1950년대부터는 소설뿐만 아니라 그런 요소를 가진 만화, 영화, 게임 등 다른 미디어의 작품들까지 포괄하는 용어가 되었다. 『학원』에는 펄프잡지에 연재되었던 『초인 사베지(Doc Savage)』를 번역 소개하기도 하는데 이 잡지의 과학소설은 이런 외국 SF장르의 영향이 컸던 것으로 보인다. 이 작품에서 눈여겨볼 부분은 주인공 소년이 외계인과 싸우고, 그들의 병사인 로봇을 격퇴하고, 지구를 구하는 영웅으로 탄생하는 과정이다. 정체성의 위기에서 모든 잡종적 적들을 격퇴하고 그들이 새롭게 구성해낸 정체성은 과연 무엇인가라는 질문이 우주모험서사의 진정한 의미 찾기가 될 것이다.

　『우주벌레 오메가호』는 주인공 '나' 박일우(고1)가 친구 진만(중3), 미혜, 애나(중2)와 함께 목성인과 대결을 펼치는 이야기다. 이들이 백운대 산정으로 등산을 가던 어느 날 총소리와 함께 독수리가 떨어지고 이상하게 불길한 현상이 나타난다. 사람들은 우연히 죽은 멧돼지 고기를 구워 먹고 갑자기 미친 듯 발작을 일으키는데 친구 진만도 고기를 얻어먹고서 같은 증상을 보인다. 진만은 뇌와 혈관에 전류가 흐르고 40도가 넘는 고열에 이상 징후를 보인다. 뉴스에서는 비행접시를 보았다는 목격자들이 계속 나오지만, 당국에서는 특이한 상황은 없다고 발표한다. 이렇게 목성인의 침공이 시작되고 오메가벌레의 침공, 지구인의 납치, 세뇌, 심장교체, 텔레파시 등등 선진과학을 지닌 목성인들의 침략전쟁이 착착 진행된다. 납치된 일우와 애나는 지구인의 특징을 살펴보기 위한 실험용으로 살아남는다. 비록 실험용이었지만 둘은 다양한 선진문명을 경험하게 된다. 목성의 과거와 미래를 여행하는 타임머신 여행과 로봇공장의 탐험 등 지구인으로서는 상상할 수 없는 우주 과학기술을 경험하는 기회를 얻는다. 그 반면에 진만과 미혜는 세뇌계획인 오메가벌레에 물려 목성인의 스파이노릇을 하게 된다. 지구인의 정체성을 지키는 주인공과 정체성의 위기를 겪는 방해자로 주요 인물들이 나뉘어 갈등이 복잡해지고 방해자와 조력자가 목성인의 세뇌에 따라 이합집산하면서 우주활극은 더욱 흥미진진해진다. 목성인이 일우를 살려둔 이유는 "지구인의 정신"(18회, 1969.1, 275쪽)을 지배하기 위해서였다. 그러나 결국 일우는 목성인 사령관을 죽이고 비행접시를 탈취하여 한국으로 돌아온다. 거대한 방사능 공격으로 인한 폭발과 해일로 침몰한 지구에 도착한 일우와 애나, 그들은 폐허더미 속에서 강박사와 원 박사가 준비해놓은 치료제 스트랩트마이신을 발견한다. 벌레에 물려 세뇌된 미혜와 진만, 납치된 지구인을 다시 되돌릴 수 있게 된 것이다. 살아남은 이들이 미래 지구의 주역이 될 것이라는 희망을 전하며 소설은 끝을 맺는다. 파괴된 지구의 미래는 이제 목성인의 선진 과학기술을 경험한 소수의 인류에게 맡겨진다. 그리고 파괴된 지구의 참상 앞에서 일우와 애나는 새로운 미래를 열 것을 다짐한다.

이 작품은 구구절절한 설명보다 연재본에 삽입된 삽화들을 이어보면 내용을 쉽게 이해할 수 있다. 삽화는 이성박의 그림들이다. 『학원』은 모든 연재물에 그림을 삽입해서 강한 시각적 재현효과를 보여준다.

〈그림 4-3〉『우주벌레 오메가호』의 괴물 이미지

『우주벌레 오메가호』 3회,
괴물 이미지: 목성인의 노예,
1967.8.

『우주벌레 오메가호』 9회,
우주벌레 오메가: 인간을 세뇌하
는 목성의 괴생명체, 1968.3.

『우주벌레 오메가호』 17회,
목성인과 싸우는 소년주인공,
1968.12.

먼저 괴물로 등장하는 목성의 노예괴물, 오메가벌레, 목성인 등을 살
펴보자.

이 괴물 이미지는 인간과 유사성을 보이다가 동물성을 가질수록 괴
물성이 강화된다. 그나마 목성인이 인간과 가장 유사한 이미지를 보여
준다는 점이 그러하다. 우주벌레 오메가는 곤충의 몸통에 인간의 머리
를 하고 있고, 목성의 노예로 보이는 괴인은 뿔이 달린 동물의 머리에
인간의 몸통을 연결해놓았다. 전혀 다른 세계의 시각적 낯섦이든 혹은
불쾌한 골짜기라고 부르는 비틀린 유사성으로서의 낯섦이든 공포의
감정을 불러오는 괴물의 외형적 특성은 이질적 요소에 대한 적대감을
반영하는 시각적 장치라 볼 수 있다.

정체성의 위기에 대한 상상력은 사실 인간존재의 취약성, 즉 부패하
고 죽어가는 인간의 동물성에 대한 공포를 반영한다. 오염의 공포, 전

염의 공포는 그러한 동물성을 제거하기 위한 혐오담론의 공식이다.[16] 피, 똥, 침 등 액체성은 특히 인간의 몸의 경계를 불안하게 만드는 요소들로, 동물성의 징후로 공포물에 자주 등장하는 클리쉐(cliché)이기도 하다. 이 작품에서도 오메가벌레에 물려 전염되는 질병의 공포는 이러한 동물성에 대한 혐오와 공포를 반영한다. 외계인에 대한 상상력을 다룬 우주괴물과의 싸움은 새로운 문명이 시작될 때마다 인간이 겪게 되는 정체성 혼란을 드러내 인간의 정체성을 재구성하고 통일성을 강화하는 서사적 노력이다. 인간적 통일성에 대한 상상력은 불가능한 완벽성에 집착할수록 미끄러지는 차이들과 불온성을 내포하게 된다. 이질성은 사실 내 안에 존재하는 존재적 취약성이기 때문이다.

외계괴물과의 싸움이 인간의 동물성, 취약성과의 대결이라면 새롭게 등장한 기계문명과의 대결은 트랜스바디,* 신체강화에 대한 사이보그적 욕망과 혐오의 양가적 감정을 드러낸다. 이 작품에서 소년, 소녀 주인공은 우주복을 입고, 우주선을 조종하며 강화된 신체로 미래와 현재를 자유롭게 날아다닌다. 신체강화, 기계신체에 대한 욕망은 취약성을 극복하는 인간의 오랜 욕망이기도 하다. 특히 남성의 기계신체에 대한 선망은 동물적 취약성을 털어낸 완벽한 인간, 완벽한 통일성을 상상하는 과잉신체 상상력이다. 그러나 로봇이 될지 모른다는 공포,

---

• 트랜스휴먼은 인간과 포스트휴먼 사이의 과도기의 인간으로 기계문명과의 결합을 지지하고 긍정하는 흐름을 반영한다. 트랜스휴머니즘은 휴머니즘과 달리 신경과학과 생명연장, 나노기술, 인공울트라지능, 우주거주 같은 다양한 과학기술이 우리 삶과 결합될 때 나타나는 변화를 인정하고 기대하는 이데올로기다(노대원, 「포스트휴머니즘 비평과 SF: 미래 인간을 위한 문학과 비평 이론의 모색」, 『비평문학』(68호, 2018, 113쪽). 한낙원의 소설은 트랜스휴먼과 싸우는 휴머니즘 관점의 기술개발론에 서 있는 것으로 보인다.

인간성을 상실할지도 모른다는 공포는 기계신체 상상력에 대한 양가적 감정을 내포한다. 취약한 남성성일수록 금속에 대한 집착이 강화되고, 남성성의 위기를 기계신체에 대한 상상력으로 대체하려 한다는 분석은 충분히 설득력 있어 보인다. 이 작품에서도 우주선, 우주복, 다양한 기계를 몸에 장착함으로써 신체는 강화되고 위기에 빠진 지구인을 강화된 신체로 구할 수 있게 된다. 전후 일본에서 인공의 국민신체 (national body)가 되었던 〈아톰〉(1952)이나 우리나라의 〈로봇태권V〉 (1976)가 훼손된 남성성을 회복하기 위한 완벽한 기계신체에 대한 상상력이었음을 상기해보면, 이 시기 과학소설이 보여준 기계신체에 대한 상상력도 전후 남성성의 회복과 관련되어 있음을 알 수 있다.

우주복을 입은 주인공, 우주선을 조종하는 주인공은 강화된 신체로 우주를 날아다닌다. 그러나 목성인의 심장으로 교체된 트랜스바디는

**〈그림 4-4〉 트랜스바디, 기계신체 이미지**

『우주벌레 오메가호』 7회,
심장 교체 수술, 1967.12.

『우주벌레 오메가호』 7회,
우주복, 1967.12.

『우주벌레 오메가호』 8회,
목성지하도시 일우와
애나의 탐험, 1968.1.

목성인에게 세뇌되어 지구적 정체성을 잃게 된다. 한낙원 소설의 과학기술에 대한 관점을 볼 수 있는 지점이다. 오메가벌레에 물려 혈액이 오염되거나 인간의 심장이 교체되는 등의 자연신체가 변형되는 것에 대해서는 부정적 인식을 보여준다. 이를 오염 또는 훼손으로 그려내며 지구인의 정체성을 지키려 한다. 그래서 주인공 일우는 목성인과의 대결에서 끝까지 세뇌되지 않고 지구인의 정체성을 지키는 소년영웅이 된다.

> "우리가 그렇게 싫소?" "당신들은 우리와는 다른 세계에서 왔으니까…" "서로 협력하면 좋은데." "무엇이 좋아요?" "우리 문명을 받을 수 있고…" "또요?" "우리와 같이 살아 갈 수도 있고…" "당신의 저 종들처럼요?" "그러나 지구인보다는 좋을 텐데." "천만에요!" "그럼 끝까지 협력 안 하겠소?" "나는 지구인을 위해서 살겠어요!" "우리도 지구인을 돕겠소!" "지구더러 목성의 식민지가 되라는 거요?" "할 수 없잖아. 목성은 오래전에 문명했고 지구는 아직 어린애야. 우리가 보호하고 키워줘야지." "싫소! 그런 걱정 말고 어서 돌아가시오!" (6회, 1967.11, 314쪽)

위 예문은 일우가 심장수술을 하라는 목성인의 제안을 단호하게 거절하는 대목이다. 지구인 일우를 세뇌하기 위해 목성인은 일우의 심장을 자신들의 심장으로 교체하는 수술을 하기로 결정한다. "심장을 맡아 두겠어요. 지구 소년." "내 심장을? 그럼 난 죽으란 말요?" "천만에, 필요하다면 더 오래 살 수 있소." "심장이 없는데?" "우리 심장을 드리죠"(315쪽)라고 말하는 목성인에게 일우는 강력하게 저항한다. 목성인을 물리치고 지구를 지킨 주인공은 그들의 기계문명과 선진지식은 흡수하면서도 지구적 정체성은 지키게 된다.

이렇게 강화된 소년리더가 폐허가 된 지구에서 새롭게 건설해야 하는 세상은 무엇인가. 이 작품에서는 과학소설은 '생산소설'이라고 말했던 작가의 말처럼 발전과 부국강병에 대한 욕망이 드러난다. 특히 목성인의 선진과학을 경험한 이들이 살아남은 지구인이라는 점에서 미래세대의 혁신적 발전을 예상할 수 있는 결말을 보여준다.

특히 일우와 애나는 목성의 발전한 기계문명을 모험하는 과정에서 선진문명에 대한 선망의 감정을 보여준다. 거대한 도시, 원자력발전소, 로봇공장은 한낙원 소설이 제시하는 발전된 미래상이다. 당시 우리나라의 원자력발전에 대한 열망을 떠올려보면, 이 소설은 원자력에너지에 대한 정책적 방향과도 맞물려 있다.

〈그림 4-5〉 선진과학기술 선망

『우주벌레 오메가호』 8회,
목성지하도시, 1968.1.

『우주벌레 오메가호』 8회
(8회가 두 번 연재됨),
목성원자력발전소, 1968.2.

『우주벌레 오메가호』 8회,
로봇공장 탐험, 1968.2.

지구인 정체성/강화된 신체/선진과학기술을 획득한 소년주인공이 재구성하는 미래의 새로운 남성성은 무엇인가. 주인공 일우는 어떠한 이상형을 헤게모니 남성성으로 삼고 있는가를 짐작케 하는 인물이다. 주인공은 모험서사를 통해 지구/외계, 인간/로봇, 인간/괴물의 대결에서 외계, 로봇, 괴물이라는 타자를 제거한 지구인 소년영웅으로 재구성된다. 이 지구인 소년영웅은 모험을 떠나서 귀환하면서 미래의 새로운 주역이 되기 위해 새로운 영웅적 요소를 세 가지 획득한다. 첫째 우주과학지식, 둘째 힘(강화된 신체), 셋째 합리적 판단력이 그 요소다. 외계인과 로봇, 괴물을 퇴치하는 과정에서 지식과 힘이 획득되고 그 우월성을 입증해간다면, 합리적 판단력은 특히 소녀와의 관계에서 그 우월성을 확보하게 된다. 남성성은 고정된 것이 아니라 여성성과의 차이에 의해 규정되며, 끊임없이 재구성되는 담론적 구성물임[17]을 보여주는 대목이다. 감정적인 미혜, 보조적인 애나 이들의 문제점 역시도 그러하다. 일우의 리더십으로 해결되는 모험서사는 자연스럽게 소년주인공의 우월성을 재구성하고, 소녀를 하위위계화하는 남성중심서사를 생산한다.

　이 작품은 주인공 일우와 함께 목성을 경험하고 우주를 날아다니는 동료로 소녀 애나가 등장한다. 함께 우주복을 입고 우주선을 조정하는 삽화만 보아도 소녀들 역시 영웅의 모험서사를 동일시할 수 있는 독자 위치가 가능했을 것으로 생각된다. 소녀의 과학담론들이 생리혈과 호르몬에 집중하고 있던 시기임을 감안하면 한낙원의 소설은 상당한 진보적 평등성을 보여주는 작품이다. 그러나 모험서사의 과정에서 소년주인공이 체득해나가는 합리적 사고방식은 남주인공의 곁에 조력자로 등장하는 여성인물과의 관계에서 구성된다는 점이 중요하다. 사건에 부딪힐 때마다 앞서서 문제를 해결하는 일우는 애나를 이끄는 리더가 된다.

목성인의 우주선을 탈취하기 위해 시도하는 과정에서 특히 이러한 리더십을 보여준다. 감시 로봇을 물리치고, 일우는 그들의 냉각총으로 사람들이 잡혀 있는 방을 열고 납치된 사람들과 합류한다. 냉각총을 사용하는 일우를 보고 사람들은 "대단한 소년이로군!"(11회, 1968.5, 303쪽)이라며 탄복한다. 탈출해야 한다는 일우와 소용없다고 포기하는 사람들은 대립한다. "반란을 일으키는 것은 좋지만 우리는 이들과 이 비행접시에 대해서 아는 것이 없어요. 인간의 약한 힘으로 어떻게 기계의 힘과 겨뤄보겠어요?"(303쪽)라며 좌절하는 사람들에게 일우는 어떻게라도 해봐야 한다며 설득한다. 그는 "목성인에게 끌려 다니며 보고 듣고 한 정보의 교환 등을 쓸모 있게 체계화"하여 보니 "그들이 얻은 지식이 상당히 쓸모 있는 것임을 깨달았다"(304쪽)라며 공격방법을 제시하여 그들의 리더로 선출된다. 이는 경험적 지식의 중요성, 새로운 우주적 지식의 유용성, 합리적 판단력 등을 강조하는 것으로 보인다. 소형 비행접시를 탈취하는 방법과 수가 적은 목성인을 공격하여 제거하는 방법을 모두 수행하자고 제안한 일우가 대장으로 뽑혀 지구인을 구하기 위해 최선을 다한다. 이러한 소년리더가 구성되는 과정에서 애나는 조력자의 역할을 한다. 소년성의 특권적 지위를 구성하기 위한 대타적 존재로 그려지는 것이다.

목성인에게 세뇌된 미혜의 성격은 더 흥미롭다. 감상적인 성격의 미혜는 외계의 침공, 진만의 발병, 애나의 실종 등의 사건을 겪으면서 혼란에 빠진 채 우울함을 견디며, 쇼팽곡을 연주한다. "내성적인 성격을 가진 미혜는 그럴 수가 없었다. 그래서 미혜는 혼자 고독해지거나 우울한 기분이 되면 곧잘 피아노 앞에 가 앉았다"(6회, 1967.11, 311쪽)라고 서술되어 있다. 어떤 날은 자신의 감정을 통제할 수 없어 미친 듯이 피아노를 두드리기도 한다. 감상적 소녀라는 당시의 소녀성을 반영한 인물로 보인다. 특히 세뇌된 이후 우주벌레 오메가를 지구에 퍼트리는 역할에 앞장서는 것도 그녀다. 괴물성의 경계에서 늘 위험에 처하는 취약한 인간성을 반영하는 여성인물이기도 하다. 그 반면에 일우는 냉정하고 합리적 판단력을 지니고 있다. 함께 집으로 돌아가던 애나와 자동차 운전수가 갑자기 사라졌을 때 심한 충격을 받지만 "〈어려운 일은 냉정히…〉 나는 되도록 흥분을 가라앉히고 냉정히 생각해보기 시작했다"(3회, 1967.8, 273쪽)라고 서술된다. 일우는 모든 가능성들을 합리적으로 추론해보는 성격으로 그려진다. 감정적 미혜와 이성적 합리성의 일우를 대조해보면 일우가 리더로 성장할 수 있는 위계적 권력이 만들어지고 있음을 알 수 있다.

### 3) 괴물, 사이보그, 기계신체

『우주벌레 오메가호』를 분석하면서 우리가 생각해봐야 하는 질문은 괴물과 인간 그리고 기계의 관계를 어떻게 정의하고 인간의 정체성을 형성할 것인가다. 위의 분석을 바탕으로 이 작품의 정체성 형성과정을 살펴보면, 괴물과 기계 사이에 인간이 존재하고 인간주체를 특권화하는 방식을 알 수 있다. 특히 인간주체는 소년남성주체가 보편적 인간으로 특권화된다. 1960년대는 우리나라에서도 사이보그신체에 대한 상상력이 시작된 시기다. 우주시대의 도래를 매체를 통해 접하기 시작했고, 원자력에너지 개발정책도 시작되었다. 압축된 근대화를 시작하면서 기술문명과 인간의 관계 또한 재규정이 필요했을 것이다.

인공두뇌유기체인 사이보그는 기술 인본주의의 제국주의적 상상, 우주개발 경쟁, 냉전으로 점철된 1960년에 생긴 이름이다.

> 사이보그란 잡종의 피조물로, 유기체와 기계로 구성되어 있다. 그러나 사이보그들은 20세기 말에 적합한 특수한 종류의 기계들과 특수한 종류의 유기체들로 합성된다. 사이보그는 제2차 세계대전 이후에 만들어진 잡종의 실체(entities)로, 우선 우리들 자신과 다른 유기적 피조물로 만들어지는데, 이때 다른 유기적 피조물은 정보 체계들, 텍스트들, 그리고 인간공학적으로 조종되는 노동하고 욕망하고 생식하는 체계들 등으로 위장하고 있다. 그 위장 솜씨는 우리가 선택하지 않은 '하이 테크놀로지'다. 사이보그를 구성하는 두 번째로 필수적인 구성 요소들은 기계들로, 의사소통 체계들, 텍스트들, 그리고 인간공학적으로 디자인된 스스로-작동하는 장치들 등으로 위장하고 있다.[18]

해러웨이는 '사이보그 선언'에서 서구의 상상력에서 괴물들은 늘 공동체의 한계를 정의해왔다고 분석한다. 사이보그라는 기술적 인공물이자 문화적 아이콘은 동물, 인간, 기계의 문화적 융합에 대한 상상력을 나타내는 비유라 할 수 있다. 이러한 새로운 정체성의 등장에 대해 한낙원의 작품에서는 복합성을 이분법적으로 사유하고 이러한 괴물을 퇴치하는 제국주의적 정체성을 읽어낼 수 있다. 이 작품에서 괴물은 동물성과 결합된 기계성이다. 사이보그 복합체를 유기체의 측면(괴물)과 기계적 측면(로봇)으로 나누어 사유하고 인간의 특권적 지위를 위협하는 모든 잡종적 정체성을 괴물로 그려낸다. 기계 역시도 도구적으로 지배되지 않는다면 제거해야 할 괴물에 불과하다.

해러웨이는 사이보그 이미지에서 우리 자신인 몸들에서 구성되는 권력과 정체성의 지도를 발견할 수 있다고 말한다. 사이보그 신체는 통합적 정체성을 추구하지 않기에 갈등과 아이러니를 받아들일 수 있게 된다는 것이다. 인간/기계, 생명체/비생명체의 잡종들의 결합을 인정하는 것이 타자와 우리를 이루는 부분 모두와 소통하면서 일상의 경계를 능숙하게 재구성하는 작업을 뜻한다[19]고 주장한다.

기술산업사회로 진입하는 과정에서 우주적 정체성이 혼종되고, 다양한 잡종성이 경합하는 『학원』의 SF적 상상력은 아쉽게도 제국주의적 가부장담론을 강화하는 방식으로 재구성된다. 지구/우주, 인간/동물, 인간/기계의 이분법에서 전자의 특권적 지위를 재강화하고 남성주체를 보편적 주체로 재구성한다. 괴물은 새롭게 등장한 동물성과 기계성의 결합과 변화를 드러내는 상징물이다. 이러한 정체성의 위협 요소를 모두 제거한 인간 남성주체의 우월적 위계를 자연화하는 방식으로 젠더정치학이 동원된다. 과학도 객관적 지식체계라는 신화는 사라지고 현대의 이론들은 객관성으로 인식되어왔던 과학 역시도 권력관계가 반영된 담론적 구성물로 다루어 질문을 해야 한다고 말한다. 『학원』의 1960년대 과학담론을 분석해보면 과학이라는 지식체계가 사실은 국민정체성을 구성하는 문화담론임을 읽어낼 수 있다.

**부록 1 :『학원』과학 기사 목록(1961.3-1978.12)**

| | |
|---|---|
| 1961.3<br>(속간호, 학원사,<br>발행인 김익달) | 과학 기사 특집: 드디어 태양은 만들어지다―50년 후의 워싱턴 견학기/<br>외지에서 |
| 1961.5 | 전기: 우주여행의 아버지 헤르만 오오벨트 |
| 1961.6 | 과학시사: 미국최초의 우주인 무사히 귀환 = 259 |
| 1961.8 | 과학: 여름밤의 별 이야기/오복근 동국대 교수 = 174<br>특집 II: 비행접시의 수수께끼 = 179<br>　① 화이트 선즈사건<br>　② 난장이 우주인<br>　③ 비행접시에 타본 부인<br>　④ 녹색의 괴물 |
| 1961.9 | 확인 안 됨(장수경의 연구에서는 출간된 것으로 되어 있으나 국립중앙도서관 소장<br>본 없음) |
| 1961.10-<br>1962.2 | 휴간 |
| 1962.3<br>(재속간호) | 과학: 글렌중령 우주 비행에 성공 = 141<br>과학: 재미있는 과학 실험/한낙원 = 82 |
| 1962.5 | 원자력 연구소 카메라 탐방: 켜진 제3의 불 = 205<br>과학특집: 신비스러운 인체의 이모 저모/편집부 = 211<br>　① 물은 생명의 어머니<br>　② 좋은 머리·나쁜 머리<br>　③ 냄새의 비밀<br>　④ 빛깔의 신비<br>　⑤ 방귀의 과학<br>　⑥ 미래의 인간 |
| 1962.7 | 과학<br>　인공강우는 어떻게 이루어지는가/정성호 = 72<br>　핸들이 필요없는 자동차/편집부 = 128<br>　여름철 위생에 지켜야 할 몇 가지/유기원 = 168 |
| 1962.9 | 과학<br>　21세기의 인간생활/현원복 = 240<br>　우주텔레비시대/정인구 = 106 |
| 1962.11 | 과학: 새파란 태양의 정체/권일남 = 154 |

| 1962.12 | 과학: 두뇌보다 예민한 신경/송기엽 = 187 |
|---|---|
| 1963.1 | 과학: 우주탐험을 떠난 로케트/현원복 = 178 |
| 1963.2 | 과학이야기: 공포를 덜어주는 과학의 촛점/김현찬 = 220 |
| 1963.3 | 과학: 극미의 세계를 찾아서/이영재 = 234 |
| 1963.4 | 과학: 여자는 남자보다 우수하다/정병수 = 166 |
| 1963.5 | 특집 II 지구를 수술한다/편집부 = 151<br>　꿈의 세계일주 철도<br>　얼음 속에 이루어진 근대도시<br>　지구에서 밤을 없앤다 |
| 1963.7 | 백만 년 전의 지구/정의석 = 204 |
| 1963.8 | 과학: 우주여행은 떠돌이별을 타고 — 떠돌이별로 우주선을 만들 수 있다/<br>편집부 = 263<br>과학자의 생애: 화학요법제의 아버지 에를리히/홍문화 = 66 |
| 1963.10 | 과학상식: 물어보세요/편집부 = 220<br>과학자의 생애: 근대 화학의 아버지 라보아지에/홍문화 = 66 |
| 1963.11 | 과학자의 생애: 문명과 평화의 영원한 추진자 — 알프렛트 노오벨 이야기/<br>홍문화 = 70 |
| 1963.12 | 과학특집: 화산의 공포와 신비/편집부 = 83<br>　세계에서 가장 큰 화산의 폭발<br>　말썽 많던 남태평양의 유령섬 「활곤」<br>　베스비아스 화산과 몽·뻬레 화산<br>　쉴 새 없이 터지는 새로운 화산들 |
| 1964.2 | 과학특집: 우주에서 생물이 살아왔다/편집부 = 267<br>　I 우주운의 기적<br>　II 살아서 되돌아온 2백만년전의 개구리<br>　III 우주에는 금속 인간이 있다 |
| 1964.7 | 과학 화보: 한번 타 봤으면 = 186<br>과학: 최면술은 왜 일어나나/편집부 = 144 |
| 1964.8 | 과학<br>　신비한 이야기: 텔레버시의 비밀 = 120<br>　발명 이야기: 사진의 발달 = 249<br>　과학 소식: 스피이드는 어디까지 뻗치나 = 252 |
| 1964.9 | 과학<br>　달 촬영에 성공한 레인저 7호/박성래 = 291<br>　하늘에 얽힌 믿을 수 없는 이야기/편집부 = 242 |

| | |
|---|---|
| 1966.8 | 2색 특집: 21세기의 우주탐험 — 우주식민지 인류는 21세기에 이르러 드디어 우주식민지를 건설했다. 그리하여 달과 화성에는 인류가 사는 우주 도움이 이룩되고 맹독 가스의 별, 목성에까지도 진출한다. |
| 1966.11 | 2색 특집 : 우주의 신비 새로운 우주의 수수께끼 — 달과 화성에 보이는 〈붉은 불〉! 그것은 벌써 우주의 생물이 정복했다는 것일까? 우주의 새로운 수수께끼를 탐색하는 대 특집! |
| 1967.5 | 흥미과학: 질병과의 투쟁 = 290<br>과학 교실: 마하시대란? = 206<br>흥미과학: 비행접시의 정체 = 11 |
| 1967.6 | 과학 특집: 달나라로 가려는 사나이들<br>　　　제1장: 아폴로 우주선 / 220<br>　　　제2장: 소련의 달나라 여행 / 224<br>　　　제3장: 땅 위에 마련된 달나라 / 226<br>　　　제4장: 달에의 첫걸음 / 230<br>해외 뉴스 스토오리 = 234<br>　　① 우주 비행의 희생자는 얼마나 될까?<br>　　② 우주인의 짓일까?<br>　　③ 사라진 거물 간첩 |
| 1967.7 | 우주서스펜스 스토오리: 화성탐험 SOS 무한한 수수께끼에 싸인 우주 거기에 살고 있는 미지의 생물은 마침내 지구인을 습격하기 시작했다/편집부 편; 이성박 그림 = 71 |
| 1967.9 | 바다의 신비 = 105<br>　　① 내부파<br>　　② 머리를 깍이운 산<br>　　③ 심해 생물의 신비<br>　　④ 해저도시 |
| 1967.10 | 금성인과 회견을 한 사람의 이야기: 나는 금성에 갔다왔다/이인용 = 200 |
| 1967.11 | 과학이야기: 인조인간이란/안동민 = 222<br>생활 특집<br>　생활의 과학화 = 145<br>　콘택트렌즈 CONTACT LENS/신예용 의학박사<br>　칼라 텔레비 COLOR T.V./김병호[극동TV]<br>　에프 엠 F.M 방송/김화용[동양방송]<br>　어안렌즈/박필호[서라벌예대]<br>　전천후 비행/유한흥[항공대 교수]<br>　시네라마 CINERAMA/이강천 영화감독 |

| | |
|---|---|
| 1971.9 | 과학 읽을거리: 수명을 연장하는 냉동인가<br>꿈의 과학: 즐거운꿈은 유치한 증거<br>조박사의 과학만보/조경철=88 |
| 1971.10 | 우주인의 습격=17<br>당신의 꿈을 푼다 꿈의 연구 = 258<br>조박사의 과학만보/조경철 = 302 |
| 1971.11 | 과학 읽을거리: 우주의 개미 지옥 = 226<br>조박사의 과학만보/조경철 = 302<br>꿈에서 현실까지 꿈의 연구/한건덕 = 220 |
| 1971.12 | 조박사의 과학만보/조경철 = 142<br>꿈과 서원 꿈의 연구 ③/한건덕 = 276 |
| 1972.1 | 사이언스토픽=104<br>조박사의 과학만보/조경철 = 162<br>꿈의 연구: 꿈은 왜꾸나/한건덕 = 220 |
| 1972.2 | 조박사의 과학만보/조경철 = 247<br>꿈의 연구: 꿈에서의 과거와 현재/한건덕 = 260<br>과학 읽을거리: 머리가 좋아지는 약이 생긴다 = 210<br>사이언즈토픽 = 272<br>미래의 세계 과학수사의 현장 |
| 1972.3 | 사이언스토픽 = 262 |
| 1972.4 | 조박사의 과학만보/조경철 = 132 |
| 1972.6 | 미래생활: 서기2000年의 기적/박정만 = 254<br>사이언즈 토픽 = 260 |
| 1972.8 | 사이언즈 토픽 = 298 |
| 1972.9 | 사이언즈 토픽 = 254<br>과학시대의 전개 = 78 |
| 1972.10 | 사이언즈 토픽 = 280 |
| 1972.11 | 사이언즈 토픽 = 318 |
| 1972.12 | 사이언즈 토픽 = 274<br>라이프사이언스 |
| 1973.1 | 취미가이드: 글라이더/박소일 = 262 |
| 1973.2 | 취미가이드: 아마튜어 무선사/박소일 = 114 |
| 1973.4 | 수학야화: 인도의 수학, 그 신비/김남현 = 172 |

| 1973.6 | 학원사이언즈 = 200 |
|---|---|
| 1973.10 | 사이언즈 토픽 = 134<br>과학물: 미래의 도시교통 |
| 1973.11 | 과학리포오트: 육십사일간의 화성여행 = 150<br>사이언스 토픽: 인류의 적 공해/김향숙[본지] = 156 |
| 1973.12 | 과학리포오트: 옛날, 대륙은 하나였다 = 112<br>사이언즈 토픽 = 162 |
| 1974.1 | SF스토오리: UFO는 지구정복의 선봉일까 = 146<br>사이언토픽 = 130 |
| 1974.2 | 과학리포오트: 금성대이주작전 = 113<br>과학읽을거리: 우주의 함정, 블랙·홀 = 172 |
| 1974.3 | 초인간시리이즈: 타임머신 인간 = 160<br>사이언스 미스터리: 초능력의 출현 = 188<br>사이언스 토픽 = 175 |
| 1974.4 | 라이프 사이언스: 생명의 한계는 어디까지인가 = 184<br>사이언스토픽 = 224<br>초인간시리이즈: 해저원인 = 132 |
| 1974.5 | 과학 읽을거리: 지구의 위기, 미 생물만이 살아남는다 = 152<br>초인간시리이즈 3: 地中原人은 실재하는가 = 172 |
| 1974.6 | 과학읽을거리: 우주의 지평선을 따라가 본다 = 140<br>사이언스 토픽 = 154 |
| 1974.7 | 과학: 지구탈출인가, 인간축소인가 = 138<br>사이언스 토픽 = 274 |
| 1974.8 | 세계의 철도: 칙칙폭폭 세계여행<br>과학: 인간의 조상은 정말 원숭이인가 |
| 1974.9 | 사이언스 토픽 = 176<br>과학: 태양계가 늘어난다/이수로 = 154 |
| 1974.10 | 충격리포오트: 인간은 자연에 굴복할 것인가<br>사이언스: 현대의 기병<br>사이언스토픽 |
| 1974.11 | 과학: 우주선도 삼키는 개미지옥 = 136<br>사이언스토픽 = 168 |
| 1974.12 | 과학: 철새는 체내시계가 있다 = 140 |
| 1975.1 | 과학 읽을거리: 개발 중인 내일의 에너지/김영무 = 138 |

| | |
|---|---|
| 1975.2 | 과학: 악마의 사자, 소혹성 에로스 = 164<br>사이언스 리포오트: 인간과 동식물과의 대화 = 264<br>사이언스 토픽 = 294 |
| 1975.3 | 과학: 대뇌를 탐험한다 = 154<br>메디칼리포오트: 현대 기병의 공포 = 164<br>도시는 병들고 있다 = 260<br>사이언스토픽: 인간은 어디에서 왔는가 = 272 |
| 1975.4 | 넉픽션: 1982년 지구는 멸망할 것인가<br>사이언즈 토픽 |
| 1975.5 | 사이언스 토픽: 물고기도 기침을 한다 = 147<br>초과학에의 도전: 텔레파시의 수수께끼/김명수 = 160<br>UFO 그 정체를 밝힌다 |
| 1975.6 | 사이언스 토픽: 비행선의 풍차발전 = 168<br>과학: 작은 마술사 ― 전기의 신상명세서 = 156<br>넌픽션: 지구는 끝날 것인가 = 290<br>　비행접시의 정체 ② |
| 1975.7 | 과학: 경이의 고아선 ― 레저 = 154<br>사이언스 토픽 = 120<br>쇼킹리포오트: 인간의 조상은 우주인가 = 284<br>컬러 사이언스 |
| 1975.8 | 과학: 수수께끼의 태양계 혹성X/임영 = 210<br>사이언스토픽: 최근의 신학설을 벗긴다 = 141 |
| 1975.9 | 불가사의한 과학: 아인슈타인 박사도 머리를 = 257<br>사이언스토픽: 극저온의 기묘한 세계 = 279 |
| 1975.10 | 과학 읽을거리: 컴퓨터 시대가 왔다/尹昇宗 = 198<br>사이언스토픽 = 280 |
| 1975.11 | 이색 리포오트: 기원전에도 비행기가 있었다 = 120 |
| 1976.1 | 사이언스 토픽 = 84 |
| 1976.2 | 사이언스 월드토픽 = 116 |
| 1976.3 | 넌센스 사이언스토픽 = 120<br>지구 안에 또 하나의 세계가 있다<br>로밍사이언스 |
| 1976.4 | 특집 SF특별좌담: 100년 후의 인간을 추리한다 = 162<br>사이언스 토픽 = 136 |

| 1976.5 | 사이언스 토픽 = 134<br>사이언스 환타지아 |
|---|---|
| 1976.7 | 사이언스·월드토픽 = 138<br>사이언스 환타지아 |
| 1976.8 | 사이언스·월드토픽 = 146 |
| 1976.9 | 특집 우주의 신비: 화성은 살아 있는가 = 116<br>사이언스·월드토픽 = 104 |
| 1976.10 | 사이언스·월드 토픽 = 148<br>깜짝 흥미과학<br>요동하는 지구 |
| 1976.11 | 사이언스·월드토픽 = 94 |
| 1976.12 | 특별 읽을거리: 초능력에의 초대 = 71<br>사이언스·월드토픽 = 88<br>컴퓨터 강좌 = 194 |
| 1977.1 | 과학산책 1: 위대한 순간, 12월 10일 오후4시 30분/김영치 = 232<br>우주의 신비: 4차원이라는 공간/박동현 = 172<br>컴퓨터 강좌 2 = 122<br>사이언스·월드토픽 = 110 |
| 1977.2 | 과학산책 2: 인공 인간의 출현은 가능한가/김영치 = 98<br>우주의 신비: 인간과 성좌/박동현 = 172 |
| 1977.3 | 과학산책 3: 인간은 얼마나 오래 살 수 있나/김영치 = 102<br>우주의 신비: 화성의 신비/박동현 = 172 |
| 1977.4 | 과학산책 4: 인체의 신비/김영치 = 104<br>사이언스 스토리: 우주로 진출하는 인류의 미래 = 164 |
| 1977.5 | 과학산책 5: 만능의 광선 레이저/김영치 = 180<br>사이언스 스토리: 전파를 통한 민간외교 = 144<br>사이언스·환타지아 |
| 1977.6 | 과학산책 6: IQ는 만능인가/김영치 = 106<br>사이언스 스토리: 피라밋이 움직인다 = 126 |
| 1977.7 | 특별기획: 동식물에게도 초능력이 있다 = 120<br>과학산책 7: 해저생활의 설계/김영치 = 98<br>사이언스 스토리: 지구의 지하는 파라다이스 = 144<br>최신해외리포트: 이것이 냉동인간이다 = 176<br>인류전멸의 무기 = 278 |

| | |
|---|---|
| 1977.8 | 과학산책 8: 우주에서의 생활/김영치 = 98<br>공포의 무기 리포오트 3: 우주에까지 뻗친 미·소의 무기전쟁 = 276 |
| 1977.9 | 사이언스 특집: 영원의 꿈과 미스테리 UFO = 128<br>과학산책 9: 현대무기의 위력/김영치 = 96<br>사이언스 환타아지 |
| 1977.11 | 인류 진화의 수수께끼 = 256<br>증발인간은 어디로 갔는가 = 266 |
| 1977.12 | 서기2천년의 세계3: 미래의 의학/백용균 = 148<br>흥미과학: 당신도 초능력자인지 모른다 = 170<br>로망사이언스: 이것이 진짜 우주의 모습 = 120 |
| 1978.1 | 만능의 광선 레이저 시대/이상설 |
| 1978.2 | 초능력 경이의 투시력 = 250 |
| 1978.3 | 특집 III: UFO, 과연 무엇인가? = 130<br>UFO의 역사, 지구의 의혹<br>국내학자의 논의<br>나는 직접 UFO를 봤다/박동현 교수 |
| 1978.11 | 권말부록: 교양과학상식 ②—인체·의학·질병편/금사달 편역 = 331<br>의학은 어떻게 시작되었나<br>우리나라 현대의학의 요람<br>종두법을 실시한 지석영선생<br>외과수술은 언제부터 시작되었나<br>치과의사는 언제부터 있었나 |
| 1979.2 | 1978.9 판권이 학원출판사에서 다시 학원사로 재인수되었으나 1979.2 복간 2호로 종간함. 이후 1984.5 학원사에서 재창간한 후부터 원문 목차가 제공되고 있음. |

| 장르 | 제목 | 저자 | 역자 | 연도 | 비고 |
|---|---|---|---|---|---|
| 영화 | 해저 2만 마일 | 편집부 | | 1958.5. | 프랑스 |
| 연재탐정<br>과학탐정<br>공상과학<br>과학소설 | 잃어버린 지하왕국 | 브루스<br>카터 | 장수철 | 1958.8-<br>1959.6·7. | 훈민사에서<br>1984년 전집의<br>한 권으로 간행 |
| 공상과학소설 | 원자마수의 내습 | 조능식 | | 1959.3. | |
| 공상과학 | 티베트의<br>비밀도시 | 존 부레인 | 권달순 | 1959.8-<br>1959.10. | |
| 과학모험 | 해저도시<br>애트란티스 | 코난 도일 | | 1959.8-<br>1959.10. | 영국 |
| 공상과학 | 곤충왕국 | 조능식 | | 1959.9. | |
| 과학소설 | 우주선의<br>괴상한 사나이 | 주동혁 | | 1961.4. | 이주훈 화 |
| 모험소설 | 지구는 어디로 | 뒤아멜 | 박명수 | 1961.5-<br>1961.7. | 프랑스 |
| 모험소설 | 사해의 보물 | 아란 애너 | | 1962.3-<br>1962.11. | 안영배 화 |
| 과학소설 | 금성탐험대 | 한낙원 | | 1962.12-<br>1964.9. | |
| 과학소설 | 해저목장 | 아아더. C.<br>클라아크 | | 1964.3.. | 영국 |
| 모험소설 | 황금 나라의 비밀 | 핸리<br>해거드 | | 1964.11. | 송영방 화<br>영국 |
| 과학모험 | 녹색의 우주인 | | | 1965.5. | |
| 장편<br>공상과학소설 | 원자력 잠수함 시뷰호 | 어윈 알렌 | | 1965.7. | 미국SF드라마 |
| 공상과학소설 | 10만 광년의 추적자 | | 강석호 | 1966.2. | |
| 공상과학소설 | 미래전쟁 | | | 1966.8. | |

| | | | | | |
|---|---|---|---|---|---|
| SF전작 장편 | 은하순찰대 | 에드워드 스미스 | | 1966.10. | |
| 공상과학소설 | 바다밑 대전쟁 | | | 1966.12. | |
| 과학소설 | 우주벌레 오메가호 | 한낙원 | | 1967.6- 1969.2. | |
| 공상과학소설 | 제논 성의 우주인 | 편집부 | | 1967.7. | |
| 우주서스펜스 스토오리 | 화성탐험 SOS | 편집부 | | 1967.7, | |
| 공상과학 | 타임머신 | H. G. 웰즈 | | 1967.8. | 영국 |
| 공상과학 | 암흑성운의 내습 | 후레트 호일 | | 1967.9. | 영국 |
| 공상과학소설 | 아이스맨 | S.M 테네쇼우 | 안동민 | 1967.10. | |
| 과학 액션 | 청동의 거인 | 케네스 로브슨 | 문호 편역 | 1967.12. | 미국-1933년 미국잡지 『독 사베지』 전작을 편역했 다고 소개. |
| 공상과학소설 | 달나라의 화성인 | 파체트 | 이승길 | 1968.9- 1968.10. | 영국. 상하편으 로 연재. 영국 여성아동문학 작가 작품으로 소개. |
| 공상과학소설 | 지구에 기습 착륙하라 | 권준섭 | | 1969.4. | |
| SF괴기그림 이야기 | 공포 괴물 세계에 나타나다 | 정용훈 | | 1969.5. | |
| SF | 돌아오지 않는 성 | 윤동일 | | 1969.7- 1970.1. | 7회 연재. 〈1부 끝〉이라고 되어 있으나 재연재 는 안 함. |

# 5장

# 감상적 소녀의 재구성과 생활표준화:
# 『여학생』

## 1. 호르몬과 사춘기: 감상적 소녀의 과학적 재구성

### 1) 비체, 여성의 몸, 호르몬담론

'비체'로 번역하는 'abjection(아브젝시옹)'은 주체와 객체 사이에서 폐기되는 비천한 몸, 더럽고 혐오의 대상이 되는 인간 몸의 취약성을 보여주는 몸이다. 즉, 찢어진 몸, 피 흘리는 몸, 체액, 피, 침 등이 몸의 경계를 뚫고 몸의 불안정성, 취약성을 드러내는 몸이라 할 수 있다. 비체(abject)는 주체(subject)나 대상(object/타자)이 아닌 주체가 초자아가 되기 위해 버린 녹아내린, 몰아내버린 무엇인가. 특히 인간적 완벽성에 대한 욕망으로 만들어진 남성적 자아는 인간의 동물적 요소들을 혐오하고 비체로 만들어버린다. 동물적 부패와 죽음의 요소들을 모두 비가시의 영역으로 몰아내버릴 때 그 동물성을 투사하는 대상이 여성의 몸이 된다.[1] 여성이 현모양처라는 타자가 되는 동시에 생리혈과 출산하는 찢어진 몸이라는 수치스러운 비체가 되어 혐오의 대상이 되는 이유는 이런 주체 구성 방식과 관련이 있다.

여성의 몸이 어떻게 더럽고 혐오스러운 몸이 되어 비체로 구성되고 버려지는가, 또 한편으로는 어떻게 모성이라는 신성한 몸으로 구성되는가. 이와 관련된 젠더 재구성을 살펴보고자 한다. 생리하는 여성의 몸, 찢어지는 출산하는 몸을 과학주의담론이 어떻게 수치스러운 몸으로 구성해가는가가 궁금해서다. 특히 1960-70년대 잡지들은 소녀와 모성으로 나누어 여성성을 재구성하며 여성 신체와 감정에 대한 세밀한 지식을 '교양'이라는 이름으로 전파해왔다. 따라서 이 시기 잡지들을 통해 새로운 지식이 여성의 몸을 어떻게 재구성하는가를 자세히 살펴볼 필요가 있다. 『여학생』의 다양한 의학담론과 과학담론들은 여성의 몸을 설명하고 규율하며 여성의 몸에 대한 정체성의 지도를 그린다. 이때 과학이라는 객관적 지식으로 무장하기 때문에 쉽게 대중의 교양이 되고, 규범으로써 몸에 각인된다. 그로 인해 신체는 규율화된 이미지의 표상으로 재구성된다. 신체를 관리하는 세밀화된 일상 규범들이 우리 삶을 구성하고 지배하게 되는 것이다.

식민지 시기 습속의 도덕과 주체 생산에 주목한 김진균 등의 연구에서는 세밀화된 규범들을 계몽하고 전파하는 식민권력을 분석한 바 있다. 일상생활 모두를 통제하는 세밀한 습속들은 사회적으로 만들어진 표상체계인 이상적 자아를 내면화하게 하면서 스스로 자신을 감시하고 처벌하는 신민화된 주체를 만들어낸다는 것이다.[2] 이 방법은 푸코의 생체권력이론을 적용하여 식민권력의 신체화를 설명하는데, 이는 1960-70년대 계몽의 시대를 설명하는 데도 매우 유용하다. 교육을 통한 계몽, 특히 과학적 지식의 전파로 규율권력을 내면화한 신체들을 구성해내는 과정을 발견할 수 있기 때문이다.

당시 여성잡지에서 과학주의가 어떻게 일상의 규율이 되고 신체를 구성하는 담론이 되는가를 살펴보면 매우 흥미로운 현상들을 발견할 수 있다. 이 시기에 여성은 순수한 소녀, 교복을 입은 순결한 존재로 재구성된다.[3] 1960년대는 양공주가 산업역군으로 양산되던 시기, 기지촌의 황금시대, 피엑스 경제의 부흥기*라 불릴 정도로 여성의 섹슈얼리티가 산업화되던 시기였다는 사실은 아이러니하다. 「이윽고 '관광기생'이 되고야 만 이 처녀들」(김현장, 『뿌리깊은나무』, 1979.5)에서는 외화 획득의 산업역군이라 격려하기도 했던 1970년대 관광기생의 실태를 다루고 있다. 1973년 9월 자유중국과 국교 단절 이후 일본 관광객의 한국행이 증가되면서 대원각, 삼청각 등의 요정을 중심으로 전국에 다양한 형태의 관광요정이 만들어졌고 1970년대 중반 약 1만 명 정도의 기생이 영업했던 것으로 추산된다.

산업화로 농촌의 소녀들이 여공으로 가기 시작한 시기였으며, 여성의 섹슈얼리티가 공적으로 매매되던 1960-70년대에 '여학생'은 순결하고 순수한 존재로서 비체와 타자로 분리된 여성성으로 제도화된다. 생리혈을 감추고, 출산, 임신을 할 수 있는 피 흘리는 몸이라는 사실이

---

• 1960년대는 기지촌의 황금시대, 피엑스경제가 중심이었다. 전후에 들어선 기지촌은 경기도 파주군 주내면 연풍1리 용주골. '알씨'로 불렸던 미국들의 종합휴양시설이 1956년 들어선 후 대표적인 기지촌이 되었다. 그 외에 용산구 후암동과 이태원, 평택군 송탄읍 신장리, 그 밖에 대구, 대전, 왜관, 군산, 목포, 진해 등 크고 작은 기지촌이 생겼다(김형윤/뿌리깊은나무 편집장, 「우리 누이의 때문은 담요 위에 선 환락의 도시」, 『뿌리깊은나무』, 1980.2).

지워진 대신, 이 몸에 대한 수치심을 드러내는 감정이 자리 잡는다. 생리할 때 몸 관리를 어떻게 해야 하는지, 생리혈을 남에게 보이는 일이 얼마나 부끄러운 일인지, 불량소녀의 일탈⁴이 얼마나 큰 사회적 문제인지, 잡지의 수많은 기사들이 소녀의 신체에 대해 설명하며 감시하고 처벌한다. 부끄러움, 수줍음을 표상하는 여성의 몸과 감정을 과학담론, 의학담론으로 설명하고 신체화한 시기가 바로 1960-70년대다.

과학주의가 어떻게 소녀들을 만들어내고 또 그러한 소녀성이 일상의 규율로 전파되는가를 살펴보면, 그러한 담론하에서 가치가 재배열되는 과정을 알 수 있다.* 대상 텍스트는 1965년 창간된 잡지『여학생』을 대상으로 삼았으며, 1차 작업으로 1965년에서 1970년까지 잡지의 특집기사와 여학생문학상 현상문예 당선작**을 중심으로 보았다. 일상이나 가정 규범, 남성성/여성성의 요소들이 재배치되는 과정을 분석해보면 인간의 가치에 대한 구분과 위계가 만들어지는 과정을 파악할 수 있다. 과학주의 이념이 현실화되고 개인의 삶으로 재해석되는 과정은 가족, 결혼, 성 등 일상생활을 통해서 개인의 삶으로 틈입되고 재기입되는 과정을 거치게 된다. 개인의 삶으로 재해석된 과학주의가 실제 여성성/남성성의 속성으로 재배치된 각각의 요소들을 위계화

---

• 이 시기의 대표적인 여성잡지로는『여원』,『여상』,『여학생』등을 들 수 있다.『여원』(1955. 10-1970.4)은 학원사에서 발간하다가 1956년 6월부터 여원사를 설립 발간한 대표적인 교양잡지이며, 신태양사에서 발간한『여상』(1962.11-1967.11, 1968년 2월호까지 발간되었다는 기록도 있음)은 20-30대 여성을 대상으로 한, 좀 더 상업적인 잡지다.『여학생』은 여학생들을 대상으로 한 교양, 오락 잡지로 오랫동안 소녀들의 생활지침서의 역할을 한 잡지다.

•• 현상문예 당선작은 1985년에 여학생사에서 출간한『여학생문학상소설당선작품집』을 대상으로 삼았다.

하고 계열화하는데, 특히 이 잡지는 일상의 과학화, 신체의 과학적 설명, 합리적 에티켓 등으로 과학적 담론을 신체화한다. 과학주의가 육체 관리와 감정 관리 등에 적용될 때 '생활표준화'라는 규율화된 담론이 생산되고 전파된다. 지배담론이 육체로 재해석되고 위치성을 갖게 되는 과정을 보여주는 것이다. 과학담론이 신체화되는 과정에서 이성, 감정의 재배치가 이루어지는데, 특히『여학생』의 소녀이미지, 사춘기에 대한 담론들을 통해 살펴볼 수 있다.

1960-70년대 청소년담론에 대한 연구로는 1968년 '국민교육헌장'의 근면한 국민 만들기, 미래의 국민으로서의 청소년 이미지에 대한 연구들이 나와 있다. 권인숙, 나윤경 등의 연구가 그러하다. 주로 소년이 예비 국민으로서 국민 만들기와 관련되어 있다면 소녀는 예비 현모양처로서 구성되며, 보편주체인 남성성의 대타적 존재로서 가치의 위계를 만드는 젠더기획에 동원되는 경향이 강하다는 점을 지적한다.[5] 그 때문에 남성주체 만들기에서 버려지는 육체성이나 감정 등의 가치가 어떻게 여성성으로 구성되는가를 중요하게 보아야 한다. 과학담론이 만들어내는 여성 신체에 대한 가치구성에 주목하는 것도 그 때문이다.

그간의『여학생』연구들은 잡지에 나타난 문학소녀의 표상을 분석하여 '소녀적' 감수성이 구성되는 과정을 파악하고, 잡지의 문학란인 '여학생문단'과 '현상문예'에 실린 작품을 분석하여 소녀 독자의 작가되기, 문학교양이 소녀의 특성을 구성하는 하나의 특징이 되었음을 밝혔다. 그 외에 불량소녀와 이상적 소녀상에 대한 분석, 여학생들의 글쓰기와 독서경험에 대한 분석 등을 통해『여학생』에 나타난 소녀상 연구의 특이성을 찾아냈다. 문학작품이나 문학 관련 기사들이 많은 잡지

다 보니 생활관리와 관련된 신체규율담론이 갖는 의미는 충분히 주목
받지 못했다.

## 2) '생활표준'과 사춘기 소녀의 제도화

『여학생』 잡지는 1965년 12월 창간된 후 1990년 11월 재정난으로 폐
간할 때까지(현재 국립중앙도서관에는 1988년 12월호[24권 12호]까지만 남아
있다) 지속적으로 발간된 명실상부 한국현대사에서 여학생-소녀를 독
자로 한 대표적인 잡지다. 1960년대에서 1970년대 초반까지는 교양
지 특성이 강했지만, 점차 오락성이 강해지면서 여성지의 성격을 띠게
된다. 여학생의 교양·생활·오락·진로 등 학교생활 이외의 벗이 될 것
을 목표로 삼은 만큼 교양과 생활지식, 상담코너뿐만 아니라 문학, 만
화 등 다양한 볼거리를 싣고 있다. 그 외에 패션이나 오락 등 여성잡
지 같은 특성도 있어서 교양과 오락을 모두 담은 잡지라 볼 수 있다.*
1970년대 이후 오락성이나 상업성이 점차 강화되고 칼라화보를 많이
싣는다. 1980년대에 이르러서 『여학생』은 1960년대 교양지와 완전히
다른 상업잡지로 성격이 달라진다. 이를 분석하기 위해 교양지 성격이

---

• 〈정의〉 1965년에 창간되었던 월간 여학생잡지. 〈내용〉 1965년 11월 서울특별시 종로구 소
격동에서 창간했으며, 당시의 발행 겸 편집인은 박기세(朴基世)다. 창간 당시에는 A5판으로
발행되었으나 1981년 1월호부터 B5판으로 변경하여 발행했다. 이 잡지는 여학생의 교양·생
활·오락·진로 등 학교생활 이외의 벗이 될 것을 목표로 했는데 "자라나는 세대에 아름다움을
심어주고, 아름다운 생활감각에 세련된 시민으로서의 자질을 계도하는 잡지"를 표방했다. 그
러나 당초의 목표와는 달리 패션 등의 내용을 게재하여 다소 여성전문지 같은 인상을 주기도
했다. 창간 당시에는 활판인쇄로 화보의 비중이 적었지만, 1981년 1월호부터는 B5판에 오프
셋인쇄로 화려하면서도 350면 내외의 풍부한 내용을 담기도 했다. 1990년 11월 재정난으로
폐간되었다(참고문헌: 『한국잡지총람』, 한국잡지협회, 1988, 출처: 『한국민족문화대백과』,
한국학중앙연구원).

분명했던 1960년대와, 상업성을 띠며 불량소녀에 대한 처벌담론이 강화된 1970년대까지 잡지 내용이 어떻게 변화하는지를 살펴보기로 하겠다.

창간호 권두언에 따르면, 『여학생』은 "정신을 차릴 수 없게 혼탁하고 서로 펴볼 수 없도록 궁색한 생활 속에서도 교양과 인격과 학문을 겸비한 좋은 인간성을 배양하고 남을 존경할 줄 알고 남과 협력하여 항상 겸손하

〈그림 5-1〉 『여학생』 창간호 표지(1965년 12월)

고 예의가 바르고 진실한 생활을 영위할 수 있는 인격을 배양하는 것"을 목표로 창간되었다.

> 월간지 『여학생』을 창간함에 있어 이 교양지가 회의에 빠진 여학생들에게 꿈이 되고 청량제가 될 수 있기를 빌며 또한 여러분들이 여성으로서의 교양을 쌓고 실력을 길러 사회의 기초가 되고 훌륭한 한국의 여성들이 되어 주시기 바라며 이것으로서 창간사를 대신합니다. (『여학생』 창간사, 1965.12)

발행인 박기세의 창간사에서 보이듯이 이 잡지는 교양지를 표방하고 있으며, 회의에 빠진 여학생들에게 꿈과 청량제가 되기를 희망한다고 포부를 밝힌다. 창간 2주년 권두언에는 이러한 교양지의 목표가 좀 더 구체화되었는데, 소녀상이 부재하는 한국의 십대들의 내면세계를 위한 교양적 계몽지가 될 것을 천명했다. "교양지이되 지식의 보급

이냐, 진학을 위한 어드바이서가 되느냐" 아니면 "여성들의 가난한 내면세계를 위한 카운슬링의 역"을 할 것인가에 대한 고민 끝에 "교양지가 되되 우리 여성들의 내면세계를 위한 카운슬링 역이 되자는 데 역점을 두게 된 것"(「창간 2주년을 맞으며」, 1967.12)이라고 한다. 교양지이면서 카운슬러가 되겠다는 방향성이 이 잡지의 목차 구성에 잘 드러나 있다. 특집, 연재소설, 수필 등 유명 문인들과 대학교수들이 주로 집필한 부분에서 교양을 전달했다면, 우리 학교 자랑이나 르포, 특별수기, 어드바이스루움 등은 실제 여학생들의 생활에 대한 카운슬러의 역할을 담당했다. 그 외에 현상문예, 여학생문단을 통해 독자들과 교감하고, 만화나 영화 등 오락거리를 제공하는 코너도 마련했다.

『여학생』의 두드러진 점은 문학이 차지하는 비중이 압도적이라는 점이다. 순정소설, 역사소설, 명랑소설, 추리소설 등 다양한 장르의 소설을 제공하고 시, 수필, 수기까지 상당한 부분을 문학에 할애한다. 또한 여학생문단과 현상문예 등 독자 참여 문학란까지 포함하면 이 잡지가 추구하는 교양이 문학을 중심으로 구성되어 있음을 알 수 있다. 정미지는 이 잡지가 '문학소녀'를 이상적인 모델로 제시하고 이를 규율의 대상으로 삼은 '불량소녀'와 대비시킨 점에서 문학 비중이 큰 이유를 찾는다. 불량소녀 및 여학생을 계도하기 위해 기획된 표상이 문학소녀였다는 것이다.[6] 여학생들을 '예비 현모양처'로 길러내기 위해 만들어진 여학생 이미지는 독서를 하는 수줍은 소녀다. 1960년대 소녀들의 교양을 독서 중심으로 구성하고, 독서하는 소녀 이미지를 이 잡지의 이상적 이미지로 삼았기 때문에 교양기사에도 많은 문인들이 필자로 참여했다.

그런데 이 잡지에서 좀 더 주목할 점은 독서교양이 왜 이렇게 강조되었는가다. 독서교양은 한 시대의 지배 이념의 전파와 관련되어 있다. 예를 들어, 조선시대 사대부의 독서교양은 사대부의 정체성을 형성하는 동시에 상민들과의 차별성을 형성하는 위계지표로 작동했다. 근대 이후 독서교양은 시민적 교양을 형성했고, 근대적 규율을 내면화하는 한 방법으로써 시민성을 구성하는 핵심적 요소가 되었다. 이러한 시민성의 구성이 근대 독서교양의 보편적 특질이지만, 이 시기의 독서교양은 좀 더 특화된 측면이 있다. 그것은 독서교양과 생활표준화의 관계다. 과학담론은 국민의 구성에서 전면적인 생활표준화를 전파하는 마술적 조력자로 작동한다. 생활표준화를 내면화된 규율로 만들고 신체화하는 방법이 독서교양이다. 생활을 관리하고 신체를 규율할 수 있는 다양한 과학적·합리적 지식을 습득하고 그것을 생활화하는 것이 독서교양의 역할에 해당한다.

이 잡지가 기획한 특집은 주로 청소년의 생활 표준화와 관리를 위한 내용들로 구성되어 있다. 생활의 표준화는 과학주의담론이 여성의 삶으로 신체화되는 한 방식이다. 여성주의 과학자들은 1900-1940년대 이후 미국의 여성계몽이 과학주의담론과 관련하여 식단, 건강, 가계설비, 안락함, 교육 등의 범주로 '생활표준'을 구성하고 전파하는 과정을 분석한다. '남부끄럽지 않고 안락한 생활'을 영위한다는 것, 자신이 속한 계층의 사람들과 같은 방식으로 부엌을 배열하고 같은 잡지와 신문과 책을 읽으려는 생활표준화는 산업화시대의 기술산업사회의 생산모델을 일상으로 재구성하는 과정이었다고 설명한다.[7] 우리나라의 경우 식민지 시기 우생학이나 생활개량 정책들에서도 이러한 생활표준화가 추진되기는 했다. 그러나 실제 중산층이 형성되고 여성의 일에 대한 전면적인 사회적 표준화는 1960-70년대 박정희정부의 산업화드라이브와 함께 진행된다. 대표적인 여성 교양잡지 『여원』과 『여상』의 인기나 대중화 역시 이러한 '생활표준'의 전파와 관련이 있다. 1960년 1월 『여원』에서 가계부가 처음 부록으로 제공되었던 사례나 생활수기 공모전 같은 생활개선운동을 예로 들 수 있다. 가계부를

〈그림 5-2〉『여학생』표지 이미지: 생활의 표준화를 보여주는 이미지들

1969년 6월호

"생활의 리듬화, 환경의 관리화, 사고의 과학화를 돕는 十代誌!"

꽃과 과일을 담은 바구니를 들고 활짝 웃는 소녀의 이미지컷. 하단에 제시된 이 문구는 이 잡지의 특징을 보여주는 선전 문구로 이 잡지가 생활의 리듬을 만들고 환경을 관리하며, 과학적 사고를 할 수 있도록 돕는다고 밝힌다. 라이프스타일을 구성하고 관리한다는 개념, 즉 일상을 표준화하고 관리할 수 있는 여학생을 추구한다는 것을 보여준다.

| 1966년 1월,<br>사춘기특집 | 1966년 3월,<br>가사실습 장면을<br>활용한 미원 광고-<br>예비주부 이미지 | 1966년 12월,<br>인형과 소녀의<br>이미지 | 《동아일보》1965년<br>11월 4일<br>창간호 광고 |

쓰고 합리적인 방식으로 가정생활을 꾸려나가는 '주부'라는 개념이 이 잡지를 통해 정착하게 된다. 『여원』이 20-30대 여성들을 독자대상으로 삼고 있다면, 『여학생』은 10대 소녀들의 라이프스타일을 표준화하고 소녀성을 구성하는 다양한 규율담론들을 제공한다.

〈그림 5-2〉 표지 이미지를 통해서도 이 잡지가 어떠한 여학생을 추구하는지 알 수 있다. 특집의 키워드를 중심으로 살펴보면(1965-70년까지 6년간 특집의 주제), 밝고 건강한 예비주부로서 소녀상이 제시되고 이러한 바람직한 소녀가 되기 위해 어떻게 생활을 관리할 것인가에 대한 다양한 규율담론이 제시된다. 특집의 주제를 분류해보면 다음과 같다. 첫째, 이상적인 소녀상의 재구성(한국의 소녀상, 소녀상 재발견, 자기발견, 이상적인 여성 등이 논의됨), 둘째, 사춘기 특성의 과학적 설명(이성교제, 호르몬 변화, 신체 변화, 건강, 심리 등이 논의됨), 셋째, 일상과 감정교육(계절 감상, 여름방학, 성탄절, 생활계획, 취미 등이 논의됨), 넷째, 바람직한 인생관과 롤모델 제시(주니어 인생론, 이상적 인물 등이 논의됨), 다섯째, 진학과 학업(대학입시, 신학기 생활, 직업 선택 등이 논의됨)[8] 등이다.

이러한 주제들은 이상적인 여성성과 그것에 대한 교육방법, 사춘기를 둘러싼 의료과학 지식을 통해 미래의 인재로서 청소년의 바람직한 발달모델을 제공한다. 특히 소녀의 특성으로 제시되는 감상적 여성성과 사춘기로 정의되는 질풍노도의 시기에 대한 몸담론이 과학적 지식을 기반으로 다양하게 전개되어 흥미롭다. 소녀의 정신과 신체에 대한 새로운 개념구성을 위해서 여성으로 성장하는 전 단계로서 사춘기 소녀라는 개념이 등장하고, 몸에 대한 의학적 지식과 정신에 대한 과학적 설명을 통해 소녀의 개념을 만들어가는 특징을 보여준다.

### 3) 불안한 감정관리: 센티멘탈리즘과 소녀성

『여학생』은 창간호부터 '소녀상'을 특집으로 다룬다. '한 송이 꽃', '봄 처녀'로 표현되는 "평범하면서도 서민적이고 그러면서도 고결한 것을 늘 동경하는 소녀, 안으로 찬 생명감이 조용히 밖으로 흘러넘치는 소녀" (이하윤, 「내가 바라는 소녀상」, 1965년 12월 창간호)는 이 잡지가 지향하는 소녀상이라 할 수 있다.

「잔 다아크는 있어도 소녀상은 없다」라는 제목으로 새로운 소녀상이 필요하다고 제기한 김진만의 글은 창간호의 핵심 주장을 담고 있어서 좀 더 자세히 살펴볼 필요가 있다.

> 소녀상. 너무나 아름다워서 죽음으로써만 승화될 수 있는 서구식 소녀상. 우리에게는 소녀상이 없다. 전란과 그로인한 민속의 어지러움으로 목가적인 소녀상은 산산조각이 났다. 포도를 따는 프랑스 농촌의 처녀, 건장한 독일 처녀에게서 연상되는 목가적이며 낭만적인 이미지가 한국소녀에게는 없다. 순결, 수치, 정조와 같은 것이 있다면, 그것은 비단 소녀에게만 요구되는 이상이 아니라, 한국의 모든 부녀자에게 과해져 온 덕목이었다. (…) 우리는 지금 도의의 공동 속에서 살고 있다고 할 수 있고 소녀상을 찾되 종래와 같이 눈으로 보는 아름다움이 아니라 내면의 덕성을 강조하려 든다면, 끝내 우리의 소녀상은 발견되지 않을 우려가 있다. 이제 우리는 한국의 소녀상을 찾기 위해서 종래식으로 정신적 가치를 강조하는 풍습을 버리고, 새로운 정신적 가치를 찾아서, 그 기초 위에서 새로운 소녀상을 형성해야 할 판이다.[9]

이 글에서는 전쟁과 전후의 혼란으로 목가적인 소녀상은 산산이 조각났고, 잔 다르크, 유관순과 같이 국가 위기에 헌신적인 소녀상 역시 시대에 맞지 않는다고 지적한다. 그리하여 순결, 수치, 정조와 같은 전통적인 가치를 새롭게 해석하고 그 기초 위에 새로운 소녀상을 형성해야 할 때라고 진단한다. 『여학생』의 핵심주제가 무엇인지를 상징적으로 보여주는 글로, 이러한 소녀만들기가 이 잡지의 중심주제로 지속된다.

『여학생』에 대한 연구들이 주목한 부분은 '소녀적 감수성', 특히 센티멘탈리즘이다. 센티멘탈리즘은 소녀들의 문학적 특성으로 설명될 뿐 아니라 사춘기 소녀들의 미성숙함의 표지로 설명된다. 정미지는 '예비 현모양처'로 호명된 소녀들은 순결 규범과 교양으로서의 독서로 계몽되는 대상[10]이었음을 밝혔다. 독서교양이 센티멘탈리즘과 연관된다는 것인데, 문제는 센티멘탈리즘이 어떻게 소녀성의 핵심요소로 형성되었는지 그 내적 논리에 대한 설명이 부족하다는 점이다. 흔히 감상성, 과잉된 감정, 즉 규율되지 않은 감정의 분출을 지적할 때 '센티하다', '센티멘탈 과잉이다'라고 표현한다. 여성작가의 작품들을 비판하는 근거로 사용될 때도 센티멘탈리즘은 소녀성, 미숙한 여성성을 비판하는 기준이 된다. 『여학생』의 현상문예를 평가하는 기준이 센티멘탈을 벗어난 성숙한 문학성이라면 『여원』의 여류현상문예 역시 미숙성을 평가하는 기준이 센티멘탈 과잉, 즉 소녀성이다.[11] 센티멘탈리즘은 소녀성의 특징이며 미숙한 여성성을 판단하는 기준이 된다.

센티멘탈한 감정적 특징을 사춘기의 발달과정으로 설명하는 의사의 글은 소녀성의 특징이 신체의 발달과 함께 진행되는 자연스러운 특징이라고 말한다. 「여성으로서의 십대의 위치」(1968.2)를 설명한 최신해(청량리뇌병원장/수필가)의 글을 예로 들어보자. 이 글에서는 11세를 전후해서 신체적 변화가, 15-16세에 정신적 변화가 뚜렷해진다고 하면서 소년과 소녀의 발달과정의 차이를 설명한다.

이 나이 또래 소년들을 인간으로서의 성장을 향하는 시기라고 한다면, 같은 나이 또래인 소녀에게는 여성으로서의 완숙을 향하는 시기라 할 수 있겠다. (…) 중학교 1학년 또래의 남자아이 같으면 차츰 지식욕이 왕성해지고 호기심이 많아진다. 특히 분석적이고 이론적인 것 다시 말하자면 과학적인 면에서 흥미를 느끼기 시작한다. (…) 타인에 대한 비판력이나 자기반성력도 제법 늘어나서 자기 나름의 도덕률로 사회적, 윤리적인 원칙으로 이 사회의 선악에 대한 비평에 관심을 갖기 시작한다. 그러나 이 나이의 소녀들은 좀 다르다. 물론 원기는 발달해지고 지식욕도 강해지고 호기심도 강해지지만, 소년과 다른 점은 과학적인 흥미보다는, 음악이나 색채에 대한 감각적인 호기심이 더 강해진다. 옷이나 장식품이나 인형이나 또는 자그마한 장난감들에 대해서 흥미를 느끼기 시작한다. 도덕의식이나 자아의식은 소년보다는 더 예민해진다. 일반적으로 센티멘탈한 경향이 뚜렷해지며, 자기 몸에 생기는 변화에 대해서 혼자만의 걱정에 잠기기도 한다. 로맨틱한 공상에 잠기기를 좋아하며, 자기만은 다른 사람들과는 다른 점이 많다는 식으로 생각하기 쉽다. (…) 이 나이 또래의 소녀에게서 가장 뚜렷한 특징은 급격한 성격의 변화라 할 수 있겠다. 감정자체의 불안정성이 심한 동시에 지금까지 활동적이고, 명랑하던 아가씨가 무엇인지 모르게 생각에 잠기기를 좋아하고 지금까지 외부로 쏠리던 정신적 에너지는 내성적으로 방향을 돌변해 버린다. (108-110쪽)

좀 긴 인용이지만 이 시기 소녀성과 센티멘탈리즘에 대해 자주 등장하는 과학적 설명이어서 그대로 인용해보았다. 소년이 인간으로 성장한다면 소녀는 여성으로 성장한다는 이론은 프로이드식 초자아 개념에 기대고 있다. 소녀는 성숙한 도덕적 자아로 성장하지 못하고 여성으로 성장하기 때문에 이들의 사춘기는 과도기의 지연, 즉 감정의 불안정성과 감정과잉을 조절하기 어려운 심리적 특성을 보인다는 것이다. 이는 다시 월경과 신체적 변화에 이어져 정서적 불안으로까지 연결된다.

이 외에도 여러 글에서 이러한 센티멘탈리즘에 대한 논의가 전개된다. 양병택(경희대 교수)의 「여학생과 가정」(1966.2)에서는 여학생이 가정에서 차지하는 역할은 "한 가정의 생활보조자이며 설계자"이며 '주부의 유일한 협조자'이며 '제2의 주부'(70쪽)라고 강조하면서 여학생의 특성을 센치함으로 설명한다. "여학생 시절은 감정이 지성보다 월등히 앞서는 시절이다. 그리고 걸핏하면 감상에 젖어 센치하게 되기 쉬운 시절이다", "여학생은 사춘기의 시절이므로 생리적으로나 정신적인 면에서나 감시의 눈을 받기 마련이다. 특히 처녀시절에 입은 육체적 및 정신적 상처도 일생을 두고 가슴에 못을 박아, 불행의 길로 이끌어 가기 쉽다"(71쪽)라고 경계한다.

조연현은 「문학적으로 본 사춘기의 감정」(1966.1)에서 "사춘기 소녀의 정신적 기초"를 자아 찾기, 이성 동경 등으로 설명하면서 예민한 감수성과 감상적인 정서로 아무것도 아닌 일에도 슬퍼하고, 대수롭지도 않은 일에 자살을 생각하는 정신활동을 그 특징으로 설명한다. 이는 성인적이기보다는 소녀적인 특성이므로, 이러한 불안한 감정은 교양을 통해 관리되고 규율되어야 하는 대상이다.

센티멘탈리즘 자체는 긍정적인 순수한 감정이라고 보는 견해도 등 장한다. 정창범(문학평론가)은 「센티멘탈을 비판한다」(1969.9)에서 소녀 는 센티멘탈리스트다. 센티멘탈리즘이란 "인생의 가치를 정서적으로 판단하는 태도", "이 세상에는 추잡한 것, 더러운 것, 악한 것이란 존재 하지 않고 다만 아름답고 맑고 깨끗하고 착한 것만 존재한다는 생각" (47쪽)이기 때문에 "부정이 공공연하게 성행하고 부패가 들끓는 세상 에서 센티멘탈리스트가 필요하다". 따라서 "맑은 눈, 깨끗한 마음을 가 진 센티멘탈리스가 있어야 한다"(47쪽). 세상을 정화하는 존재로서 소 녀를 위치시키는 평가를 하면서도, 소녀들의 조로한 경향, 혹은 조숙 한 경향 모두 센티멘탈을 과잉으로 만든다고 경계한다. 결국 센티멘탈 리즘은 소녀적 감수성이지만 과잉된 감정은 문제가 된다는 것이다.

'여학생문학상 작품집'을 보면 초기에는 가족의 비극이나 향토성 짙은 작품들이 당선작으로 선정되는 경향을 보이고 1972년 이후에는 '자매부락돕기운동' 같은 계몽성, 생활개선과 건강한 성장을 주제로 하는 경향이 두드러진다. 그러나 당선자들의 당선소감에서는 소녀 들의 감수성을 엿볼 수 있는데, 1회 소설 당선작 「악수의 의미」를 쓴 박진숙(대구신명여고 3년)의 소감이나 5회 당선작 「서울댁」을 쓴 민해선 (마산여고 2년)의 소감이 눈에 띈다.

제복을 벗어던진 내 〈자유〉를 생각하곤 했다. 차암 어려웠다. 그러나 하늘 드높은 오늘은 쪼오금 자신이 생겨진다. 더 열심히 살아야 하겠다. 노천 대합 실. 오색 벤치 위에 오두마니 앉으면 광장엔 항시 바람이 일었다. 소설을 생 각하지 않는 날은 한 번도 없었고 또 생각을 했다. 내 아버지 내 엄마 내 오빠 내 꼬마들의 숨결을… 초조 속에 또 까닭 모를 불안 속에서 여유며 다사로움을 그리는 내 표정은 곧잘 어중간한 것이었는지도 몰랐다. (박진숙, 12쪽)

모든 것을 포기하고 싶을 만치 참으로 우울한 나날들이었다. 그리고 그것은 이 햇볕 따사로운 오후까지 연속적으로 나를 괴롭히고 있는 것이었다. 육안으론 볼 수 없는 병균-권태란 놈에게 물어보고 싶은 충동을 열심히 하이얀 노트장에 풀어 놓고 있었다. (민해선, 82쪽)

까닭 모를 불안, 권태, 우울 등 소녀들의 감수성을 보여주는 단어들이 등장하고 있다. 소녀들의 글을 통해서 문학소녀라는 표상이 지니는 센티멘탈리즘을 보여줄 뿐만 아니라 이를 계몽의 대상으로 삼는 담론적 순환성 구조를 보여준다. 이러한 담론의 생산과 소비가 완벽한 순환성을 구성하며 소녀성이 제도화되는 과정을 보여주는 잡지가 바로 『여학생』이다.

### 4) 미성숙한 신체관리: 사춘기, 취약한 신체, 수치심

소녀성의 감정적 특징이 센티멘탈리즘이라면, 소녀들의 불안과 감정과잉을 과학적으로 뒷받침하는 몸에 대한 이론이 사춘기에 대한 과학담론 특히 의학담론들이다. 1966년 1월 특집은 '사춘기'다. 10대를 규정하는 다양한 용어 중에서 '사춘기'는 의학담론이 만들어낸 10대의 신체적 변화, 특히 호르몬상의 변화를 설명하는 용어다. 전통사회에서는 조혼으로 아동기에서 곧바로 성인이 되지만, 근대 이후 교육기간의 연장과 결혼의 지연으로 10대의 성욕이 관리되고 통제되어야 하는 대상으로 등장했다. 이러한 불온한 성욕이 사춘기가 담당해야 하는 대상이다.

의학박사 김사달은 「의학적으로 본 사춘기의 생리」(1966.1)에서 사춘기를 이렇게 정의한다. "의학적으로 보는 사춘기란 여자에 있어서는 십삼~십칠세, 남자는 십사~십구세 전후의 연령층의 소녀, 소년을 가리켜 사춘기의 소녀 또는 소년"(68쪽)이라 규정하며, "일련의 정신의 발육이 아직 미분화 상태인 데 반하여 몸의 발달은 거의 완성에 가까워지는 것이 사춘기의 특징"(69쪽)이라고 한다. 몸과 정신의 발육이 불균형한 상태가 사춘기인데, 몸은 거의 성인에 가까우나 정신은 아직 미성숙한 상태이기 때문에 정신적인 성숙이 사춘기의 과제가 된다. 특히 미성숙한 상태에서 섹슈얼리티 관리는 중요한 과제인데 "처녀성을 함부로 빼앗기거나 또한 그것을 중요시하지 않은 데서 비극의 싹"(72쪽)이 트게 된다고 설명한다.

> 연애라는 것을 구태어 정의한다면 〈성욕을 기초로 한 애정〉인 것입니다. 성욕이라는 것은 사춘기와 더불어 싹이 트는 것입니다. 따라서 사춘기와 함께 연애감정이 싹튼다고 볼 수 있습니다. 그러나 그것은 미분화된 감정형태와 사고형식이 곁들기 때문에 지나치게 주관적이고 비정상적인 수가 많습니다. 따라서 사춘기의 성욕은 아직 미숙한 것이며 완전치 못한 것이 특징입니다. (…) 프로이드는 〈성욕처럼 전향되어 승화되기 쉬운 욕망은 없다.〉고 했습니다. 승화-서블리메이션이란 것은 성욕 등의 욕망의 형태가 바뀌어져서 그것이 문화적인 정신활동의 차원으로 전향되었을 때에 그것을 이른바 승화라고 일컫는 것입니다. (…) 사춘기 여학생들에게 바라고 싶은 것은 모든 유혹과 잡념을 오직 서블리메이션함으로써 여성으로서의 우아하고 청

순한 지성을 더욱 북돋아 앞으로 덕성과 미가 겸비한 훌륭한 여자가 될 것을 충심으로 빕니다. (72쪽)

미분화된 감정형태와 사고형식이 사춘기 소녀들의 연애이기 때문에 아직은 성욕을 승화시켜 훌륭한 여자로 성장해야 한다는 내용이 이 글의 골자다. 그런데 『여학생』의 과학담론들의 특징은 육체성의 경험이 사라지고 몸과 감정에 대한 관리와 규율만 두드러진다는 점이다.

이 시기의 여성잡지 『여원』의 경우 성인 여성을 대상으로 하기에 성에 대한 담론이 직설적이고 다양한 이론적 경합이 벌어지는 담론의 장(場) 역할을 한다. 물론 이 잡지도 1960년대 후반으로 갈수록 급속히 보수화되지만, 생리혈과 처녀막에 대한 논쟁이나 결혼의 정조문제, 청소년의 성교육 문제 등은 솔직하게 다루고 있다. 찢겨진 몸이나 피 흘리는 몸의 이미지는 금기되는 육체성이 휘발된 몸이 아니다. 『여원』 1962년 4월 〈특집: 사춘기의 고민과 성〉은 특히 이러한 차이를 잘 보여준다.

이옥경은 「사춘기의 신체적 특징」에서 사춘기의 신체적 변화와 위생을 설명하면서 처녀막의 신화나 사춘기 위생에 대해 솔직하게 설명한다. 남녀 생식기의 성장에서 초경을 사춘기의 첫 번째 표식으로 설명하고 처녀막 설명도 상세히 한다(자궁질 입구에 붙은 얇은 막인데 그 한가운데 구멍이 뚫어져 있다. 처녀막이 두껍고 질기면 초야에 증조가 보이고 처녀막이 엷고 신축성이 있고 질 입구가 크면 초야에 아무런 증세가 없다). 사춘기의 위생에 대해서는 편식하지 않고 영양 밸런스가 맞는 음식 섭취, 충분한 수면, 청결, 옥외 운동이 필요하고, 월경 중 맹렬한 운동, 목욕탕이나 해수욕 등은 삼가야 하며 월경대를 자주 갈라는 조언을 한다. 그러나 『여학생』

에는 이런 몸에 대한 실제적이고 의학적 지식은 거의 보이지 않는다. 사춘기가 순결, 부끄러움, 순수함에 갇힌 이미지로 구성되고, 과학담론 역시도 이러한 계몽을 하기 위한 도구적 역할을 하는 것으로 보인다.

나영균(이화여대 영문과 교수)의 「윤리적으로 본 사춘기의 미래상」 (1966.1)도 마찬가지의 논조다. 그에 따르면 "사춘기는 어떤 사람이고 겪어야 할 홍역"이고, "사춘기는 미운 오리새끼이다". 그런데 자살을 하거나 시도하는 행위는 "그들이 모든 것을 지나치게 크게, 다시 말해서 과장해서 느끼는 것과 아직 마음이 미처 다 자라지 못해서 모든 일을 자기중심으로만 생각을 하기 때문이다. 이런 때 자기중심으로만 생각하는 것은 젊은이의 특성이라고 하더라도 느끼는 마음, 즉 감수성은 자기가 노력해서 해를 따라서 돌아가는 해바라기처럼 이로운 곳을 향해 뻗칠 수 있는 것이다"(83쪽)라고 조언한다. 감수성의 관리가 사춘기를 극복하는 관건이라는 내용이다.

박기원(소설가)의 「바람직한 소녀입상」(1969.12)에 등장하는 소녀처럼 "어머니가 낳아주신 천성 그대로 솜털이 가시지 않은 천진무구한 청결의 덩어리", "곤색 제복에 흰 칼라! 그 색깔같이 소녀의 상이란 깨끗하고 단순하고 단일색"(66쪽)의 이미지로 구성된다. 또한 처녀의 수줍음과 부끄러움은 그러한 순수함에서 나오는 감정이다.

의학담론이 공포심을 통한 계몽의 도구로 사용되는 예는 1968년 2월 〈특집: 십대의 의학〉이 대표적이다. 강영선(서울대 교수/이학박사)은 「생리적으로 본 십대의 과정」에서 흥미로운 선부유전(先父遺傳)이라는 이론을 소개한다. 선부유전이라는 말의 유전 특징을 소개하면서 앞서 성관계를 한 남자의 유전적 특징이 남아 다음 아이에게 유전될 수 있

〈그림 5-3〉 육체성이 사라진 제복의 소녀 이미지

| 1967년 3월, | 1968년 7월, | 1969년 3월, |
|:---:|:---:|:---:|
| 졸업식의 여학생 이미지 | 캠퍼스의 메아리: 교가순례 | 남녀 학생들의 에티켓 |

| 1970년 3월, 특집: | 1968년 7월, |
|:---:|:---:|
| 제복의 소녀 이미지 | 교복 시리즈 |

다고 주장한다. 옛날 미국 조그만 도시에 소녀가 길을 잃고 외딴 숲속
의 집에서 묵게 되었는데, 이때 흑인 남자와 하룻밤을 자게 되었다. 몇
년이 흘러 대학을 졸업하고 결혼을 하고 아이를 낳았는데, 부모 모두

백인인데 흑인 아이가 태어난 일이 있었다. 말의 선부유전이 인간에게도 일어날 가능성이 있으므로 조심해야 한다는 내용이다. "십대의 학생들이 어른의 세계에 대한 지나친 호기심으로 성적인 문제까지 문란해지는 경우가 적지 않은데 나로서는 정조관념을 강조하기 때문이 아니라 과학적인 면에서도 이와 같은 조류는 막아야겠다고 본다"(105-106쪽)라고 마무리하면서 과학적 지식임을 강조한다.

여성의 월경혈과 성교 등은 신체의 외부로부터의 오염을 상징한다. 오염의 대상은 두 종류로 나누는데 하나는 배설물과 관련된 것이고, 다른 하나는 월경혈이다. 배설물과 그것의 등가물들(부패·감염·질병·시체 등)은 동일성의 외부로부터 온 위험을 표상한다. 즉, 비자아(비체)로부터 위협당하는 자아, 외부 환경으로부터 위협받는 사회, 죽음으로부터 위협받는 내부로부터 온 위험을 표상한다.* 월경혈과 정액으로 인해 여성신체는 오염의 상징물로 여겨진다. 이러한 오염으로 인한 위험을 막는 것이 사춘기 소녀의 주요한 신체관리 목적이다.

의학적이고 과학적인 규율담론을 기반으로 소녀들의 성은 위험하고 감추어져야 하는 대상이 된다. 육체성이 부정되고 사라진 자리에 대신 들어서는 소녀성이 수치심, 즉 부끄러움의 감정이다. 나영균은 「현대소녀들의 미적가치론」(1967.3)에서 "십대는 처녀의 수줍음과 유녀(幼女)의 솔직을 동시에 가진 모순의 시대이기도 하다. 또 그들은 아직 세상의 때에 물들지 않았다. 그러면서 이성이 어느 정도 눈을 떠 있으

---

• 크리스테바는 주체도 대상도 아닌 아브젝시옹(abjection-비체 혹은 비자아)은 성스러운 자아를 형성하기 위해 버려진 오염된 신체, 찢겨지고 피 흘리는 신체라고 정의하고 있다(줄리아 크리스테바, 『공포의 권력』, 서민원 옮김, 동문선, 2001, 116-117쪽).

니 그들은 가장 아름다운 상태에 있다고 말할 수 있는 것이다"(103쪽)
라고 말한다.

『여원』에서는 이 부끄러움이 처녀성의 증표인가에 대한 논란과 함
께 가면의 여성성이라 할 수 있는 부끄러움을 가장하는 기술에 대해
서까지 다양한 논의를 펼친다. 가면의 여성성은 조안 리비에르(Joan
Rivière) 「가장무도회로서의 여성성」(1929)이라는 논문에서 여성의 가
면을 쓰고 살아가는 여성들이 사실은 남성성을 소유하려는 욕망을 감
추기 위한 전략이라고 분석하면서 사용되기 시작한 용어다. 이후 주
디스 버틀러(Judith Butler)는 강요된 이성애 각본 속에서 여성성을 수
행하는 여성이라는 개념으로 사용했다.[12] 재미있는 사실은 이 시기『여
원』은 처녀의 부끄러움이 충분히 가장할 수 있는 수행성이라는 점을
드러낸다는 점이다.

〈특집: 처녀성 여섯 가지의 신비〉(1959.1 신년 증간호)가 대표적인데,
이 특집에서 처녀성을 부끄러움과 연결 짓는 사고방식에 대한 논란을
다룬다. 장문경의 「처녀성을 잃으면 제3자도 알 수 있는가」에서는 서
울만 해도 처녀의 몇십 퍼센트가 이미 처녀성을 상실한 사이비 처녀라
는 말이 항간에 돌고 있지만, 처녀와 사이비 처녀의 구별은 불가능하
다며 처녀노이로제에 걸려 있는 현실을 비판한다. "그래도 차이가 있
는 점을 끄집어낸다면 처녀의 몸가짐이나 말투가 보다 순진하고 아련
한 데 비해 남성을 아는 비처녀는 행동이나 남성과의 대화가 대담해지
고 미미한 외관의 차이밖에 없으니 그것을 기준으로 처녀를 찾다가는
'처녀노이로제'에 걸리기가 일수일 것이다"(146쪽). 그 반면에 김기환
의 「처녀성과 부끄러움의 심리」에서는 부끄러움의 심리는 자기의 약

점이나 비밀의 폭로를 두려워하는 자기방어적인 감정이며 일정한 사태에 대하여 객관적으로 정당하게 적응하지 못할 때 일어나는 혼란된 적응의 모습이라고 정의한다. 또한 한국 여성의 부끄러움은 남성에게 대한 미라고 할까 매력이라고 할까 하는 것이 있다고 칭찬한다. 이 글들은 소녀들의 성이 처벌되고 사라지는 것과는 다른 특성을 보인다. 부끄러움이 처녀다운 감정인가, 처녀를 구분할 수 있는가 등 다양한 담론적 경쟁이 벌어지지만 결국 『여원』에서도 찢어지고 피 흘리는 여성의 몸은 혐오의 대상일 뿐 여성주체로 형성되지는 않는다. 그 때문에 여성의 이상적인 몸은 성인여성의 몸이 아니라 육체성이 감추어진 순수한 소녀의 몸이 된다.

소녀의 몸은 수치심과 센티멘탈리즘을 감정적 특징으로 구성되기 때문에 이중적인 곤경에 처한다. 소녀성을 취하면 감정적 미숙성을 비판받고, 성인 여성성을 취하면 혐오스러운 몸을 갖게 된다. 여성이 소녀로도 성인여성으로도 끊임없이 자기 부정과 불안에 빠지게 되는 이유도 여기에 있다. 소녀성은 단지 성인으로 성장하는 과도기의 특성이 아니라 성장이 지연되고 여성성의 한 요소로 남아 있게 된다는 점에서 소년성과 다른 특징을 지닌다. 성숙한 국민으로 성장하는 소년과 달리, 훌륭한 모성으로 성장하는 여성의 경우 실제 신체는 혐오의 대상인 피 흘리는 육체로 성장한다는 점이 문제다. 그 때문에 여성의 성장은 지연되고 공포와 부정성이 내포된다.

### 5) 감정과 신체를 관리하는 계몽담론

이처럼 소녀의 신체가 수치심으로 구성되고 정서적 불안이 감정 과잉의 특성으로 구성되는 과정을 드러낸 잡지가 『여학생』이었다. 사춘기라는 과학담론이 이러한 소녀성을 의학적으로 설명하고 자연화하는 데 기여하고 있음도 알 수 있다. 과학적이라는 설명은 경직된 젠더주체를 스스로 수행하고 내적 규율로 받아들일 수 있는 합리적 이유가 되었다. 감정과 신체를 과학적으로 인식하고 합리적으로 잘 관리하는 것이 이상적 소녀이고 '수줍은 제복의 소녀'다. 이 시기에 구성된 소녀성과 달리 소년성의 구성 과정은 그 연구가 미미하다. 이 연구를 위해 로봇선망을 보여주는 텍스트와 소녀들의 순정물 텍스트를 비교해볼 필요가 있다. 이는 추후 연구할 예정인데 로봇선망을 보여주는 텍스트(로봇만화, 과학소설 등)들과 소녀들의 순정물(순정만화, 순정소설 등) 텍스트를 비교해보면 이 연구의 주장이 좀 더 선명해질 것이라 생각한다. 『여학생』이 재구성한 제복의 수줍은 소녀상과 『학원』이 재구성한 우주선을 탄 과학자 리더 소년상은 이 시기 국민의 정체성 형성과 관련되어 있다.

흔히 청소년은 남성/여성으로 성장하기 이전 단계로 젠더 정치학의 작동이 명확하지 않은 시기로 이해되곤 한다. 그러나 박정희 근대화프로젝트의 국민 만들기에서 '수줍은 제복의 소녀'는 강철신체로 상징되는 남성노동력을 구성해내는 필수적인 과정이라고 판단된다. 남성국민주체가 혐오하고 버려야 하는 감정과잉, 오염된 신체 등 불완전성을 투사하고 관리하는 방식이 새롭게 탄생한 소녀의 개념이라 볼 수 있다. 불완전하지만 잘 관리되고 규율되었을 때 소녀는 어머니가 될 수 있다. 그 사이에서 비체로 구성되는 피 흘리는 여성의 실제 육체는 과학담론과 의학담론으로 계몽되고 관리되고 버려지는 몸이 된다.

## 2. 명랑소녀/불량소녀의 이분법과 박정희 근대화프로젝트의 국민 만들기

### 1) 과학주의담론이 만들어낸 젠더기획

앞 장에서는 소녀의 특성을 구성하는 성격을 중심으로 젠더의 이분법이 이루어지며, 이를 자연화하는 이론으로 과학주의담론(호르몬과 사춘기 담론)이 동원되는 방식에 주목했다. 그 결과 감성적 소녀 개념을 본래적인 것으로 구성하는 사춘기담론의 특징을 알 수 있었다. 그렇다면 과학적 담론이 어떠한 요소를 헤게모니 여성성으로 구성하는지, 그리고 젠더 간 위계를 어떻게 구성해내는지가 궁금하다. 『여학생』의 정체성을 보여주는 특집을 주요 대상으로 하여 이를 분석하고자 한다.

잡지의 특집은 그 잡지의 이념적 특징을 보여줄 뿐만 아니라 한 시대의 지배이념이 구성되어가는 과정을 볼 수 있는 담론적 경쟁의 장이다. 물론 매달 발간되는 잡지의 경우 다양한 독자를 대상으로 삼기 때문에 단일한 이념적 특징을 지닌다고 단정하기는 어렵다. 실제 1970년대 『여학생』의 기사에서는 순결교육이나 타락한 소녀에 대한 처벌담론이 증가하는 등 가부장적인 젠더이분법이 강화된 면을 보인다. 또 한편으로는 이태영의 가족법개정운동에 대한 글들을 싣고(1973년 1월 특집), 양승만이 연재한 「구원의 사랑과 열매」 시리즈에서 에밀리 브론테, 마가렛 미첼, 버지니아 울프, 제인 오스틴, 조르즈 상드, 시몬느 드 보봐르 등 페미니스트 여성작가를 소개하기도 한다.[13] 이처럼 잡지는 단일한 목소리가 아니라 다양한 시대적 변화와 독자의 욕망을 담아내는 특징을 드러낸다. 따라서 쇠퇴하는 이념과 부상하는 이념들이 충돌하고 경쟁하면서 지배 이념으로 구성되어가는 담론의 장으로 잡지를 이해하려는 섬세한 시각이 필요하다. 그럼에도 불구하고 『여학생』특집 전체 목록에서 일정한 경향성을 발견할 수 있다. 그러한 경향성이 한 시대의 지배 이념이 되고, 독서교양을 통해 일상으로 신체화되는 과정을 찾아볼 수 있다. 잡지의 특집 분석이 중요한 이유도 그러한 시대상을 읽어낼 수 있는 한 가지 방법이 될 수 있기 때문이다.

### 2) 과학소설 없는 생활의 과학화 잡지

이 시기 과학입국의 정책과 청소년 과학교육의 강조를 생각해보면, 『여학생』에는 과학교육에 대한 의지가 잘 드러나 있지 않다. 몇 편의 해외 과학소설 번역을 싣기는 했지만, 『학원』처럼 본격적인 과학소설의 연재나 창작이 눈에 띄지 않는다. 그보다는 사춘기나 생리, 순결 등 여성의 몸 관련 의학, 과학담론이나 사춘기 감정관리 그리고 생활표준화를 위한 합리적 생활관리 등에 대한 과학적 설명이 주를 이루고 있다. 이를 통해 과학의 주체가 아닌 대상으로 여성이 구성되었음을 짐작할 수 있다.

잡지 『여학생』은 여학생의 생활정보잡지라고는 하나, 문학 중심의 독서교양을 강조한 청소년 교양지라 할 수 있다. 특집을 분석하기 전에 1960-70년대 전체 목차에 나타난 단어의 빈도수를 확인해본 결과에서도 이러한 특성이 드러난다.* 가장 많은 빈도수를 보이는 단어는

---

* 국립중앙도서관에 제공된 1960-70년대 목차를 대상으로 자주 언급된 키워드를 추출하고 단어의 빈도수를 도출했다.

여학생 생활 관련과 문학 관련 용어다. 그 외에 소녀, 사랑, 학교, 건강, 가족 등의 용어가 자주 언급된다.

첫째로 '여학생'이 620회, '생활'이 314회(생활교실, 생활가이드, 생활태도, 생활특집, 생활아이디어 등) 나타난다. 이로써 잡지가 여학생 생활정보 잡지임을 알 수 있다. 두 번째로 많이 등장하는 문학 관련 용어들은 문학 중심 잡지로서 독서하는 소녀가 이상형으로 제시된 점과 관련되어 있다. '문학'이 143회, '소설'이 631회(연재소설, 명랑소설, 순정소설 등의 항목소개에 등장한 단어도 포함), '수기'가 184회, '시'가 62회, '수필'이 8회로 나타난다. 가장 많이 연재된 '소설'에 이어 '수기'라는 단어가 많이 나타난다는 점이 주목된다. 독자수기, 특별수기, 소녀수기, 문제소녀수기, 여학생수기, 고백수기 등의 항목이 연재항목으로 자주 등장한다. 1970년대에 저축수기, 생활수기, 희망수기 등의 연재코너가 등장하는 것으로 보아 국가의 저축 장려와 예비주부로서 알뜰생활의 모범을 보여주는 소녀들의 생활수기가 실렸음을 알 수 있다. '독서'라는 단어가 23회만 나타나지만, 이 잡지의 특집이나 이상적 소녀의 요소로 꼽히는 주요 항목이 독서라는 점을 고려해보면, 이 잡지 전체가 독서하는 소녀를 구성하는 데 목표를 두고 있음을 파악할 수 있다.

셋째로는 '소녀'와 '십대'라는 단어를 들 수 있다. '소녀'가 316회, '십대'가 217회 그리고 이들이 성장해서 도달해야 하는 이상적인 여성과 관련된 '여성'이 188회, '여자'가 81회 나타난다. 넷째로는 '사랑'이 293회, '이성교제'가 27회로 나타나고 '아름다운 사랑'과 '타락한 이성교제'가 높은 빈도수를 보인다. 다섯째로는 학교와 관련하여 '학교'가 193회, '진로'가 71회, '우정'이 61회 나타난다. 여섯째로는 건강 관련 용어들로 '건강' 77회, '사춘기' 41회, '순결' 31회, '생리' 39회를 볼 수 있다. 일곱째 가족구성원의 자질을 설명하는 단어로는 '어머니' 84회 (어머니, 엄마, 모성 포함), 딸 70회, '가정' 39회, '가족' 11회 등장한다. 기타로 '과학' 53회, '명랑' 24회(명랑도 테스트, 명랑소설 등), '눈물' 23회, '가출' 18회(70년대에 주로 다루어진 주제), '소년' 37회, '민족' 24회, '나라' 47회 등으로 나타난다.

단어의 빈도수를 자세하게 살펴본 이유는 월간으로 발간되는 잡지를 단일한 성격으로 분석하기 어렵다는 데 있다. 목차에 나타나는 단어의 빈도로 내용이나 이념적 특징을 분석하기는 어렵지만, 전체적인 개관을 해보면서 이 잡지가 지향하는 성격을 가늠해볼 수 있다. 단어 빈도로 보면 『여학생』이 여학생의 생활을 규율하는 생활표준화와 관련이 있고, 이를 독서교양으로 전파하는 특징을 찾을 수 있다. 특히 독자수기, 여학생수기 등의 수기를 통해 잡지의 교양이 신체화되어 다시 양되먹임(positive-feedback)으로 돌아오는 일종의 감정장으로서 그 완결성을 띠고 있음을 짐작할 수 있다. 교양이 개인의 삶으로 신체화되고, 그 이야기가 다시 잡지의 수기로 돌아와 이념적으로 공고화되는 담론의 생산-소비구조의 완결성을 갖게 되는 것이다. 이와 관련하여 연재소설이나 수기를 분석한다면 이러한 가설을 좀 더 명확하게 확인할 수 있으리라 생각한다.

### 3) 독서교양과 청소년 과학교육

1962년 박정희정부는 경제개발계획의 하부계획으로 제1차 기술진흥 5개년계획(1962-1966), 제2차 과학기술진흥 5개년계획(1967-1971)을 수립하고 과학기술정책을 적극적으로 추진하기 시작한다. 1966년 한국과학기술연구소가 설립되었고, 1967년 1월 과학기술진흥법이 제정되었으며, 같은 해 4월 과학기술처가 설립되었다. 연이어 과학기술개발 장기종합계획(1967-1968)을 발표하고 과학기술 개발에 박차를 가한다.[14] 이러한 과학기술정책은 청소년 교육에도 반영되었다. 이 시기의 청소년 과학소설, 과학잡지, SF영화, 애니메이션 등 다양한 매체를 통해 과학은 미래 인재 양성의 핵심 요소로 꼽히게 되었다.

　그러나 이 시기의 과학주의는 모두에게 선하다는 기술결정론적 성격을 지녀, 독재권력이 집중되는 효과를 자연스럽게 만드는 정치적 작동에 대해서는 감지하기 어렵게 했다. 모두가 잘살 수 있고, 모두를 문명의 세계로 이끌어준다는 약속으로 과학주의는 마술적 조력자가 되었고, 제국주의적 팽창 욕구를 감춘 개발독재의 이데올로기적 장치가 된다는 점을 간과하게 만들었다. 과학주의라는 이념이 기계신체에 대한 선망과 감정배제의 근대적 노동신체를 만드는 국민 만들기의 내면화 방법의 하나임을 알 수 있다.

　강제적 처벌의 방식이 아닌 규율의 내면화 방식에서 과학지식의 작동에 대해서는 푸코의 권력이론을 통해서도 충분히 논의되었다. 미셸 푸코는 "어떤 사회에 있어서도 신체는 지극히 치밀한 권력의 내부에서 포착되고 그 권력은 신체에 구속이나 금기 또는 의무를 부과"했음을 밝혀 신체가 바이오권력이 작동하는 핵심 장임을 포착했다. 특히 근대 기술에서는 몇 가지 새로운 점이 등장했는데 첫째, 규제의 척도, 둘째, 규제의 객체, 셋째, 규제의 양상이 매우 세밀한 망을 형성하여 권력을 형성하게 된다는 것이다.[15] 그간 많은 연구를 통해 우리 사회를 분석하는 데도 푸코의 이론이 적용되었다. 『사상계』나 『여원』 등에서도 과학적 사고, 과학하는 국민에 대한 기사*가 자주 등장했음을 알 수 있는데, 특히 민족의 발전을 위한 방편으로 과학하는 국민이 이상형으로 제시된다. 이러한 과학주의담론은 '생활표준화'를 중심으로 전파되고 일상의 내면으로 신체화된다. 과학적이고 합리적인 삶에 대한 선망은 일상규율을 내면화하는 논리가 되었으며, 국민 만들기의 원리가 되었다고 판단된다.

특히 생활표준화는 중산층의 삶을 구성하고 주체를 형성하는 요소로 독서교양을 통해 전파된다.[16] 이 시기에 발간된 『여원』, 『여상』, 『여학생』 등의 여성잡지는 생활표준화와 관련되어 있다. 이 잡지들을 통해 과학담론은 신체화되고 일상의 규율로 기능한다. 이 잡지에 실린 생활의 과학화와 서구여성들의 합리적 삶에 대한 선망, 여성작가들의 작품이나 현상문예당선작들에 나타난 여성성의 재구성에서 두드러진 특성을 발견할 수 있다. 그것은 서구선망이나 서구의 과학적 합리적 삶과 비교하는 부끄러운 문화(shame culture)에서 벗어나자는 것이다.

이 시기에 남성이 노동의 표준화와 관련되었다면, 여성은 생활의 표준화를 담당하게 되었다. '남부끄럽지 않고 안락한 생활'을 영위한다는 것, 자신이 속한 계층의 사람들과 같은 방식으로 부엌을 배열하고 같은 잡지와 신문과 책을 읽는다는 것은 중산층의 형성과 관련되어

---

• 『사상계』 발간인 장준하는 특히 과학적 사고를 강조하는데 1962년의 권두언에서도 「과학하는 정부, 과학하는 국민」(1962.7)이라는 제목으로 과학적 정신을 강조하는 글을 발표한다. 이 글은 "오늘날은 과학의 시대라고 한다. 그리고 과학적인 사회-국가일수록 더 부강한 것 같다"라는 선언적 진술로 시작한다.

있다. 표준적인 삶에 대한 욕망을 가지는 것, 즉 기술산업사회의 생산 모델을 일상으로 재구성하는 과정이 바로 '생활표준화'다.

이러한 중산층적 생활표준화가 우리나라에서 진행된 시기는 1960-70년대라 볼 수 있다. 공간, 시간, 습속, 신체, 언어의 국민 만들기가 이러한 생활표준화를 통해 진행된다.[17] 니시카와 나가오(西川長夫)는 국민의 탄생을 위해 필요한 요소를 다섯 가지로 제시한 바 있다. 공간의 국민화(균질화, 평준화된 밝고 청결한 공간), 시간의 국민화(시간의 재편, 노동-생활의 리듬 등), 습속의 국민화(복장, 인사, 의식 등), 신체의 국민화(미감, 음감, 거주, 걸음걸이, 학교-공장-군대 등의 생활에 적응할 수 있는 신체 등), 언어와 사고의 국민화(국어, 애국심) 등이다. 이러한 규율화를 통해 "국민국가의 신체화"가 이루어진다.[18] 잡지 『여학생』은 10대 소녀들의 라이프스타일을 표준화하고 소녀성을 구성하는 다양한 규율담론들을 제공한다. 이러한 세분화된 규율화를 일종의 국민국가의 신체화로 볼 수 있다.

발간인 박기세의 창간 2주년 발간사에 이 잡지의 성격이 잘 나타나 있다. 교양지로서 지식의 전파와 진학 조언, 내면세계의 카운슬러 역할까지 여학생들의 생활 전반에 걸친 교양을 목적으로 삼았음을 알 수 있다. 이러한 교양은 국민 만들기의 일환으로써 실제 규율담론으로 작동한다.

소녀상의 부재라는 여성들의 불행 앞에서 어떻게 십대의 내면세계가 오늘날의 서쪽에서 불어오는 문화의 풍조를 맞이하게 할까 하는 것이 지상명제였습니다. 교양지이되 지식의 보급이냐, 진학을 위한 어드바이서가 되느냐,

불연이면 우리 여성들의 가난한 내면세계를 위한 카운슬링의 역이 되느냐의 진로를 찾기 수개월—결연히 면모를 형상화한 것이 교양지가 되되 우리 여성들의 내면세계를 위한 카운슬링 역이 되자는데 역점을 두게 된 것입니다. 삼종이란 운명 아닌 유교의 울타리 속에 여권신장이란 인간본연의 신장을 갖지 못한 이 땅 여성들의 불행을 씻어 주어야 한다고 생각했기 때문입니다. (「창간 이 주년을 맞으며」, 1967.12)

이 잡지가 1965년 12월 창간돼서 1990년 11월 폐간까지 25년간 월간지로서 꾸준히 발간되었다는 사실은 『학원』과 함께 이 시기 여학생들의 삶에 상당한 영향을 끼친 잡지였다는 사실을 말해준다. 특히 여학생문학상과 수기공모 등 독자들의 글쓰기 참여를 통해서 잡지의 담론은 여학생들의 실제 삶으로 자연스럽게 전파될 수 있었다. 신체규율뿐만이 아니라 감정교육담론들이 생산·소비되고 다시 장으로 피드백되는 일종의 감정아비투스를 형성하는 과정을 보여주는 잡지였다.

먼저 창간호 특집은 이 잡지의 성격을 분명하게 드러내고 있어서 주목할 필요가 있다.

〈표 5-1〉 『여학생』 창간호(1965.2) 특집

| |
|---|
| 특집: 한국의 소녀상 |
| 예찬: 소녀! 그이름은 신비의 계곡/오화섭 |
| 반론: 「잔다크」는 있어도 소녀상은 없다/김진만 |
| 사관: 역사를 통해본 한국의 소녀상/조풍연 |
| 희망: 내가 바라는 소녀상/이하윤 |
| 제삼의 견해: 내가 본 소녀상/리처드 러트 |

〈표 5-2〉『여학생』 특집 주제 분류(1960년대)

1. 이상적 소녀상의 재구성(한국의 소녀상, 소녀상 재발견, 자기발견, 이상적인 여성 등)

   1965.12: 한국의 소녀상
   1966.02: 자기발견
   1966.03: 정(精)분석
   1967.02: 10대 소녀의 철저적 연구
   1967.03: 소녀상 재발견
   1967.05: 우리들의 이상적인 여성
   1967.06: 가정사정 — 소녀들의 반가정심리에 대한 엘리뜨들의 카르테
   1967.07: 여학생을 위한 아름다운 고발 팔음계
   1967.08: 특별기획
   1967.12: 십대 위에 우는 사랑의 종소리
   1968.05: 모성애의 참모습
   1969.02: 딸 — 이브의 집단 그 공화국을 위한 지상 세미나아
   1969.09: 십대 경영학 여학생의 이십사시간
   1969.12: 소녀상의 광장 — 조용한 열정의 노래
   1970.02: 십대의 개성
   1970.03: 제복의 소녀를 보는 수필적인 찬미
   1970.05: 우리들의 삼중주
   1970.06: 그 꽃과 나의 추억
   1970.08: 여학생의 가출

2. 십대, 사춘기 특성의 과학적 설명(이성교제, 호르몬 변화, 신체 변화, 건강, 심리 등)

   1966.01: 사춘기
   1966.10: 십대의 한계
   1967.11: 일선교사의 관측과 교단에 온 위기
   1968.02: 십대의 의학
   1968.07: 십대의 지대
   1968.08: 소녀시대 — 16세, 그 모순투성이의 풍차
   1969.02 준특집: 그날 — 정기예방손님 연구
   1969.03: 학교의학에 대한 제언 — 순결교육 지침서와 학교당국의 이런 인식은 어떨까?
   1969.08: 십대, 그 개화를 위한 취주악

3. 연애, 이성교제

   1966.04: 〈주우니어카르테〉 방황하는 심혼 — 소설적인 어드바이스
   1966.07: 창을 열고 밝게 — 이성교제 그 그림자에 잠긴 문제점

1966.09: 애정과 이성―어느 소녀의 단발비곡

1966.11: 아름다운 청춘을 위하여

1970.12: 10대와 이성교제

4. 일상과 감정교육(계절감상, 여름방학, 성탄절, 생활계획, 취미, 문학 등)

1966.06: 유혹 계절 〈프로울로그〉

1966.08: 풍선기―여학생의 욕망카르테

1966.12: 죽음을 생각하는 마음―10대의 자살

1967.04: 호기심과 설레이는 계절

1968.04: 내가 당한 사월 바보 / 만우절여화

1968.06: 바람에 바람에 청산별곡

1968.09: 여름방학

1968.12: 십대를 치루는 성야(聖夜)

1969.05: 틴에이저문화

1969.11: 십대의 계절풍

1970.07: 건전한 미녀로 한여름을

1970.11: 예뻐지는 가을의 건강과 미용

5. 바람직한 인생관과 롤모델(주니어 인생론, 이상적 인물 등)

1966.05: 남을 알고 나를 아는―세계학생들의 생활과 인생관

1967.09: 나를 사로잡은 일인의 이상상

1967.10: 비정의 선고에 거역한 위인소전―열등감은 삶의 부등식을 푼다

1968.03: 주우니어를 위한 인생론

1968.11: 조그만 인생론

1969.01: 바람직한 세대에 대한 제언

1969.04: 불가사의 십장―사춘기군 해학에세이

1969.06: 나의 개안! 살아가는 의미

1969.07: 나를 키워준 한사람의 이상상―문학과 영화속의 주인공의 지혜와 용기에서

1969.10: 문예적인 너무나 문예적인―내 가슴에 살아남은 명작

1970.01: 우리들의 정신적인 좌표―지상인물심포지움

1970.09: 세계의 주니어들

6. 진학과 학업(대학입시, 신학기 생활, 직업선택 등)

1967.01 영광의 아침을 향하여

1968.01: 10대의 우리 모두 웃는 해를 위한 5장―새로운 학원풍토진작모색

1968.10: 신학기의 학원생활 건강한 신체에 건전한 사색을 위해

1970.04: 여학생이 열수 있는 가능의 세계

1970.10: 여학생과 직업선택

창간호는 이상적 소녀상을 특집으로 하고, 표지 역시 독서하는 소녀상을 선택하여 이상적 소녀의 이미지로 삼고 있음을 보여준다. 이어서 1966년 1월호 특집이 사춘기, 2월호 특집이 '자기발견'이라는 점은 이 잡지의 방향성을 잘 드러낸다. 이상적 소녀의 이미지를 재구성하기 위해 신체적·감정적 소녀성에 대한 과학적 설명이 이어지고, 그에 대한 실천규율이 자연스럽게 구성된다. 전체적인 주제를 개관해보아도 이상적 소녀상의 재구성과 과학적 설명이 중심을 이루고 있음을 알 수 있다. 롤모델을 제시하는 특집까지 압도적으로 이상적 소녀상의 구성에 초점을 두고 있다. 이성교제와 성, 사랑, 일탈과 불량소녀에 대한 특집기사들이 증가하는 1970년대와 비교해보면, 명확한 차이가 드러난다.

다음으로 이 잡지의 창간 목적이 잘 드러난 1960년대 특집을 중심으로 소녀 개념의 감정 재배치를 살펴보고, 이후 1970년대 강압적 계몽의 시기에 감정을 둘러싼 젠더정치학의 변화를 살펴보기로 하겠다. 소녀성을 규율 관리하고 구성하는 생활표준화의 대상은 신체와 감정으로 나눌 수 있다. 이상적 소녀가 갖추어야 할 감정과, 관리하고 버려야 할 감정이 무엇인지 살펴보고 이러한 감정의 배치가 갖는 사회적 의미를 파악하고자 한다.

4) 감상적 소녀의 재구성: 명랑성, 감상성, 질투, 시기심, 열등감, 부끄러움

이 잡지의 특집에서 두드러지게 드러나는 소녀성의 특성은 센티멘탈리즘으로 명명되는 감상성, 감정과잉이라 볼 수 있다. 소녀의 특징은 사춘기의 호르몬 변화와 더불어 센치해지고 감정적으로 불안정해지는 시기라고 설명한다. 이성적·분석적·과학적 관심이 커가는 소년과

달리 소녀는 음악이나 색채 같은 감각적인 부분에 예민해지며 센티멘탈리즘, 감정 자체의 불안정성을 느끼는 경향이 강하다*는 것이다. "여학생은 지적이기보다 감정적이다. 그러므로 무엇을 생각하기 전에 느낀다. 무엇을 비판하기 전에 직시한다. 그러므로 지적인 면이 약해지는 경향으로 개인적이며 폐쇄적인 생활을 하기가 쉽다"(양병택, 「여학생과 가정」, 1966.2, 73쪽), "사고나 행동은 감동적이다. 논리도 감정의 논리이고 사실적이 아니다. 따라서 비법률적이다. 추상적인 것을 싫어한다. 과학적인 것보다 문학과 예술과 같은 직관적인 것을 좋아한다"(고영복, 「여학생과 사회」, 1966.2, 75쪽) 등등 소녀성을 감정과잉으로 규정하는 글들이 자주 등장한다. 소녀는 센티멘탈리스트이고 센티멘탈리즘이란 "인생의 가치를 정서적으로 판단하는 태도", "부정이 공공연하게 성행하고 부패가 들끓는 세상에서 센티멘탈리스트가 필요하다"(정창범, 「센티멘탈을 비판하다」, 1969.9, 47쪽)는 긍정적인 평가도 이루어진다. 여기서 중요한 부분은 인생을 정서적으로 판단하는 태도라는 진술이다.

감정이 판단의 근거가 된다는 마사 너스바움의 감정론에 연결 지어 생각해보면 소녀성으로 감정이 배치된다는 것만으로 문제 삼을 수는 없다. 감정이 어떤 판단을 포함하는 개인적 기록이고, 또한 혐오나 수치심처럼 법을 구성하는 사회적 판단기준이 된다는 점에서 중요한

---

• 최신해(청량리뇌병원장/수필가), 「여성으로서의 십대의 위치」(『여학생』, 1968.2, 110쪽) 그 외에 조연현, 「문학적으로 본 사춘기의 감정」(『여학생』, 1966.1); 정창범(문학평론가), 「센티멘탈을 비판한다」(『여학생』, 1969.9) 등 다수의 글에서 사춘기의 호르몬 변화와 소녀의 센티멘탈리즘을 연결 지어 설명하고 있다.

여성적 경험과 자산으로 볼 수도 있기 때문이다. 그러나 이 시기 감정의 젠더 배치가 이성과 대비하여 열등한 가치, 배제된 가치가 된다는 점을 주목해야 한다. 또한 1970년대에 접어들면 국민 만들기의 규율이 강화되면서 사회적 수치심의 대상으로 여성이 재구성된다. 이 과정에서 타락한 소녀들에 대한 비난과 수치심의 부여를 통해 소녀의 감정이 열등성으로 강화된다는 점도 중요하다. 1970년대 특집에서는 가출소녀에 대한 계몽과 성적 타락에 대한 비난의 글이 급증하게 된다. 이 불량소녀들은 성적 타락으로 사회적 수치심의 대상이 됨과 동시에 감정적이고 즉흥적인 성격 때문에 처벌된다.

특집 내용을 분석한 결과, 1960년대와 1970년대의 감정 요소가 달라짐을 알 수 있었다. 1960년대는 이상적인 소녀상을 구성하는 데 집중되어 있다. 감정은 명랑성, 부끄러움(수줍음), 허영심(사치), 열등감(질투) 등으로 드러난다. 그중에서 가장 두드러지는 감정적 특성으로 '명랑성'을 들 수 있다. 이상적인 소녀의 성격은 명랑함이다. 집안의 꽃으로 항상 가정을 밝게 빛나게 하는 소녀가 이상적인 소녀상이다. 부정적 성격으로는 지나친 허영심, 열등감(질투심) 등이 주로 등장한다. 명랑소설, 순정소설이 『여학생』의 대표적인 장르소설이라는 점도 이러한 명랑한 소녀성과 관련 있어 보인다.

민희식(성균관대 불문과 교수)은 「명랑성/사철나무와 같은 생리」(1967.7)에서 소녀의 명랑성을 다음과 같이 정의한다.

소녀들의 명랑한 기질의 가장 큰 특징은 자발성에 있다. 이것은 소녀의 감정의 비약, 호기심, 독창성에서 쉽게 볼 수 있는 아주 자연스럽고 순진한 감정이다. 소녀의 귀여운 점이 바로 이러한 명랑성에 있는데 이러한 자연스러운 감정은 자칫하면 경솔하게 느껴지기가 쉽다. 어른들은 흔히 이러한 감정을 밖에 나타내는 것을 좋아하지 않고 이것을 억누르는 것을 극기라고 부르고 찬양하기도 한다. 허나 자발적인 태도는 생생한 정신의 약동이며 또한 자기에 대해서 자신만만한 태도이다. 이 자발성은 억압당하거나 어떤 집념에 사로잡히면 신경증 때문에 사라지고 소녀는 비뚤어지거나 매우 우울해진다. 〈상드〉의 《어린 파데트》란 작품 속에 자발적 기질을 가진 소녀 파데트가 주위 사람들의 박해로 인해 호기심이 고독을 찾고 우울해지는 과정을 그려내고 있다. (104쪽)

명랑성은 예비주부로서 가정의 분위기를 밝게 만드는 딸의 역할에 필요한 감정이다.[19] "딸은 집안의 산 화초"이고, "어머니를 도와 살림을 거들고 집안 구석구석에 여성의 손길을 뻗침으로써 전체의 분위기를 부드럽고 화사하게 해주는 딸"[20]이어야 하기 때문이다. 명랑함은 사회적 이데올로기와도 연관되어 있는데, 박정희 근대화프로젝트의 '명랑'*은 사회개조의 키워드였다. 이러한 명랑함의 감정을 맡는 일은 소녀의 역할이었다. 1970년대 명랑소설이나 하이틴 영화에 등장하는 남학생의 성격을 보면 명랑은 소년의 성격으로도 제시되는 것으로 보인다. 그러나 소년의 명랑성이 성장서사와 연결된 도구적 가치인 반

---

• 박정희 대통령은 1966년 1월 연두교서에서 국민들에게 밝고 명랑한 사회 분위기를 만들고 생산에 기여하는 인간을 개발해 '조국근대화'를 달성해야 한다며 1970년대 후반에 도래할 풍요로운 '대량 소비 시대'를 약속했다(강성규, 「태일과 함께 ② 1966년의 이상한 결심」, 뉴스민, 2019.6.5.).

면, 소녀의 명랑성은 정체성을 구성하는 핵심적 가치로 제시된다. 집안의 꽃이자 기둥으로 명랑성을 유지하는 정서적 역할을 담당해야 하기 때문이다.

그 반면에 부정적 감정으로 지적되는 것은 허영심과 질투심, 열등감이었다. 장경학(동국대 법대 교수)은 「허영심/많은 것을 갖고 싶어하는 마음」(1967.7)에서 "지나친 소유욕이 남성일 경우는 야심, 욕망 등으로 표현되지만 여성일 경우는 허영심으로 바뀌어진다", "그것은 여성의 허영심에는 물질적인 것이 많이 내포되어 있기 때문이다"(96쪽)라고 허영심을 비판한다. 남성의 경우 지나친 소유욕을 자본주의적 성취 욕망과 결부시키지만, 여성의 경우에는 허영심이라는 속물성과 연결 짓는다. 이것은 근대 초기 신여성담론에서부터 꾸준히 이루어진 감정의 정치이기 때문에 새로울 것이 없어 보인다. 그보다는 질투심과 열등감에 대한 새로운 설명들이 눈에 띈다. 박남수는 여성의 질투심을 부정적 요소가 아닌 총명함의 요소로 보고 있다. "적당한 샘과 그것을 무마시키는 〈아량〉이 겸비했을 때 여성은 〈총명〉하게 느껴진다. 총명한 여성은 〈나〉 혼자 고립되지 않고 〈우리〉 상호간의 평화를 창조할 수 있다", "〈샘이 많은〉 일은 여성의 한 특질이기도 하지만, 나에게는 여성의 매력의 하나인 것처럼 느껴지기도 한다. 여성이 너무 대범하고 신경이 굵고 보면 매력이 없다"(98-99쪽).• 이 같은 설명은 여성의 질투심에 대한 기본적인 관점으로 보인다. 중산층을 구성하는 생활표

---

• 박남수(시인), 「질투심/아량이 부족한 가슴」(『여학생』, 1967.7, 98-99쪽), 그 외에 「특집: 질투」(『여학생』, 1972.2)에서는 「질투의 고금」, 「질투심의 아름다운 승화」, 「질투가 많습니까? 성격개조 아이디어」 등의 기사를 싣고 있다.

준화에 동반되는 감정이 질투심이라는 것이다. 다른 집처럼 먹고 살고, 잡지나 텔레비전을 보거나 여가를 즐기고 싶은 욕망, 즉 중산층적 감정인 질투심을 담당하고 적절하게 관리하는 것도 소녀성의 감정으로 배치되어 있음을 알 수 있다. 열등감 역시도 비교의 감정이고 좌절의 감정이다. 미디어의 상업성이 번창하는 시대에 접어들면서 외모나 남자친구, 가난한 가정에 대한 열등감을 호소하는 독자 상담이 자주 등장하는데, 여기에 그 극복방법이 제시되는 방식*으로 여성의 특성이 정착되어간다. 소녀의 정체성이 감정과 연결되고, 그 감정이 잘 관리되어야 한다는 논의들이 소녀성 구성의 핵심 요소라 볼 수 있다. 소녀가 감상병, 우울증에 걸리지 않도록 잘 관리하는 것**이 생활관리를 통한 소녀성 구성의 중요한 요소라는 것이다.

## 5) 불량소녀: 사회적 수치심의 구성

1970년대는 1968년 12월 5일 '국민교육헌장'의 반포와 함께 시작된다.[21] 전면적인 계몽의 시대가 도래했고, 실제 특집의 내용도 청소년의 불온함에 대한 관리와 규율을 특징으로 한다. 1970년대는 타락한 소녀, 즉 불량소녀***와 순결한 소녀를 구성하는 시대로 변화한다. 1970년

---

• 특별기획 「열등감을 극복하는 다섯 가지 힌트」(『여학생』, 1967.8)에는 무다리 등 신체적 열등감, 성적 고민, 남자친구가 없다는 고민, 가난한 가정에 대한 열등감 등에 대한 극복방법이 제시되고 이어서 소녀들의 수기가 연결기사로 등장한다. 「특집: 비정의 선고에 거역한 위인소전—열등감이 삶의 부등식을 푼다」(『여학생』, 1967.10), 「여학생이란 할인받는 지역사회」(『여학생』, 1967.11) 등이 있다.
•• 1976년 11월 특집 '가을의 진통'에 실린 김은우의 「우울증」, 194쪽.
••• 「요 주의! 이런 친구가 불량소녀다」, 『여학생』, 1972.6.

8월 '여학생의 가출' 특집은 이 시대의 지배담론을 잘 보여준다. 이때 처음으로 특집에서 '가출소녀가 늘어간다', '나는 가출소녀였다' 등의 가출 관련 기사를 싣는다. 1972년 4월 특집도 '방황하는 10대의 가출'이었으며, 순결, 수치심, 이성교제 등의 특집기사가 급증한다. 이 시기는 에로티시즘의 상업문화가 지배문화로 등장한다. 농촌에서 상경하는 소녀들과 여공이 급증하는 사회 변화 속에서, 소녀들에 대한 관리와 규율화가 필요해진 것이다. 이런 시기에 두드러지는 감정적 특징이 수치심이라는 점은 매우 중요하다. 에로티시즘의 대상이 된 타락한 소녀에 대한 사회적 수치심의 형성, 즉 일정한 대상에 대한 혐오의 방식으로 단일성 주체의 국민 만들기가 진행되는 과정을 살펴볼 수 있다.

1974년 12월 특집은 〈수치심을 극복하자〉다. 이 특집에 실린 의학박사 곽동일의 글 「사춘기 소녀의 수치심」의 한 대목을 살펴보자.

청소년기에 접어들면 누구나 나를 찾기 위해서 몸부림친다. 남이 나를 어떻게 생각할까, 남의 눈에 내가 어떻게 보일까, 도대체 「나」 자신은 무엇인가 하면서 「나」의 존재의미를 찾는 위기를 경험한다. 그래서 이 청소년기를 어떻게 원만하게 극복하느냐에 따라 건전한 주체의식이 형성되고 건강한 어른이 되는 것이다. 이러한 주체의식의 형성과정에서 여러 가지 수치심이 생길 수 있겠다. (…) 자위행위가 수치심을 낳기도 하는데 이 시기의 남녀는 자위행위를 하는 것이 정상이라는 것을 모르고 있을 경우 흔히 그러한 행위는 신체나 정신 면에 해를 줄 것이라고 상상해서 나쁜 것, 죄스러운 것, 또는 부끄러운 것이라고 생각하기 쉽다. 특히 소녀들은 소년들과 달리 월경을 하기 때문에 월경 전에 여성의 역할과 성에 대한 예비지식이 없으면 갑자기

월경을 하여 심한 두려움과 창피를 느끼기도 하고, 좀 늦어지면 있을 것이 없다는 생각에서 수치심이 생기기도 한다. (111쪽)

이 글에 나타나 있는 수치심은 성적인 것, 특히 소녀들의 월경과 관련되어 있다. 피 흘리는 여성의 몸이 수치심의 대상이 되는 것이다. 월경을 하는 일이 '두려움과 창피'함의 감정에 연결되고, 늦어지면 '수치심'이 생긴다는 대목은 월경을 수치심으로 구성하는 방식이다. 문학평론가 강인숙은 「심리적으로 보는 수줍음」(1974.3)에서 "성을 불결한 것으로 보는 선입관을 가지고 성적인 갈망이 커가는 자기의 내면을 바라볼 때 인간은 부끄러움을 느끼지 않을 수 없"(122쪽)으며, 소녀들은 자신의 불완전함에 부끄러움을 느끼는데, 특히 이상주의자인 소녀들은 자신의 신체, 재능 부족 등에 열등의식을 느끼고 부끄러움을 느낀다 (123쪽)고 설명한다.

이러한 성적인 수치심을 불러일으키는 대상이 가출한 불량소녀들이다. 가출은 모든 범죄의 근본이며, 봄이 오면 십대의 가출은 연례행사가 되는데 이들이 성적으로 타락한 소녀가 되는 것이다. 강압적 교육으로 일관하는 학교가 싫고, 지나친 노파심으로 인한 간섭이나 무관심한 방임으로 대하는 부모가 역겨워서 가출하지만,* 결국 성적으로 타락하고 불량한 소녀가 된다. 여름방학, 바캉스 관련 특집들도 불안한 충동을 잘 관리하지 못하면 순결을 잃고 타락한 존재가 된다**는

---

- 「계절이 몰고 온 십대의 가출」, 『여학생』, 1974.5, 136~137쪽.
- 1977년 7월 특집 '사건, 사건! 여름을 주의하자', 1976년 7월 특집 '이성교제' 등이 있다.

계몽적 기사가 다수다. 사건여학생, 독자수기 등 시리즈코너를 통해 순결을 잃고 타락한 소녀들의 사례를 끊임없이 재생산한다. 이러한 타락에 대한 공포가 심리적 수치심으로 각인되는 효과를 낳았을 것으로 생각된다.

1970년대에 부각된 불량소녀담론과 수치심은 당시의 통제적인 국민 만들기와 관련 있어 보인다. 노동력으로 과잉 구성되는 남성주체가 기계신체에 대한 상상력으로 전개되는 반면, 감정과 피 흘리는 동물적 육체를 지닌 여성성은 수치심의 대상이 된 것으로 볼 수 있다. 이러한 인간적 감정과 육체가 수치심으로 재구성되는 과정이 1970년대 소녀성의 구성에 관련된다.

1974년 12월 특집 '수치심을 극복하자'에 이어지는 1975년 1월 특집 '주니어에게 주는 나의 제안'은 수치심을 일으키는 타락한 소녀에 대비되는 이상적인 소녀의 특성을 대비시킨다. 이상적인 소녀상의 특징은 침착성과 인내다. 박목월은 「내일을 위한 오늘의 늠름한 인내」 (1975.1)에서 10대 후반기 청소년들이 가져야 할 바람직한 정신자세는 괴로움을 참고 배우며 그것에 감사를 보낼 수 있는 침착성과 인내(98쪽)라고 한다. 맑고 밝은 소녀성을 지키고 인내하면서 건전한 주체의식을 지닌 건강한 어른이 되기 위해서 소녀는 맑고 밝은 몸과 마음을 지키고 키워나가야 한다는 것이다. 그러려면 필요한 것이 순결이고, 순결을 지키지 못한 타락한 소녀에 대한 처벌은 당연한 것이 된다.

1975년 4월 특집 '자극시대'도 흥미롭다. 수치심은 몸과 관련된 감정이다. 윤금초는 「자극시대를 사는 지혜」(1975.4)에서 텔레비전, 영화, 잡지 등 순결지식이 범람하는 가운데 순결에 대한 바른 지식과 잘

못된 지식을 분별할 수 있는 판단력이 있어야 한다고 강조한다. "순결 교육의 목표는 생물학적 교육과 인간학적 교육 두 가지입니다. 그런데 그중 생물학적 교육—좀 더 자세하게 설명하면 인간의 생식계통 구조, 생식계통의 기능, 예컨대 초경, 정액, 성행위, 수정, 임신, 출산 등의 문제라든지 혹은 호르몬의 작용, 유전의 문제, 성의 결정, 또 성병 등의 병리학적인 문제 등에 관해서 학교나 선생님들이 소홀히 하고 있다"(106쪽)라고 생물학적 교육의 부족을 지적한다. 또한 "결혼을 할 때까지는 순결을 지켜야 한다든지 하는 즉 여러분의 주위에 성벽을 둘러치는 교육은 대단히 낡아빠진 도덕 교육밖에 되지 않았습니다"(106쪽)라는 현실적인 진단을 내린다. 그러나 문제는 이러한 객관적 지식에 대한 필요성도 타락한 소녀들에 대한 처벌담론과 이를 입증해주는 수기가 뒤섞이게 되면 담론적 경쟁에서 변화를 이끌기 어렵게 된다.

1973년 5월 특집 '순결'을 살펴보면, 박준희(이화여대 교수)의 「순결은 왜 필요한가」에서 사용되는 단어들이 눈에 띈다. "순결이란 성의 관련된 부분을 중심으로 그 고고하고 깨끗하고 건강하고 위생적이고 사람으로서의 부끄러움과 께름찍함과 죄악감이 생기지 않게 하는 일을 말한다"(133쪽). 고고하고 깨끗함과 대비되는 '부끄러움과 께름찍함과 죄악감'의 대비다. 전찬화(이화여대 교수)의 「한국청소년의 순결관」은 이를 통계로 입증한 글로, 청소년 대상의 조사에서 응답자의 90%가 순결이 필요하다고 답했다는 결과를 보여준다. 순결을 지켜야 하는 이유로는 절대적인 필요와 공리적인 필요가 반반 정도이고 여자에게 순결성이 더 요구된다는 결과도 제시한다. 여기에 우리 조상들은 순결을 결혼생활과 가정생활의 행복을 보장해주는 필수조건으로 삼고 살았으며, 순결이 가져다주는 첫 번째 이득은 양심의 가책에서 벗어나게 해주는 것이라는 설명이 이어진다. 또한 성 도의의 문란은 사회를 어지럽게 만들 뿐만 아니라 사생아를 많이 낳게 하여 국가적인 시책에도 커다란 지장을 가져오게 한다(136쪽)는 주장도 덧붙인다.

마사 너스바움은 수치심이 완전한 신체, 완전한 통제력을 지니려는 원초적 욕구에 기인하기 때문에 다른 사람에 대한 폄하와 어떤 형태의 공격성과 연결될 가능성이 있다고 지적한 바 있다. 인간의 근본적인 불완전성을 부정하고 완벽한 자아를 상상하기 위해서는 폭력적인 형태로 타인에게 불완전성을 투사하는 경향이 있다는 것이다. 이러한 폭력적 혐오방식이 사회적 수치심의 대상을 구성한다. 예를 들어, 제1차 세계대전 후 독일남성이 겪은 수치심은 강철 같은 남성상을 요구하게 되었고, 이를 구성하기 위해 타자로서의 여성은 허약한 인간의 감정과 신체를 지닌 수치스럽고 혐오스러운 존재가 되었다. 공산주의자, 유대인, 빈민 등도 혐오스러운 존재가 되었는데, 이들은 사회에 위협이 되는 집단으로 증오스러운 여성성이 확장된 것으로 인식되었다고 설명한다.°

이러한 설명은 1970년대 국민 만들기에서 진행된 남성성과 여성성의 재구성에 대해 분석하는 데도 유용하다. 1970년대 남성성은 100% 노동력으로 기능하는 생산성담론의 주체가 되어야 했다. 이를 위해 남

---

• 마사 너스바움은 혐오는 동물적 취약성과 수치심의 경험과 밀접하게 연관되어 있어서 남성이 강철과 금속의 이미지에 강박적일 정도로 집착을 보이는 것은 인간의 유한성에 대한 혐오를 반영하는 특성이라고 설명했다(마사 너스바움, 『혐오와 수치심』, 민음사, 2015, 205, 378-384쪽).

성성을 구성하는 과정에서 기계신체를 선망하고 기계신체에 대한 상상적 통일성을 위협하는 요소들은 모두 혐오하고 제거해야 한다. 로봇 태권V를 꿈꾸며 인공의 국민적 신체로 성장하는 소녀과 달리 인간의 취약성을 드러내는 특징들은 여성성으로 구성된다. 특히 소녀는 이러한 젠더기획의 핵심 개념이라 할 수 있다.

사춘기 감정관리(센티멘탈리즘)와 신체관리(생리혈, 성교를 통한 오염 등은 모두 통일성을 위협하는 위험한 요소가 된다)에 대한 과학적 설명들이 등장하면서 감정적이고 불완전한 신체가 소녀의 특징이 된다. 순결교육이 강화되는 것도 이 시기다. 순결은 1960년대 기사에서도 등장하지만, 청소년 교육으로 제도화되어 이성교제, 수치심 등과 연결된 담론으로 형성된 것은 1970년대다. 특집에서 이성교제, 수치심 등이 증가하는 현상과 함께 1970년대 특집에서는 수기가 자주 등장한다. 이는 불량소녀들의 수기나 르뽀와 연결되어 처벌담론을 형성하게 된다. 순결교육 강화를 위해서 1977년 11월 사임당교육원을 개원하고, 1978년 3월 13일 제1기 교육을 시작하여 5박 6일간 고등학교 2학년 여학생들의 합숙교육이 실시되기도 한다. 기계적 남성성을 구성하기 위해 버려야 할 인간적 특성들을 부여하고, 이를 관리하는 다양한 담론들이 '소녀'의 개념을 중심으로 전개되었음을 발견할 수 있다.

## 6) 박정희 근대화프로젝트의 국민 만들기와 소녀성

1960-70년대 『여학생』특집을 분석해보면, 이 잡지에서 두드러지는 소녀성의 특성은 감상적 소녀라는 용어로 소녀의 핵심적 정체성을 감정으로 구성한다는 사실을 알 수 있었다. 이상적 소녀의 성격이 명랑

성이라면, 감상적 소녀는 미숙함의 표지가 된다. 미숙함은 센티멘탈리즘으로 명명되는 감상성, 감정과잉이라 볼 수 있다. 이러한 소녀의 감정은 과학적 담론, 주로 사춘기 호르몬 담론을 통해 소녀성으로 자연화되는 한편, 규율 관리해야 하는 대상이 된다. 감정관리 역시도 신체와 결부된 개념으로 설명되고 전개된다는 사실은 이 시기 의학, 과학 지식의 대중화와 과학적이라면 모두 옳다는 신념이 전제되었기 때문에 가능했다. 특히 신체적 순결과 감정적 수치심의 연결은 신체적 불완전성이나 오염에 대한 공포 등을 매개로 자연스럽게 연결된다는 점이 눈에 띈다. 앞서 언급한 것처럼 푸코는 근대 기술에서 바이오권력이 신체에 각인되기 위해서는 첫째 규제의 척도, 둘째 규제의 객체, 셋째 규제의 양상이 매우 세밀한 망을 형성하여 권력을 형성한다고 지적한 바 있다. 이 잡지의 특집에 나타난 소녀의 감정에 대한 세분화된 분석과 관리규율은, 이러한 푸코의 분석에서 보아도 규제의 대상과 척도, 양상이 매우 세밀하게 전개되었음을 보여준다.

1960년대가 명랑사회의 표상으로 명랑한 소녀를 이상적 소녀상으로 재구성하는 시기였다면, 1970년대는 강압적 계몽과 규율화가 진행된 시기라 볼 수 있다. 이 시기에 나타난 소녀성의 특징은 수치심으로 구성되어 있다. 이 수치심은 순결을 지키지 못한 타락한 신체, 오염된 신체에 대한 부정적 감정으로 구성된다. 이는 1970년대 성애화된 여성신체에 대한 처벌과 연결된다는 점에서 여성 신체에 대한 사회적 수치심으로 이어진다. 여성의 타락한 신체, 오염된 신체에 대한 사회적 수치심의 구성은 이 시기 남성성의 구성과 관련지어 설명할 수 있을 것이다.

식민지 시기와 전쟁을 겪으면서 훼손된 남성성을 급속하게 생산성을 위한 노동력 주체로 만들려면 자신의 나약함을 타자에게 투사하고 혐오하는 방식을 통해 남성성을 재구성해야 한다. 이때 과잉 상상되는 노동력신체(기계신체)를 위해서 버려지는 허약한 신체, 불완전하고 오염된 신체는 여성성으로 구성되고 버려진다. 이러한 버려진 인간성에 대한 공포와 불안을 잠재우는 데 필요한 것이 사회적 수치심의 구성과 그 수치심을 자신의 정체성으로 보여주는 타자의 존재다. 그러한 사회적 수치심을 구성하는 과정이 가출한 불량소녀에 대한 처벌담론을 통해 이루어지고 있음을 알 수 있다.

부록:『여학생』 특집 목록(1965.창간호-1980.12)

| | |
|---|---|
| 1965.12 | 특집: 한국의 소녀상<br>　예찬: 소녀! 그이름은 신비의 계곡/오화섭 = 70<br>　반론:「잔다크」는 있어도 소녀상은 없다/김진만 = 74<br>　사관: 역사를 통해본 한국의 소녀상/조풍연 = 78<br>　희망: 내가 바라는 소녀상/이하윤 = 82<br>　제삼의 견해: 내가 본 소녀상/리처드 러트 = 86 |
| 1966.01 | 특집: 사춘기<br>　의학적으로 본 사춘기의 생리/김사달 = 68<br>　문학적으로 본 사춘기의 감정/조연현 = 74<br>　사회적으로 본 사춘기의 이성교제/정병조 = 78<br>　론리적으로 본 사춘기의 부래상/나영균 = 82<br>　심리적으로 본 사춘기의 만등/애신해 = 85 |
| 1966.02 | 특집: 자기발견<br>　여학생과 사랑/신지식 = 64<br>　여학생과 가정/양병탁 = 70<br>　여학생과 사회/고영복 = 74<br>　여학생과 국가/이군철 = 78<br>　여학생과 세계/고범서 = 82<br>　여학생과 우주/정종 = 86 |
| 1966.03 | 특집: 정분석<br>　태동하는 지열(이성간)/홍사중 = 96<br>　잔잔한 강류(자매간)/이동주 = 100<br>　구름의 향수(남매간)/박목월 = 104<br>　하늘끝과 수평선(모녀간)/박남수 = 108<br>　태양과 나무의 합창(부녀간)/최명관 = 112<br>　꽃과 별의 대화(사제간)/정한모 = 116 |
| 1966.04 | 특집: 주우니어카르테: 방황하는 심혼: 소설적인 어드바이스<br>　처자있는 스승과의 연애/김동리 = 94<br>　두 사람의 보이프렌드/이순녀 = 100<br>　손 아래 남학생과의 키스/전병순 = 106<br>　사랑을 주저케하는 과법/최미나 = 110<br>　아빠만이 절대의 남성/이석봉 = 114 |
| 1966.05 | 특집: 남을 알고 나를 아는: 세계학생들의 생활과 인생관<br>　영국/박기반 = 104<br>　미국/나영균 = 108 |

| 1971.08 | 흉가의 소리/최수원 = 208<br>야간운행/유광우 = 214 |
|---|---|
| 1971.09 | 특집: 딸이좋아, 딸과가정<br>　현대가정의 딸은 꽃이냐 기둥이냐/이동원 = 90<br>　딸이없어 쓸쓸한 어버지의 수기/김동원 = 96<br>　딸만있어 쓸쓸한 어머니의 수기/권오숙 = 102 |
| 1971.10 | 특집: 후유증 없는 여름마무리<br>　휴가에서 돌아온 영에게/이군철 = 142<br>　환절기의 건강대책/김주성 = 148<br>　가을처럼 신선한 피부/오성례 = 154 |
| 1971.11 | 특집: 여학생과 우정<br>　사춘기의 우정이란/박현숙 = 114<br>　여자의 우정은 영원한가/전찬화 = 120<br>　남녀간의 우정은 가능한가/정공변 = 126 |
| 1971.12 | 특집: 분별과 지조와 정서의 10대<br>　분별있는 사랑·분별없는 사랑/김광문 = 100<br>　사랑할 줄 아는 여자가 되라/이영도 = 104 |
| 1972.01 | 특집: 새해를 새로운 각오와 설계로<br>　여자의 꿈을 살리는 길/정연희 = 100<br>　훌륭한 안내자를 사귀는길/정종 = 104<br>　건강한 심신의 건강관리/김유하 = 108<br>　환경을 깨끗하고 규모있게/이신자 = 112 |
| 1972.02 | 특집: 질투<br>　질투의 고금/박치원 = 88<br>　질투심의 아름다운 승화/박준희 = 94<br>　질투가 많습니까? 성격개조 아이디어/이선일 = 100<br>종합취재: 알바이트 여고생/편집부 = 116 |
| 1972.03 | 특집: 새학년, 어떻게 보낼 것인가 = 105<br>　공부 잘하는 학생이 되려면<br>　좋은 친구를 사귀기 위한 테크닉백과<br>　정서적인 소녀가 되려면<br>　클럽활동을 통해 자기개발을 |
| 1972.04 | 특집: 방황하는 10대의 가출/정양준 기자 = 96<br>　① 단절의 시대, 무엇이 불만인가<br>　② 왜 그들은 가출하는가?<br>　③ 지금 그들은 어디에 있는가?<br>　④ 그 예방과 대책 |

| | |
|---|---|
| 1975.04 | 자극시대를 사는 지혜/윤금초 = 102 |
| 1975.05 | 특집 없음 |
| 1975.06 | 특집 없음 |
| 1975.07 | 특집: 십대의 희망수기<br>무지개빛 사연들/송재선 = 92<br>눈보라 속의 미소/유인혜 = 96<br>나의 조국, 나의 사랑/황우행 = 100 |
| 1975.08 | 특집: 여름방학 학습 = 92 |
| 1975.09 | 특집<br>10대의 영웅상: 십대의 영웅상은 어떻게 변했나/박재삼 = 345<br>전파 속에서 자라는 십대의 인간형/최은하 = 350 |
| 1975.10 | 특집: 우정<br>질적으로 증류된 귀한 감정/허영자 = 92<br>향기롭고 아름다운 인간사이의 꽃/문정희 = 96<br>좋은 벗은 발전에의 디딤돌/백상창 = 100 |
| 1975.11 | 특집: 청소년의 가치관 정립을 위해<br>우리는 왜 배워야 하는가/이창우 = 290<br>회의에 대답한다! = 299 |
| 1975.12 | 특집: 75년을 빛낸 주니어들<br>정열을 지닌 폭넓은 대학생활을/이혜선 = 66<br>집념과 의지로 아시아를 제패하기까지/김경숙 = 72<br>컴퓨터도 문제 없어요/이춘덕 = 78<br>피아노 건반 위에 꿈을/민혜성 = 84 |
| 1976.01 | 특집: 이상을 향해 뛰자<br>평범하게 착실하게/조흔파 = 86<br>소녀시절의 이상과 지금의 나/이태영; 서영희; 채리숙; 임국희 = 94 |
| 1976.02 | 특집 없음 |
| 1976.03 | 특집: 믿어주세요, 우리들 세계<br>우리는 십대를 믿는다/박현서 = 85<br>우리는 보호받고 있다/김순길 = 89<br>우리들 세계/김동건 = 93 |
| 1976.04 | 특집 없음 |
| 1976.05 | 특집: 우리들 시대와 효성<br>효도, 그 영예로운 것/조풍연 = 86<br>어머니, 그 순수의 주름살/홍경호 = 92 |

# 6장

# 여성의 교양, 과학화와 쉐임컬쳐: 『여원』

## 1. 테일러주의의 생활화와 감상적 여성성의 열등화: 여류현상문예

### 1) 『여원』, 과학화와 교양의 매개항

『여원』은 1955년 10월 창간되어 1970년 4월 종간될 때까지 십수 년 간 여성독자들의 사랑을 받은 대중 여성잡지다. 식민지 시기부터 다양한 여성잡지들이 발간되긴 했지만, 대중잡지로 자리 잡은 것은 『여원』이 최초였다. 학원사에서 발간하다가 1956년 6월부터 여원사를 설립하여 발간되었으며, 한국 중산층 여성들의 벗이라 불릴 정도로 대중에게 강력한 영향력을 미쳤다.[•]

---

[•] 『여원』(1955.10-1970.4)과 『여상』(1962.11-1967.11, 신태양사 발간. 1968년 2월호까지 발간된 것으로 기록된 자료도 있으나 1967년 11월호까지 구독할 수 있었다)은 1950-60년대의 여성 혹은 여성성을 상징하는 대표적 잡지라 할 수 있다. 전쟁으로 절대성이 흔들리기 시작

창간사에서 밝힌 것처럼 『여원』은 여성의 문화의식을 고양시킨다는 목적 아래 다양한 분야의 지식을 소개했다. 의식주 생활개선, 결혼과 가족계획, 성과 사랑, 건강과 몸, 자녀교육, 알뜰살림의 지혜와 경제지식, 직장과 가정, 문화정보, 세계정보, 다양한 에티켓 등 여성의 삶과 관련된 모든 분야를 망라하고 있다. 『여원』의 특집을 분석한 정영희는 특집 전체 기사 274편을 대상으로 가장 많이 등장한 주제를 사회문제 38.5%(94회), 가정 관련 주제 29.97%(74회), 일상생활문화 29.15%(72회), 기타 2.83%(7)로 분류했다.[1] 사회문제는 여성의 사회참여, 시사, 의식개선 등 여성의 공적 공간에서의 지위를 배치하는 내용이 가장 많고, 가정 관련 주제는 식생활, 가족상, 자녀양육, 가사 등 주로 가정생활의 합리화 관련 내용이 주를 이루었다. 일상생활문화에서는 생활에티켓, 여가, 패션, 주거, 연애·성·결혼 등 다양한 분야를 다루었다.

그간 『여원』에 대한 연구는 여러 방면에서 시도되었지만, 문학과 담론에 대한 본격적인 분석은 한국여성문학학회의 『〈여원〉 연구: 여성·교양·매체』(국학자료원, 2008)가 시작이라고 볼 수 있다. 이 책은 그간 잡지 강독을 함께 해온 연구자들의 13편의 논문으로 엮은 연구서다. 그 연구의 흐름을 살펴보면, 첫째로 1950년대 대중잡지로서 그 이념적 특성을 교양주의에 두고, 제도로서의 주부의 형성, 중산층 중심주의 등의 특성을 분석했다. 다음으로 결혼과 섹슈얼리티 등에 대한 담

---

한 여성성을 재규정하고 급속한 산업화에 적합한 여성상을 담론적으로 구성해내는 데 중심적인 역할을 한 잡지다.

론적 특성을 분석했다. 문학적 분석으로는 여성의 자기서사, 전후 여성문학 장의 형성, 여류현상문예, 연애소설, 박경리 연재소설 등이 이루어졌다. 그 외에 주목되는 연구는 1950-60년대 여성 독자층에 대한 분석이나 문학사회학적 접근, 미국문화의 수용에 관한 논의다.

이 연구들은 이 잡지가 중산층 여성주부의 교양 형성을 그 특징으로 한다는 점에 주목하면서, 1950-60년대의 여성매체를 통해 여성성이 어떻게 구성되는가를 보여주었다. 이념적·내용적 특성을 부각하는 데 중심을 둔 연구들이라 할 수 있다. 따라서 표면에 직접 드러나지 않은, 내적 원리가 구성되는 여성성 간의 담론적 경쟁을 분석하는 데에는 소홀한 감이 있다. 어떠한 여성성이 헤게모니 여성성이 되는지, 어떠한 여성성이 하위위계화되는지에 대한 좀 더 구체적인 성찰이 필요하다. 이를 위해 서구여성과 한국여성의 대비를 통해 여성성의 위계가 만들어지는 과정을 분석하고, 이러한 담론이 여류현상문예의 여성성 형성과 어떠한 관련이 있는지를 살펴보고자 한다.

『여원』은 서구여성을 소개하는 기사를 자주 다루는데, 이를 통해 여성성의 위계를 만들어낸다. 특히 생활의 '과학화'와 '교양'이라는 개념을 중심으로 담론의 위계가 구성된다. 서구주부의 과학적 합리성을 배워 한국주부의 후진성을 극복해야 한다는 논리가 많은 기사를 통해 전파되었고, 이러한 서구선망이 자연스럽게 여성성 간에도 위계를 만들게 된다. 근대화담론은 생활의 개선이라는 선의에도 불구하고 제국주의적 위계담론이라는 점은 간과할 수 없다. 『여원』의 주부담론도 역시 서구여성과 한국여성 간의 위계를 만든다는 문제점을 드러낸다. 특히 과학화나 교양은 근대화프로젝트의 핵심 개념이 되어 이 시기에 급속하게 지배담론으로 떠오른다. 여성의 감성성이나 낭만성은 이러한 지배담론과 경쟁하는 과정에서 밀려나게 된다. 여류현상문예 작품들이 문학사에서 잊힌 원인도 그와 관련 있어 보인다. 과학화와 교양이라는 매개항은 여성의 감성성이나 낭만성보다 이성과 합리성이 평가 우위를 지니는 가치로 자리한다. 여류현상문예 작품들의 경향성과 비교해 보면 이 시기 감성적 여성성의 하위위계화가 어떻게 이루어지는가를 살펴볼 수 있다.

### 2) 여성교양의 함양과 독자문예

시기에 따라 특성이 조금씩 변하기는 하지만,『여원』의 기본적인 구성은 '특집, 화보, 문학, 만화, 생활교양, 해외소개, 문화소식'을 중심으로 이루어져 있다. 이러한 사회적·문화적 내용의 지식정보를 기반으로 여성이 직업적 세계와 연결될 수 있는 주요한 통로가 문학인이 되는 것이었음도 알 수 있다. 1960년대는 여성교육이 대중화되기 시작해 고등학교나 대학교를 졸업한 여성들이 급속하게 증가한 시기다. 그러나 이들이 진출할 수 있는 직업이 거의 드물었으므로, 문인이 되는 것은 이런 여성들의 탈출구가 될 수 있었다. 글쓰기는 주부가 되어도 할 수 있는 그나마 수공업적인 직업이었기 때문이다. 이를 반영하듯 『여원』은 다양한 문학작품을 싣고 있으며, '여원수필', '여원수기', '독자문예', '여류현상문예', '작가 추천 작품', '수기현상모집' 등 문학 글쓰기를 통해 독자 참여를 유도했다. 지금의 여성지와는 다르게『여원』은 독자들의 작품을 싣는 데 상당한 지면을 할애한다. 이는 판매부수를 올리는 전략과도 연결된다. 100호 기념 기사에서도 여성잡지사에서 최초로 100호를 돌파했고 "6만 독자의 지지를 받게 된 것은 무엇보다도 여류문단 독현(讀賢)의 은덕에 있음을 자각하는 바"[2]라고 밝히고 있다. 여류문학을 읽는 독자들이 잡지의 중심 독자임을 밝히는 대목이다. 이러한 정황으로 보아 『여원』은 1960년대 여성작가와 여성독자를 형성하는 데 상당한 기여를 했을 것이라 생각된다. 여류현상문예의 당선작 역시도 이 시기의 여성문학의 여성성 구성이나 장르적 특징을 볼 수 있는 주요한 작품들이다.

문학독자들을 주 독자층으로 삼고 여성들의 다양한 글쓰기를 주도적으로 생산했음에도 불구하고 이 잡지에 실린 신진 문학가들은 대부분 작가로 발돋움하지 못했다. 학생문예임에도 불구하고 『학원』을 통해 등단한 학생문인들이 대거 작가로 성장한 사실과도 대비되는 아이러니한 결과다. 이러한 결과가 의미하는 것은 무엇인가. 아마추어리즘으로만 설명하기 어려운 여성성 혹은 여성 글쓰기에 대한 젠더 정치가 이루어진 것은 아닌지. 이러한 담론적 경합을 살펴보기 위해서는 여류현상문예 당선소설들을 담론적 차원에서 이 잡지의 여성성 재구성 과정으로 이해하고 비교, 검토할 필요가 있다. 먼저 『여원』의 중심담론인 중산층 주부담론과 관련하여 해석한 내용을 간략히 소개한다. 여류현상문예 작품들이 문학작품임에도 불구하고 왜 잡지 내에서 벌어지는 담론 간의 경쟁 안에서 해석하려 하는지를 설명하기 위해서다.

첫째, 『여원』의 담론적 특징은 주부담론을 중심으로 섹슈얼리티, 정치, 경제, 문화, 문학, 세계지식, 생활상식 등 그야말로 '일상생활'의 전 영역에 걸쳐 있다. 그리고 이들을 아우르는 중심 개념이 '교양

과 '과학화'다. 교양은 현대적 여성이 갖추어야 할 가장 중요한 소양<sup>•</sup>
이고, 그러한 교양을 생활에서 실천하는 방법이 과학화라 볼 수 있다.
김익달의 창간사(1955.10)에서도 여성들의 '문화의식'이 얕고서는 국
가사회의 번영발달을 바랄 수 없기에 "모든 여성들의 지적 향상을 꾀
함과 아울러 부드럽고 향기로운 정서를 부어드리며, 새로운 시대사조
를 소개"하고자 한다는 여성교양 함양의 목적이 드러나 있다. 여성들
의 문학활동도 이러한 교양의식의 함양과 관련이 있다. 김복순의 연구
에 의하면 교양의 개념은 culture와 Bildung으로 구분되는데, 경작의
뜻을 가지는 컬처는 '완성된 지적 체계의 전수'의 의미를, 형성의 뜻을
가지는 빌둥은 '수양을 쌓아 습득하는 지식'이라는 개념적 차이가 있
다. 전후 여성도 시민으로 편입되어, 시민에게 요구되었던 자질들, 즉
시민교양으로서의 여성교양이 요구되었다. 그러나 남성 지식인들이
여성에게 부여하고자 하는 교양의 성격은 계몽의 대상으로서의 지식
습득, 즉 교양을 규율화 지식으로 한정하고 있었다.[3]

둘째, 실제 십여 년간 발간된 종합지 성격의 월간지이므로, 다양한
층위의 목소리들이 담겨 있다. 이것이 많은 독자층을 수용할 수 있는

---

• 이 잡지에서는 『여원』 창간 1주년 기념 5대 사업으로 기획된 〈현대교양총서〉 시리즈를 발
간했는데, 여성교양이 어떠한 내용으로 구성되었는지 가늠해볼 수 있다. 교양은 여성도 시민이
될 수 있다는 시민적 자질을 형성하는 것으로 『여성과 문학』, 『여성과 취미』, 『여성과 건강』,
『여성과 육아』, 『연애와 결혼』, 『새로운 의식주』, 『여성과 예절』, 『여성과 행복』, 『여성과 경
제』, 『여성과 교육』 시리즈는 잡지 『여원』이 지향하는 교양의 내용을 잘 드러내고 있다(김복순,
「전후 여성 교양의 재배치와 젠더 정치」, 『여원 연구』, 국학자료원, 2008, 32-34쪽). 이하윤,
「현대 여성의 일곱 가지 미덕」(『여원』, 1958.3, 62쪽)에서는 여성이 갖추어야 할 요소로 ① 교
양미(덕성의 함양), ② 건강미, ③ 근로의 정신, ④ 희생적 정신, ⑤ 정상적 사교에의 노력, ⑥
정결과 검소의 미덕, ⑦ 진리 탐구를 들었다.

장점이기도 하다. 『여원』의 담론이 단성적인 지배담론을 구성한다고
는 볼 수 없으나 후반으로 갈수록 주부담론이 지배담론으로 형성되는
흐름을 보이며, 남성성과 대립되는 여성성의 분리도 분명해진다. 전후
전복되고 와해된 젠더의 이분법이 다시 이성적 남성과 감성적·정서적
여성성으로 재구조화되는 특징을 볼 수 있다. 물론 재구조화는 언제나
전복될 수 있는 불온한 요소들을 내포하고 있어서 남성성과 여성성의
봉합은 언제든 다시 터질 수 있는 불안한 상태를 유지한다. 특히 전쟁
체험으로 전복되고 해체된 경험을 한 여성들의 경우 이미 이념적 절대
성은 신뢰를 잃게 되기 때문에 불온성이 잠복해 있다.

셋째, 현상문예 작품들은 장르 해체적 특징을 보이지만, 수기류와
수필, 소설 간의 위계가 점차 분명해진다. 여류현상문예 공모 장르에
서 수필이 1963년에 폐지되고, 1968년에는 시조가 신설된다. 수기류
에 대한 공모도 후기로 갈수록 줄어든다. 수필과 소설의 경계를 넘나
드는 자전적 글쓰기의 경향은 늘 서사적 거리를 확보하지 못했다든가
소설적 구성이 부족하다는 비판을 들어왔다. 현상문예 작품들에 대한
심사위원들의 평가에서도 그러한 비판이 자주 등장한다. 가부장제하
에서 여성들이 자신의 경험을 고백하고 자기를 발견하는 방편으로 선
택하는 전략적 글쓰기라는 가치를 발견"하기 전까지 자기 경험을 반
영하는 여성적 글쓰기의 에세이적 경향은 제대로 평가받지 못했다.

넷째, 여류현상문예 작품들에는 아직 아마추어적인 측면이 있으므
로 본격적인 문학의 성과로 보기 어렵다. 그 때문에 당대의 여성적 글
쓰기 특징으로 일반화할 수 없다. 최정희, 강신재, 박화성, 박경리 등
이 문단의 중심으로 활동하던 시기에 현상문예로 등단하여 활동한 작

가는 전병순, 최미나, 박기원 정도다. 그나마 이들도 대중작가로 알려져 있을 뿐 이 외의 다른 작가들은 문학사에서 사라지고 말았다. 여성독자들을 확대 재생산하는 방편으로 작가 선발제도가 기획되었지만, 아마추어리즘의 한계를 지닐 수밖에 없었을 것으로 생각된다. 그렇다고 해서 이들이 사라진 이유를 아마추어리즘으로만 해석할 수는 없다. 감성적 여성성이라는 일정한 경향성이 이들의 문학을 평가절하하는 이유가 되었기 때문이다.[5] 현상문예 작품의 주제나 글쓰기적 특징들을 문학적 성취와 한계로 해석하기보다는『여원』을 여성담론의 틀 속에서 담론의 한 양상으로 분석하고 그 의미를 해석한다면 여류현상문예의 특성과 운명을 더 잘 이해할 수 있을 것이다. 전쟁으로 모든 것이 전복되고 파괴된 이후 여성성의 재구성 과정에서 어떠한 여성성이 담론의 표층으로 떠올랐다가 침묵되고 억압되는지를 볼 수 있기 때문이다.

### 3) 감상적 낭만성: 여류현상문예에 나타난 여성성[6]

〈그림 6-1〉『여원』창간호(1955.10) 여류문예작품현상모집 공고

『여원』은 1955년 10월 창간호부터 '여류현상문예작품현상모집' 공고를 내고 여성독자의 참여를 독려한다(〈그림 6-1〉).『여원』1956년 1월 여류현상문예 당선작이 발표되었고, 최정희(소설), 서정주(시), 조풍연(수필)의 심사평과 박정자(소설), 박기원(소설), 진소희(수필)의 당선소감이 실려 있다.

1956년 1월 1회를 시작으로 1970년

1월 15회 동안 87편의 당선작(재당선된 2명을 빼면 85명의 당선작가)을 선정했는데, 이러한 『여원』의 등단제도는 당시로서는 획기적인 여성문인의 등용문이었다. 발행인 김익달은 3년 전부터 발행해온『학원』의 경험을 바탕으로 문학을 여성독자들의 호응과 교양 함양의 중요한 전략으로 인식하고, 창간호부터 여류현상문예를 적극적으로 내세웠다.[7] 이 '여류현상문예'는 1950-60년대 여성문학의 새로운 경향성을 볼 수 있는 주요한 연구 대상이다. 불안과 과장된 감성성이 가장 두드러진 특성으로 보이는데, 이러한 특징을 보이는 작품들을 중심으로 줄거리를 살펴보자. 대중적으로 알려진 작품이 아니어서 줄거리를 읽어보는 것만으로도 여류현상문예를 이해하는 데 도움이 된다.

〈표 6-1〉 여류현상문예 작품 줄거리

| 제목 | 줄거리 |
| --- | --- |
| 박기원, 「귀향」 (1956.1) | 주인공 인규의 허무, 불안 의식을 다룬 작품이다. "사상적으로 행동할 수 없는"(258쪽) 자신 때문에 해방 후 일본으로 밀항을 한 인규는 다시 구라파로 떠나려던 상황에서 고국의 전쟁 소식을 듣는다. 얼마 후 선희의 죽음에 대한 소식을 그녀의 동생으로부터 듣게 된다. 그가 조국에 두고 온 여인 선희는 그에게는 "마치 제 혼과 몸의 일부인양, 언제나 제 속에 자리잡고 있는"(260쪽) 존재인데 "조국과 선희에 대한 감정을 똑같이"(260쪽) 마음에 담고 있는 것으로 그려진다. 그런 선희의 죽음으로 인규는 귀향을 하게 된다. 그녀의 일기를 통해 그는 그녀의 삶과 "감정의 세계"를 읽게 되는데, "밀물같이 밀렸다 흐트졌다 하는 이 감정! 발작적으로 허전하고 불안하고 원망스럽고 또 허무하고!"(264쪽)라고 쓰인 그녀의 일기는 그의 감정을 우회적으로 보여주는 것이기도 하다. 그녀의 무덤을 돌아본 후 다시 떠나는 인규의 마음은 "큰 일을 치른 것 같은 홀가분한 마음과 함께 무언지 더했어야 할 것 같은 께름직한 마음이 피곤과 함께 억압"(266쪽)하는 느낌이다. 알 수 없는 불안, 허무, 발작적 감정 등은 이 시기의 여성소설에서 두드러지는 정서로 보인다. |

| | |
|---|---|
| 최예순,<br>「탈각」<br>(1957.1) | 이 소설은 감정의 발견이라 할 만한 주제를 다루었다. 백철은 선후평에서 "주제는 서구의 근세 문학에 흔히 볼 수 있는 것이지만 그것을 전개한 심리수법은 퍽 새롭다"(232쪽)라는 평을 내리고 있다. 주인공 '연이'는 엄격한 집사 아버지 밑에서 교회당에 갇혀 살다시피 성장한 인물이다. "열아홉이라는 나이가 들 때까지 교회당의 높은 천장에서 비치는 고색(古色)보랏빛 그늘에서만 살아온"(229쪽) 연이는 "일년 열두 달 검정 양복밖에 모르는 아버지"(229쪽)의 감시하에서 감정이라는 것을 전혀 모르고 살아왔다. 그녀의 아버지가 그녀에게 지나치리만큼 엄격한 이유는 집을 나간 아내 때문이었다. "금전과 애욕에 눈이 어두워"(232쪽) 집을 나간 아내는 현재는 다방 마담이 되어 남자들 사이를 누비고 있다. 그러던 어느 날 연이에게 사랑의 편지가 도착했고, 그로 인해 연이는 새로운 감정에 눈 뜨게 된다.<br>"이 세상에는 제가 모르는 곳에 더 뜨거운 것이 숨을 쉬고 있는 것 같애요."<br>"게 뭐냐" "저도 몰라요. 아버지는 저에게 그런 것을 가르쳐 주지 않으셨어요."<br>"너는 하느님의 딸이 아니냐." "아녜요. 사람의 딸입니다"(238쪽).<br>'더 뜨거운 것'이라고 표현되는 사람의 딸로서 가지는 감정을 발견한 그녀는 결국 아버지의 집을 떠난다. 그녀의 어머니가 그랬던 것처럼. 이 작품에서 강조된 감정의 발견은 이 시기 여성 작가들의 주된 관심으로 드러난다. |
| 최미나<br>「등반」<br>(1958.1) | 미술학도였던 장산주는 지금은 상업그림으로 근근이 살아가는 청상과부다. 남편은 급성 복막염으로 죽고 유복자 아들을 데리고 살아간다. 그녀에게 첫사랑 영진이 유학에서 돌아오고 그녀를 돌봐주려 하지만 그녀는 그의 얼굴 표정에 순간 드러나는 주름을 잊을 수가 없다. 그를 피해 이사를 하고 외로운 마음에 댄스홀을 다니게 된 산주는 어느날 남자와 호텔에 가게 되지만 임검이라는 소리에 놀라 도망치는 남자를 보며 자신의 삶을 깨닫게 된다. 이 작품은 심사위원들로부터 문장이 정확하고 스토리의 구성이 소설적이라는 평을 받았다(260쪽). |
| 전병순,<br>「뉘누리」<br>(1960.1) | 간첩 소재 소설로 월북한 남편이 돌아와 불안한 상황에 처한 여성의 갈등을 그렸다. 간첩이 잡혔다는 뉴스 보도와 돌아오지 않는 남편을 기다리는 '혜숙'의 불안한 상태로 결말을 맺고 있다. 심사위원들은 결론이 미약하다고 지적했지만 당시의 정황을 잘 말해주는 결말이라 생각된다. "…나까지 무서운 범죄의 길로 끌어넣으려는 심산이었을까… 그러나 다음 순간 고개를 돌려 애들의 잠얼굴을 내려다보는 남편의 짝얼굴에서 혜숙은 그 눈 가장자리에 깊이 주름 잡힌 표정을 보았다. 그것은 고독한 사람의 괴로움 같은 것!"(354쪽)이라는 대목에서 연민과 생활의 안정 욕구 사이에서 흔들리는 마음을 보여준다. 부역 혐의로 몰리자 얼결에 인민군을 따라 월북한 남편이 8년 만에 간첩으로 찾아오면서 사건은 시작된다. 아이들과 자신을 보호해야 한다는 마음과 |

| | |
|---|---|
| 전병순,<br>「뉘누리」<br>(1960.1) | 아직도 간직하고 있는 남편의 '라이터'처럼 그녀의 마음에 남아 있는 애틋함 사이에서 주인공은 어느 쪽도 결정을 내릴 수 없는 상황에 처해 있다. |
| 장예종,<br>「불안」<br>(1961.1) | 임신 3개월의 주인공 '영'은 안정된 주부처럼 보이지만 불안한 잠재의식을 지니고 있다. 6·25 전쟁 동안 두 번 겁탈을 당한 그녀는 '죄의식'으로 가슴을 조인다. 의식적으로는 책을 읽고 "맹목적인 순결을 고수해야 한다는 우리의 관습을 가벼운 마음으로 털어버릴 수가 있었다"(356쪽)고 말해보지만 온통 불이 활활 타오르는 이미지의 그림 앞에 멈추어 선다. 그림의 제목 '불안'처럼 그녀의 마음은 불안으로 타들어가고 있다. |
| 홍징자,<br>「총명의 종말」<br>(1961.2) | 파괴적인 열정을 지닌 언니의 삶을 동생의 시선으로 바라본 작품이다. 동생은 상식적인 시선을 지닌 인물이고 언니는 사랑에도 감정에도 솔직하고 충동적인 인물이다. 언니의 삶이 파괴되어가는 과정을 현실적인 감각의 동생의 시선으로 그려내고 있다. |
| 최정숙,<br>「공원근처」<br>(1962.1) | 1인칭 소설로 아직 구성은 어색하지만 '나'의 내면풍경을 탐구하는 새로움이 있다. 주인공이 공원에서 만난 사람들은 물에 빠져 죽으려 했던 소녀와 죽은 애인이 자살한 장소인 공원을 찾아온 남자 등이다. 이들에게 느끼는 묘한 유대감은 허무, 고독, 죽음 충동을 투영한다. '나'(성아)의 상황은 유부남과의 사랑과 이별로 인해 깊은 상처를 받은 상태다. 어두운 밤 공원에서 엄습하는 죽음의 공포에서 주인공은 퍼뜩 삶의 욕망을 향해 뛰어나온다. '타나토스' 죽음의 공포에서 비롯되는 생의 열망을 그려서 "현대적인 감각", "감정의 세계가 넓고 다채로왔다"(235쪽)는 심사평을 받았다. |
| 박해엽,<br>「미소로 끝난<br>대화」<br>(1962.2) | 자궁암인 어머니를 떠나보내는 과정을 그린 작품으로 피빨래 묘사가 실감난다. 유부남과 사랑인지 불륜인지 애매한 관계에서 그녀(혜원)는 수술비를 그에게서 빌리려고 한다. 사랑이 아니라 매춘으로 변해버린 관계를 시니컬하게 바라보게 된 그녀는 호텔을 뛰쳐나와 거의 환각상태에서 교통사고로 죽게 된다. |
| 이난숙,<br>「빙하시대」<br>(1963.1) | 플롯화가 덜 되고 문장도 거칠다는 심사평을 받았다. 월남한 가난한 처녀 가장의 이야기로 당시에는 식상한 소재였던 듯하다. '나'(송윤숙)는 신경통을 앓는 어머니와 상이군인인 남동생을 부양해야 하는 처녀 가장이다. 생활고를 이기지 못해 빠걸급으로 취직하려던 나는 겁탈당할 상황에서 도망쳐 나온다. 집으로 돌아온 나를 기다린 소식은 남동생이 사고로 사람을 죽였다는 어이없는 소식과 어머니의 죽음이다. |

| | |
|---|---|
| 김채숙,<br>「늪 주변」<br>(1964.1) | 독특하게 감정의 세계를 깨달아가는 과정을 보여주는 작품이다. 이국적이고 늦같이 축축한 이미지로 그려진 '석현'은 외국여자와 사는 이국적 이미지의 동경의 대상이다. 주인공 상희는 그를 사랑하게 되고 그와 함께 떠날 것을 결심한다. 그러나 언니의 방해로 오해한 채 헤어지게 된다는 간결한 줄거리다. 작품은 욕망을 이미지하는 데 집중하고 있으며, 어느 정도 성공한 것으로 보인다. |
| 조정연,<br>「닮은 상」<br>(1965.1) | 할머니, 어머니, 나로 이어지는 몸 파는 여자들의 인생을 다룬 소설이다. '나'(이명한)는 아버지를 모르는 출생의 비애를 안고 있는 인물로 전쟁통에 남의 첩살이를 하게 된 엄마의 노력으로 대학생이 된다. 그러나 엄마의 급작스런 죽음 이후 생활고에 내몰린 '나'는 광적인 기분에 휩싸여 몸을 팔게 된다. 자신이 사랑하던 교수와도 잠자리를 하게 된 명한은 엄마의 인생처럼 아버지를 알지 못하는 아이를 임신한 채 거리로 나선다. 여성의 삶이 운명처럼 반복된다는 점을 드러내 주는 장점은 있지만 작품으로는 미숙한 상태다. |
| 박혜숙,<br>「진공지대」<br>(1966.1) | 고3 딸의 시선으로 부모의 갈등과 애증의 관계를 그려낸 작품이다. "부모간의 불화의 원인을 경제적인 면과 성격적인 면 내지 육체적인 면에서 설정한 것은 치밀한 계획"(194쪽)이라는 평가를 받았다. '나'는 '도미노(都美蘆)'라는 튀기 같은 이름을 가지고 있는데, 이 이름은 엄마의 소녀적 취미가 만들어낸 천박한 이름이었다. 불행하게도 이런 이름을 달고 평생 살아가게 된 '나'의 시선으로 그려진 엄마는 사치와 낭비, 자신의 아름다움을 찬양해줄 남자가 필요한 인물이다. 엄마를 창녀시하는 자신에게 몸서리쳐지기도 하지만 엄마는 그런 사실을 전혀 모른다. 언제나 과장된 자기감정에 충실한 그녀는 "감정을 연극배우처럼 겉치레로 풀로 붙인 것처럼 달고만 있어서 조금만 눈여겨보면 그 진의를 대번에 알아낼 수 있었"(201쪽)는데, 마흔세 살의 나이에도 전혀 어른이 되지 못하기 때문이다. 그러나 대학생이 된 나는 어느 날 아버지의 방 앞에서 사랑을 구걸하는 엄마의 모습을 보게 된다. 감정적이고 나약한 엄마와 성적 육체적으로 엄마를 거부하는 아버지의 무언의 학대를 알게 된 순간 '나'는 엄마에게 여자로서의 깊은 연민을 느끼게 된다. 결국 엄마는 자살하게 되고 엄마를 죽이고 싶을 만큼 사랑했다는 아버지의 고백으로 끝을 맺는다. 약간 작위적인 느낌은 있지만 남녀 관계의 이면에 존재하는 성적 갈등을 표면으로 끄집어냈다는 장점이 있다. |
| 이청우,<br>「적설」<br>(1967.1) | "대학생들의 풍속도의 일 단면을 펼쳐 보이면서 그들의 정감, 고민, 애정, 사고 등 여러 면의 감정생활을 엿보게 해주는 작품다운 작품이었다"(307쪽)라는 강신재의 평을 받았다. 곽종원은 "후보에 오른 12편은 대부분이 작자들의 |

| | |
|---|---|
| 이청우, 「적설」 (1967.1) | 경험을 토대로 한 수기 비슷한 인상이 짙었"(308쪽)고 평가하면서 소설적 구성을 요구했다. 플롯화는 심사평에서 자주 등장하는 판단의 기준이었다. 하숙집, 책방, 다방, 출판사, 화랑으로 이어지는 대학생들의 일상적 공간을 배경으로 관념의 세계와 배회하는 삶이 그려지고 있다. "아주 무료할 때 곧잘 찾아가는 정숙의 다락방으로 인도되는 그 층계, 아주 돈이 부족할 때 번역거리를 얻으러 빈번히 드나드는 저 가화출판사의 층계들을 모두 삐걱거리는 소리들을 낸다. 이런 것을 보면 내가 만나는 세계와 일상은 〈삐걱거림〉뿐이다"(318쪽). 삐걱거리는 층계들처럼 '나'(수진)의 삶은 기묘하게 삐걱거리는 상태다. 당시 대학생들의 삶을 반영한다고 볼 수 있다. 나는 심리학과 현기옥교수와 사랑에 빠지지만 유부남이고 교수인 그와의 관계 또한 삐걱거림의 연장이다. 사랑은 소유가 아니라 소통이라는 관념론을 펼치는 교수와 다정한 은사라는 결론을 내리는 이들의 위장된 결론으로 작품을 끝맺고 있다. |
| 이단영, 「세발 자전거」 (1968.1) | 남자 주인공 '나'(하영훈)와 병든 아내 그리고 '옆 동무'라고 서로를 부르는 지아와의 삼각관계를 다룬 소설이다. 소재나 주제는 식상하지만 식욕으로 내적 욕망을 그려내는 현대적인 기법이 돋보인다. "그런 느낌 속에서 갑자기 배가 고팠다. 그러고 보니 어제부터 아무것도 입에 대지 않았던 게 생각이 났다. 식욕이 난다는 가장 원시적인 흐름이 내온 전신을 휘몰 때 내 귓가에는 「올드블랙죠」의 합창 소리가 끝없이 들려 왔다. 그건 보통 때처럼 뒤죽박죽이 된 것이었고, 내 가슴 속에 길길이 흩어지는 음들이었다. 걸음이 빨라졌다. 빨리 시내에 나가자. 그래서 우선 밥 한 그릇을 먹고 천천히 다시 생각해봐야겠다"(236쪽). |
| 김정숙, 「우계」 (1969.1) | 주인공 '나' 신혜빈은 인기 성우지만 파산지경인 지방출판업자의 가난한 맏딸이다. 그녀는 생활을 위해 시도 사랑도 가질 수 없는 우울한 현실에 처해 있다. 그녀는 친구라 말하면서 시인으로 등단한 문(文)을 오랫동안 사랑한다. 그러나 그 역시도 현실적인 선택을 앞두고 있고, 두 사람은 감정을 확인하는 순간 서로의 현실적인 삶으로 이끌려 간다. 줄거리는 상투적이지만 서술 방식의 새로움이 돋보인다. "우리들의 감정을 이렇게 지금 유리컵에 붓고 싶구나. 그래서 그 감정의 농도, 색채, 온도 등의 정확한 실체를 느끼고 싶구나"(150쪽)라는 문의 말처럼 이 소설은 '나'의 내적 감정을 드러내는 데 충실하다. 그와의 이별조차도 사건이기보다는 감정의 흐름으로 다루어진다. "열시 반은 넘어 있었다. 곡예를 하듯이 몸짓들이 내 앞에서, 옆에서, 뒤에서, 옆에서, 앞에서, 뒤에서 흐느적거렸다. 밤차를 타야지. 머리가 어지럽다. 밤차를 타야지"(151쪽). 그녀의 어지럼증과 고향 바닷가로 돌아가고 싶은 욕망이 비 오는 거리에서 어지럽게 흔들리는 서술이 두드러진다. |

| | |
|---|---|
| 이윤희,<br>「낯선 거리」<br>(1969.2) | 생활고로 대학을 중퇴하고 잡지사 기자로 취직한 '나'(경원)의 가난과 불안을 다룬 작품이다. 나는 "날씨가 흐려지면 으레 신경통처럼 와닿는 불안"(338쪽)을 안고 사는 인물이다. 그녀의 불안이 생활고나 실업에 대한 두려움 같은 현실적 고민에서 기인하는 것인지 내면적인 고독에서 비롯되는 것인지 명확하지는 않다. 그러나 "견딜 수 없는 불안의 확산, 내 표정을 받아들인 그의 몸집에서 나는 그것을 감지할 수 있었다"(337쪽)라는 표현처럼 불안이 확산되고 있는 상황임을 짐작할 수 있다. 주인공 '나'는 반강제적으로 출판사를 사직하게 되는데, 형식이 그 자리를 얻기 위해 뛰어가는 환영을 본다. 형식은 자신에게 공부를 포기하지 말라며 취직을 반대했던 인물이며, 그녀가 사랑했던 사람이지만 그 역시 가난한 동류의 인생임을 그녀는 느끼고 있는 것이다. |
| 박진숙,<br>「부재」<br>(1970.1) | "이야기 줄거리라는 것도 별로 없다. 그러나 그 심리적이면서도 감각적인 문장과 능숙한 어휘구사, 관찰력, 훈련된 감수성, 개성적인 표현들만으로도 충분히 독자를 끌고 가서 재미도 준다"(208쪽)라는 평을 받았다.<br>"양장점에 들어가 보고 싶어진 것은 순전히 그 소오파의 탓이었다"(214쪽)라는 소설의 도입부가 신선하다. "고달픔과 더위, 그 답답한 더위, 내가 느끼는 것은 현기가 아니라 더위였고 끈적거리는 땀내로 견딜 수 없어 했다"(218쪽)라는 표현처럼 심리적 정황을 표현하는 서술방식이 현대적인 작품이다. 주인공 '나'(기영)는 가난한 고학생으로 가정교사 겸 가정부로 김 선생 집에서 아르바이트를 하게 된다. 홀아비인 김 선생을 사랑하게 된 그녀는 마음을 접기 위해 고향으로 돌아가지만, 그곳에서 만난 '양장점 마담'을 통해서 자신의 상황을 다시 바라보게 된다. 아직은 미숙한 부분이 있지만 사랑의 갈등과 귀향, 개심 모티프는 신경숙의 「풍금이 있던 자리」를 연상시키는 구조여서 매우 흥미롭다. 주인공이 고향에서 만난 양장점 마담은 일류대학을 나와 독신으로 사는 고독한 인물이다.<br>이 인물의 유폐된 삶과 고독은 '나'로 하여금 다시 생활로 돌아가겠다는 결심을 하게 만든다. 게으르고 늘 소설인가 희곡인가를 끄적거리는 양장점 마담의 삶은 '나'의 도피적인 마음을 되돌리는 계기가 된 것이다. "그렇다 내 휴가는 여기에 없다. 한눈을 팔고 있다 시방 나는. 나의 진정한 휴가는 이 포도나무 아래에, 기숙이의 방안에, 다크그리인의 소오파에 아무 데도 없다. 저 넌더리 나던 생활, 그 생활 속에, 보이지 않는 건강한 시(詩) 속에 나의 휴가는 있었던 것이다"(225쪽)라는 마지막 대목에서 '나'는 생활로 돌아가 다시 싸울 각오를 다진다. |

<그림 6-2> 『여원』 여류현상문예 소설 당선작(30편)의 주제 분포도

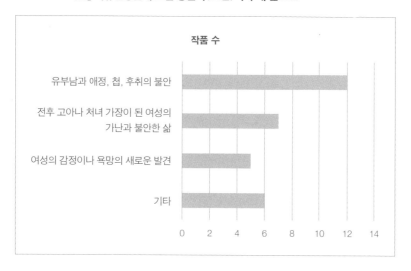

『여원』 여류현상문예 소설 당선작(30편)의 주제 분포(〈그림 6-2〉)를 보면, 유부남과의 애정, 첩, 후취의 불안을 다룬 작품이 12편으로 다수를 차지한다. 다음으로는 전후의 고아나 처녀 가장이 된 여성의 가난과 불안한 삶을 다룬 작품이 7편이다. 여성의 감정이나 욕망의 새로운 발견이라 할 만한 주제를 그린 작품은 5편으로 그 뒤를 잇는다. 전쟁 경험, 전후의 가난 등은 사회적 분위기와 연결되는 주제로 당대의 사회적 배경을 반영하지만, 이 작품들은 정치적 사건이나 민족주의 논의와는 거리가 멀다. 이러한 사회적 소재 역시도 성폭행 혹은 생활고와 같은 여성적 삶과 관련되어 있다. 사회적·정치적 소재들도 여성의 시각이라는 프리즘을 통해 주제화되었다고 볼 수 있다. 중심을 이루는 주제도 결혼과 사랑, 특히 전후의 상황이었던 유부남과의 사랑, 가족 제도의 변화, 생활고로 인한 불안, 매춘 심리 등 성과 사랑, 결혼과 가

족, 생계 등 여성의 직접 경험과 관련을 맺는다. 이러한 다양한 주제를 아우르는 공통의 정서를 꼽는다면 낭만적·감정적 여성성의 발현이라 할 수 있다.

그런 점에서 1회 2석으로 당선된 박기원의 「귀향」은 매우 흥미롭다. 알 수 없는 불안, 허무, 발작적 감정 등으로 설명되는 '그녀'의 "감정 세계"는 이후 현상문예 당선작의 주조를 이룬다.[*] 1957년 1월의 「탈각」도 마찬가지다. 이 작품은 아버지의 감시하에서 교회당에 갇혀 살던 한 소녀가 자신의 새로운 감정에 눈 뜨게 된다는 이야기로, 당시에 심리 수법이 새롭다는 평을 들었다. 여기서 소녀는 "이 세상에 제가 모르는 곳에 더 뜨거운 것이 숨을 쉬고 있는 것 같애요"(238쪽)라며 아버지의 집을 떠난다. 아버지의 집을 떠난다는 행위는 여성들이 보호든 구속이든 지금까지의 가부장적 틀에서 벗어나려 하는 상징적 행위다. 그러나 그들이 처하게 된 상황은 불안이다. 가정적으로도(불륜이나 부부관계의 파탄) 경제적으로도(전후 처녀 가장이 된 그녀들) 심리적으로도 불안한 상황에서 그녀들은 과잉된 감정과 낭만성을 드러낸다. 가난에 내몰려 유부남과 호텔에 들어가게 되는 「등반」의 주인공 '산주'나 파괴적인 열정으로 자신의 삶을 파탄으로 몰아가는 「총명의 종말」의 언니, 유부남과의 사랑 때문에 죽음을 고민하는 「공원 근처」의 '나' 등등 앞에 소개된 작품들 모두 과잉된 감정을 보여준다. 「진공지대」(1966.1)에서 고3 딸의 시선으로 포착된 엄마는 그러한 과잉된 감정이 극대화된

---

• 『여원』 1962년 3월 특집은 '여성의 불안'이다. 불안의 원인으로는 시대적 불안과 여성의 생애주기에 의한 불안으로 나누어 설명하고 있다.

인물이다. 줄거리 소개에서 보았듯이, '엄마'는 "감정을 연극배우처럼 겉치레로 풀로 붙인 것처럼 달고"(201쪽) 산다. 마흔세 살의 나이에도 전혀 어른이 되지 못한 그녀의 상황을 딸이 이해하고 연민을 갖게 되면서 이야기는 끝이 난다.

이러한 감정 과잉이나 낭만성이 여성성의 본래적인 성격인지 아닌지는 논하기 어렵다. 그러나 이분법적인 젠더 규범 속에서 경험된 여성성의 한 부분으로 볼 수 있다. 전후의 불안의식 속에서 여성들은 자기감정이나 욕망을 드러내며 감정적이고 낭만적인 여성성을 분출한다. 당시 비평가들은 전후 자기욕망을 솔직하게 드러낸 여성들을 '아프레걸'이라 지칭했다. 성적 욕망, 돈에 대한 욕망 모두에 솔직했던 전복적 여성들은 1950-60년대 자유부인으로 표상된 나쁜 여자들이었다. 그에 비해 여류현상문예가 분출하는 여성성은 가부장제도로 포획되는 과도기의 여성성이다. 이들은 가부장제의 경계에서 감정적 불안을 겪는 여성성이라 볼 수 있다. 그러나 당대 평론가들의 반응은 냉담했다. 1960년대 여성문학의 붐을 평가한 김우종은 "섹스, 센티멘털리즘, 여류잡지의 부움, 여류들이 둘러 입고 다니는 치맛자락의 위력"(233쪽)이 여성문학 붐의 원인이라고 진단했다. '눈물의 문학'이라 할 만한 얄팍한 센티멘탈리즘[8]이라고 평가한 것이 여성잡지를 통해 등장한 아마추어 작가들을 문학사에서 사라지게 한 주요 원인이라 볼 수 있다. 더욱이 당선작 심사평에서도 감정의 과잉이 심하다거나 소설적 구성이 덜 되었다는 평가가 자주 등장한다.

이러한 감상적 낭만성의 반대축에 존재하는 것이 구미 선진국 여성들의 합리적이고 과학적인 삶이다. 『여원』에서는 초기부터 서구여성들의 생활방식이나 태도를 자주 소개하고 이를 배워야 한다는 글들이 등장한다. 특히 1960년 이후 박정희 정권으로 이양되면서 그러한 흐름이 더 두드러진다. 근대화프로젝트에 박차를 가하면서, 여성들의 근대화 또한 강력한 과제로 떠오른다. 이러한 정책적 변화 속에서 『여원』도 한국여성의 후진성을 본격적으로 지적하기 시작했고, 서구여성의 소개와 서구문화에 대한 선망 또한 담론의 특징으로 나타난다.

### 4) 테일러주의, 기계적 효율성을 적용한 가정생활 규율화

산업혁명 이후 근대 기계산업시대를 이끈 생산공정의 합리화 시스템은 이른바 테일러주의(Taylorism)였다. 1911년 발간된 과학적 관리법이라는 테일러의 분석은 19세기 후반 산업현장에서 노동자의 시간과 동작을 분석해 합리적인 생산효율 방법을 고안해낸 노동생산관리시스템이다. 이 과학적 관리법은 효율적 생산을 위해서 ① 최적화와 계량화, ② 표준화 및 통계, ③ 동기부여의 세 가지 요소를 꼽았다. 생산관리시스템은 불필요한 동작을 없애고 기구를 표준화하며 작업지시서에 의해 업무를 분담하고 성과급을 주어 동기화한다. 이는 산업화의 발전과 함께 공장관리를 넘어서 생활 전반의 원리로 전파되었다.['] 근대화란 과학적 관리법(scientific management)에 따라 생활하는 것이었으며, 과학적으로 생활하는 것이 지혜로운 생활이었다. 이러한 생활표준화는 산업화시대 기술산업사회의 생산모델을 일상으로 재구성하는 과정이었다.

급속한 근대 산업사회로 전환하는 1960-70년대 시기의 여성잡지는 주부 대상 잡지 『여원』뿐만 아니라 대표적인 소녀잡지 『여학생』도 가정생활의 합리화가 주된 담론이었다. 의식주 생활을 수치화하고 표준화하는 것, 그리하여 효율적이고 합리적으로 생활을 관리하는 것이 이 잡지가 추구하는 과학화를 통한 여성교양의 함양이었다. 그리고 잡지가 기획하는 많은 수상제도는 이를 잘 수행하는 알뜰주부를 포상하여 동기부여를 해주는 시스템이었다. '과학화'라는 개념은 바로 테일러주의, 즉 기술산업사회 생산공정시스템의 생활화였다.

1960년 6월 특집 「한국여성의 후진성」(1960.6)에서는 정치적·경제적 무지, 맹신과 미신의 포로, 모방에 급급한 패션, 개선이 시급한 의식주, 성의 방종과 왜곡 등을 한국의 후진성으로 비판했다. 연이어 발표된 정충량의 미국 방문기 「연인 가도를 달리며」(1960.7)에서는 세탁기 등 기계화된 가정생활로 식모 없이도 청결한 생활을 유지하는 미국 여성들의 부지런함을 소개한다. 「세계의 여성편력」 ① 다정스런 애읍의 여인들: 불란서 편'(『여원』, 1960.10), ② '산도 좋고 물도 좋고 아가씨 마음도 고운 스위스'(『여원』, 1960.11), ③ '비율빈편'(『여원』, 1960.12)에서는 선진국 여성들의 장점을 소개했으며, 『여원』 초청으로 1960년 11월 10일 방한한 펄 벅에 대한 소개도 이 시기에 게재되어 있다. 모윤숙의 「펄벅 여사를 맞이하여」(『여원』, 1960.11) 외에도 「펄벅여사의 방한 십일간」(『여원』, 1960.12), 「펄벅의 작가론」, 「펄벅 수행기」, 「펄벅을 만난 사람들의 이야기」(『여원』, 1961.1) 등이 실렸다. 1960년 4·19혁명 이후 근대화프로젝트에 박차를 가하면서 서구 선진국 여성과의 비교 기사가 자주 등장하기 시작하고, 박정희정부의 근대화프로젝트와 함께 선진국 여성들의 과학화된 삶에 대한 소개와 선망은 『여원』 담론의 주류를 이룬다.

〈그림 6-3〉 『여원』(1961.1), 「특집: 계획생활 1961년부터」

　『여원』은 1961년 1월호 '특집'으로 계획적 생활에 대한 주제를 내걸었다. 「특집: 계획생활 1961년부터」라는 제목으로 생활혁명을 어떻게 계획하고 실천할 것인가에 대한 자세한 설명이 실렸다(〈그림 6-3〉).

　"과학시대라는 오늘날 아직도 될 대로 되라 하며 살 것인가? 무정견, 무계획이 우리를 이 꼴로 만들었다"라는 설명이 붙어 있다. 표제글로 실린 이관구의 「새해의 새각오」에는 혁명의 성과를 과학적인 생활혁명으로 이끌어 후진성을 극복해야 한다고 강조한다. 이때 "생활혁명의 원동력은 말할 것도 없이 여성들이라는 것을 제2공화국의 새해 아침에 이 나라 여성들은 자각"(104쪽)해야 하는데, 이는 가정이 국민생활의 기본단위이며 이 가정의 주인이 주부이기 때문이다. "가정은 국민생활의 기본단위라고 해야 하겠다. 이 나라를 구성하는 기본요소가 가정이란 말이다. 가정의 주인공이 주부일진댄 생활혁명의 원동력은 어디까지나 여성이라고 할 수밖에 없지 않은가 말이다"(104쪽). 여기서 눈에 띄는 용어가 과학적인 '생활혁명'이다.

특집 목차를 보면 가계부 쓰기와 의식주 생활의 합리화, 건강관리, 교양관리, 휴가관리까지 생활 전반을 관리하는 내용을 다루고 있음을 알 수 있다. 김관구의 「새해의 새각오」 외에도 최정희의 「바가지와 가계부」, 김분칠의 「다급한 과학적인 의생활」, 이덕문의 「주생활의 합리화」, 김팔봉의 「무질서, 무궤도의 폐」 등이 실렸다. 교양을 다룬 김팔봉의 글에서는 물질적인 의식주만이 아니라 정신적인 영양이 꼭 필요한데 독서와 영화, 대화 등을 통해 정신적인 성장을 이루어야 한다고 강조한다. 어떻게 좋은 책, 좋은 영화를 선택해서 균형 있게 생활할 것인가도 설명한다. 생활문화 전반에 대한 관리와 합리화를 과학적인 생활혁명의 내용으로 삼은 것으로 보인다.

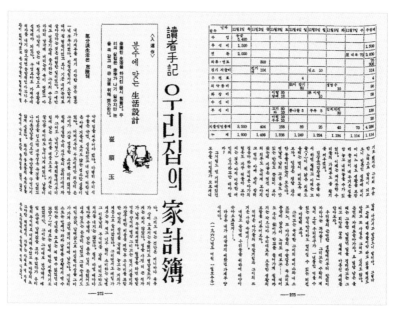

〈그림 6-4〉 1963년 1월 독자수기가계부 입선작. 자세한 일일지출기록, 『여원』 1960년 1월호 가계부양식을 참고했다고 쓰여 있다.

<그림 6-5> 〈서울늬우스〉 1968년 3월 5일 알뜰한 주부상(자료: 시민의 방송 TBS)

사실 생활의 과학화를 통한 근대적 삶에 대한 희망은 근대화프로젝트 이전에도 전후 우리 삶의 방향성으로 제안되었다. 『사상계』의 기술결정론도 전후 민족의 갱생을 위한 근대화담론이었다. 『여원』의 과학적 생활혁명도 1960년대 4·19혁명 이후 부각되어 민족국가의 근대화 방향으로 논의가 시작된 것으로 보인다. 이러한 생활의 과학화는 박정희정부의 근대화프로젝트와 맞물리면서 엄격한 규율화를 통한 국민 만들기로 동원된다.

1963년 1월 '독자수기가계부 입선작'(〈그림 6-4〉)을 보면, 매일 금전출납부를 자세히 기록하는 '알뜰 주부', '저축하는 살림꾼' 등에 의해 가정이 생산영역의 지원체계가 되도록 재편되고 있음을 알 수 있다. 가정도 급속한 산업드라이브를 지원하는 총동원체제의 일환으로 노동력을 재생산하는 데 헌신하는 체제가 되어야 한다는, 일종의 생산성 담론 역할을 한다. 이 시기 저축수기와 성공수기 등 수기류의 유행이 국가 주도로 이루어지는 것과 맞물려 있다.

1964년 1월 홈송가사현상모집에서는 가장과 주부, 아이들로 구성된 이상적 가족이미지를 '스위트홈' 이미지로 구성한다. 또한 1968년 4월 제1회 살림 잘하는 주부상을 제정하여 '알뜰 주부' 개념을 전파(1969년 4월, 1970년 4월까지 3회에 걸쳐 실시되었다)하기도 한다. 1960년 가계부쓰기 운동의 결실로 이루어진 이 주부상은 정부의 초대를 받아 수상자들이 격려를 받기도 했다. 이러한 알뜰 주부들이 실천해야 하는 덕목이 수치화되고 통계화된 의식주 관리다.

1960년대 『여원』 주부담론의 중심이 되었던 자세한 수치와 이미지로 구성된 의식주 관리 기사를 보면, 의식주 생활에서 동작의 단순화, 의식주의 계량화, 표준화를 통해 생산성을 높이는 것이 생활혁명의 최대 목표로 제시되어 있음을 알 수 있다. 그리고 이를 실천한 주부들을 포상하여 동기화하는 방식도 다양한 공모전을 통해 이루어진다.

1970년 3월에 실린 「여성의 근대화」라는 글에서는 근대화의 의미가 좀 더 자세히 설명되어 있다. 이 글에서는 무엇이 근대화인가라는 질문에 외형적 근대화가 공업화, 도시화, 매스미디어의 침투(교통 통신), 운영이나 경영의 관료 조직화라면 눈에 보이지 않는 근대화는 교육의

〈그림 6-6〉 『여원』 1963년 1월호, '의식주생활' 연재

일반화, 과학적 지식과 생활의 과학화라고 제시한다. 이 글의 필자는 "여성의 근대화는 빵딸롱이나 미니로 이루어지는 것이 아니다. 과학적인 사고, 합리화된 사고, 여성으로서의 인간다움의 자각에서 이루어지는 것"(107쪽)이라고 말한다.

> 생활의 과학화란 생활 전체의 과학화를 의미해야 한다. 생활도구 따위를 쓰기에는 과학적 지식이 필요하겠지만 생활 전체의 과학화를 위해서는 과학적 정신을 필요로 한다. 과학적 정신이란, 바꾸어 말하면 합리적 정신을 말한다. 과학은 이치를 어기고서는 성립할 수 없는 것이기 때문이다. 따라서 생활의 과학화란, 곧 생활의 합리화의 뜻이다. 생활해 나가는 태도의 합리성을 말한다. (108쪽)

위 인용문을 보면 생활의 과학화, 과학적 정신, 생활의 합리화라는 키워드가 반복적으로 사용된다. 그러나 과학화라는 것이 무엇인지, 과학적 정신이 무엇인지 사유되고 검토되지 않는다. 왜라고 묻지 않는 것, 생활을 수치화하고 최소한의 동작으로 가사일을 해내야 하는 것, 빠르게 효율적으로 생산성을 높이는 것이 왜 필요한 일인가, 왜 좋은 일인가에 대한 질문은 사라진다. 과학화는 성찰적 개념이 아니라 일종의 마술지팡이인 셈이다. 모든 것을 자연스러운 것, 받아들여야 하는 것으로 자연화하는 도구적 개념이 바로 '과학화'였다. 이 글에서는 더 나아가 젠더 구분에 대해서도 설명을 덧붙이고 있다. "근대화라는 것이 남녀의 성별을 없애는 일은 아니다. 아무리 열성적인 페미니스트라 하더라도 아무리 급진적인 근대화론자라 하더라도, 성별을 없앨 수 있다고 믿는 사람은 없을 것이다. 양성은 깍듯이 유별하면서 서로 상대의 성을 수단으로 생각하지 않는 조화 속에서 근대적 사회의 발전도 기대할 수 있을 것이다"(109쪽). 남녀가 유별하면서도 여성은 여성답고 남성은 남성답게 조화를 이루는 것이 근대화라는 것이다.

### 5) 헤게모니 여성성의 재구성

〈그림 6-7〉은 여성에게 요구되는 바람직한 여성성이 어떻게 형상화되는가를 상징적으로 보여주는 이미지다. 1960년 1월은 가계부가 처음으로 부록으로 제공된 호이고, 1962년 5월은 어머니날 기념으로 어머니의 역사가 특집으로 실린 호다. 이 잡지의 표지모델은 서구적인 스타일과 한국적인 스타일의 결합을 택했다. 서구적 헤어스타일과 화장

〈그림 6-7〉 위 왼쪽부터 1960년 1월 표지와 1962년 5월 표지. 아래 사진은 1960년 1월 여류작가들의 식사 모임 장면

을 하고 한복을 곱게 차려입은 표지모델이 등장했다. 이러한 스타일의 혼종은 실제 삶에서도 그대로 이어졌다. 당시 여성작가들의 야식회 장면을 보면 묶은 머리와 펌 스타일의 단발, 안경과 선글라스, 양복과 한복이 혼합되어 있다. 서구적인 것과 한국적인 것이 결합된 이러한 여성성은 이미지로 표상될 뿐만 아니라 실제 이념적으로도 요구되었다.

이러한 결합의 과정에서 가치의 위계가 만들어진다. 전통과 근대화라는 이름으로 한국적인 것과 서구적인 것을 결합한 여성성이 이상적 모델로 제시된다. 그리고 서구와 한국, 이성과 감성이라는 이분법으로 선진적 서구와 후진적 한국의 쉐임컬쳐(shame culture) 만들기가 진행된다. 서구/이성/남성과 한국/감정/여성이라는 이분법은 이상적 여성성을 재구성해내는 과정에서도 개인적 욕망이나 감정의 측면을 후진성으로 억압한다.

서구화를 근대화로 여긴 『여원』의 과학주의담론들은 생활의 과학화라는 생활개선 의지를 보여주지만, 내적 논리를 살펴보면 단순한 생활개선의 문제가 아니라 가치의 위계가 만들어지는 과정이었음을 알 수 있다. 이 시기 생활과학담론들은 기술산업사회로 급속하게 진입하기 위해 공장의 생산시스템을 가정생활에 이식하고 최적화와 계량화, 표준화 및 통계화하는 방식을 가정에 그대로 적용시킨다. 이를 수행하는 알뜰주부에게 포상하는 동기부여 방식도 테일러주의 전파의 방식과 동일하다. 이 담론들의 문제점은 생활의 과학화, 합리화를 수행하는 주체가 '이러한 과학화가 무엇인가'라고 질문하고 성찰하는 과정이 배제되어 있다는 데 있다. 생산시스템을 위한 내부 식민지를 재구성하는 방식이었기 때문이다.

이러한 담론적 경합을 『여원』의 여류현상문예 작품들과 서구여성에 대한 선망의 담론들을 대비시켜서 살펴보았다. 젠더 규범 자체가 파괴되고 전복된 전후의 상황에서 다양하게 떠올랐던 여성성이 단성화된 상태로 재구성되는 과정을 읽어낼 수 있다. 서구적 근대화를 지향했던 『여원』의 담론에서는 합리적·이성적 여성성이 이상적 여성성으로 제시되고 감정적·낭만적 여성성은 하위위계화된다. 이 담론적 투쟁에서 실제 여성들의 경험과 감정은 발화되었다가 다시 침묵되는 과정을 겪는다. 문제는 여성의 경험적 현실이 배제될 뿐만 아니라 여성성 자체가 만드는 위계가 어떤 여성성을 선택해도 여성을 이중모순의 곤경에 빠뜨린다는 데 있다. 헤게모니 여성성을 서구적인 합리적·이성적 여성성으로 구성하게 되면, 실제 가정에서 여성에게 요구하는 감정적 배려가 하위위계화되는 모순적 여성성을 구성하게 되기 때문이다. 양육과 살림살이에서 요구되는 정서적 역할이 따뜻한 어머니, 헌신적인 어머니상으로 칭송되는 한편, 평가절하되는 가치의 혼란이 생기게 된다. 게다가 가정역할은 부불노동이어서 여성노동의 저임금을 구조화하는 내부 식민지이기도 하다. 이러한 근대자본주의의 내부 식민지를 구성하는 젠더정치학이 본격적으로 작동하는 시기가 1960-70년대라고 볼 수 있다. 재생산영역의 역할에 필요한 감정적 여성성은 스스로 낮은 가치를 내면화하는 식민성의 성격을 갖게 된다.

## 2. 수치화된 가정생활 '과학적 주부', 서구선망: 『나는 코리안의 아내』

### 1) 여성의 교양, 과학화와 쉐임컬쳐

아그네스 데이비스 김의 수기 『나는 코리안의 아내』는 『여원』의 국제 결혼담론의 특징을 잘 보여주는 텍스트다. 1950-60년대에는 전후의 워 브라이드(war bride), 양공주 등이 급증하고 미국을 비롯한 외국과 빈번히 교류하면서 국제결혼이 새로운 사회적 현상으로 대두되었다. 그러나 일제 말 일본인과의 혼혈 문제를 바라보던 관점과 다르게, 새로운 맥락에서 등장한 국제결혼의 의미를 읽어낼 수 있는 비평적 거리 (critical distance)를 아직은 확보하지 못한 상태였던 것으로 보인다. 아그네스 데이비스 김의 수기는 국제결혼 이야기를 통해 우리나라가 서구와 만나게 되는 문화적 접합의 방식을 엿볼 수 있는 의미 있는 텍스트다.

박정희정부의 근대화프로젝트가 진행된 1960년대에 근대화는 서구화와 같은 이름으로 의미화되기 시작했다. 서구적 합리성이나 기술적 근대화가 한국 사회의 지향점으로 제시되면서 서구선망이 개인의 욕망으로 자리 잡은 것도 이 시기였다. 국가적 프로젝트인 근대화를 개인의 욕망으로 매개하는 장치로 TV, 라디오, 잡지 등의 대중매체가 등장한 것도 이 시기의 특징으로 꼽힌다.

서구선망이 급속하게 구성되는 한편, 전쟁기의 워 브라이드나 양공주의 문제를 침묵 속으로 밀어 넣은 과정은 한국 사회가 서구와 맺은 관계의 양면성을 보여준다. 박완서 소설의 『나목』(1970)에 등장하는 여주인공 이경이 달콤한 초콜릿과 나일론의 유혹에 매료되면서 끊임없이 양공주가 될까 봐 공포에 시달리는 것은 이 시기에 대한 정확한 비유법이라 할 수 있다. 때론 사회학적 상상력보다 문학적 상상력이 진실을 명징하게 보여주기도 한다. 이처럼 우리의 일상적 삶에 처음 등장한 서구인과의 국제결혼은 공포스럽고 불유쾌한 기억에 둘러싸여 있다.

그러한 공포와는 달리 서구선망에 부합하는 국제결혼의 모습이 상상되거나 구성되기도 한다. 당시의 복잡한 국제결혼담론을 엿볼 수 있는 작품이 『여원』에 번역 연재되었던 아그네스 데이비스 김의 수기 『나는 코리안의 아내』[10]다. 양태준의 번역으로 1957년 6월에서 1958년 3월까지 10회 연재된 후 1959년 12월 여원사에서 단행본으로 간행되었다. 이 수기를 텍스트에 집중하여 내용을 살펴보고, 『여원』 속 국제결혼담론들과 연결 지어 민족 간 위계 만들기가 어떻게 이루어지는지를 분석하고자 한다.

## 2) 『나는 코리안의 아내』 번역본과 원본 텍스트

『나는 코리안의 아내』는 1934년 한국인과 결혼해, 한국에서 살게 된 미국인 여성이 자신의 경험을 기술한 수기다. 25개의 장으로 구성되어 있는데, 1934년 8월부터 1953년까지 비교적 긴 시간에 걸쳐 자신의 연애와 결혼 그리고 한국생활을 자세히 소개했다. 그리고 부록으로 '한국음식 만드는 법'과 '한국의 바느질법 배우기'가 실려 있다.

이 책을 처음 소개하고 분석한 글로는 김정숙의 논문[11]이 있다. 이 논문에서는 당시 『여원』의 글쓰기 전략(여성수기 모집 등)과 맞물린 번역 소개였음을 분석하면서 수기로서의 여성적 글쓰기에 주목했다.

<그림 6-8> 『나는 코리안의 아내』 1959년
번역본 표지

그러나 원전에 대한 서지적 사항이
나 저자에 대한 전기적 사항을 알 수
없다는 점에서, 이와 관련된 고증이
좀 더 진행되어야 할 것으로 보인다.
1957년에 와서 왜 갑작스럽게 번역
되었는지, 번역 의도는 무엇인지, 저
자는 어떤 사람인지를 연구한다면 이
텍스트에 대한 충실한 해석이 가능
하다.

먼저 이 작품은 텍스트에 대한 이
해가 필요하다. 가장 먼저 출간된 텍스트로는 1959년에 간행된 번역
본과 1953년 간행된 원작 Agnes Davis Kim, 『I Married A Korean』
(The John Day Company, 1953)이 있다. 이후 1980년대 Ras Korea
Reprint Series로 재판된 영문 텍스트가 있고, 이를 번역한 『한국에 시
집온 양키 처녀』(이정자 옮김, 뿌리깊은나무)가 1986년에 다시 출간되었
다. 1980년대에 재판된 영문 텍스트는 정확한 재판 일자가 표시되어
있지 않다. 다만 1981년 저자의 사진이 실린 것으로 보아 1980년대에
증보된 재판본으로 추측된다. 이 책은 25장과 부록으로 구성된 초판
본에다 후기 형태의 26장을 덧붙여 놓았다. '26장 우리들의 뒷이야기
(Post script: Our later years)'에는 1978년 3월까지의 삶을 간단히 기록
한 내용이 실려 있다. 그리고 『나는 코리안의 아내』의 내용과 저간의
사정을 알아볼 수 있는 2차 텍스트로 저자의 또 다른 수기 『미처 깨닫
지 못한 도전』(이정자 옮김, 홍사단출판사, 1984)이 있다. 이 책은 1982년

연세대출판부에서 출간한『Unrealized Challenge』를 번역 출간한 것이다.

그런데 텍스트를 추적하다 보니 오랫동안 서울여대와 서울대에서 학생들을 가르쳤던 저자의 전기적 사항을 알게 되었다. 1980년대 재판으로 나온 영문본에 수록된 '26장 우리들의 뒷이야기'의 기록에 의하면 이들 부부는 1961년 한국으로 돌아와 연세대와 서울여대에서 교수로 재직했다고 한다. 데이비드는 연세대에서 농업기술을 실험하고 가축을 길렀으며, 처음 그들이 살던 홍은동에 자리 잡고 텃밭을 가꾸며 학생들을 가르치는 삶을 지속해나간 것으로 기록되어 있다.* 저자는 1960년대에는《코리아헤럴드》와《코리아타임스》에 칼럼도 썼다고 한다. 아그네스 데이비스 김의 강의를 들었다는 분도 있었고, 남편 김주항이 연세대 교수로 재직했던 사실도, 전 재산을 대학에 기증했다는 사실도 알 수 있었다. 이 과정에서 낯선 저자와 텍스트를 좀 더 구체적인 컨텍스트 안으로 연결 지을 수 있게 되었다.**

『나는 코리안의 아내』영문본과 번역본 간에는 시간차도 있지만, 저자나 번역자의 서로 다른 의도가 개입되면서 텍스트가 계속 변형되고

---

* Agnes Davis Kim, *I Married A Korean*, The John Day Company, 1953, Ras Korea Reprnt Series, pp. 252-253.『미처 깨닫지 못한 도전』(홍사단출판부, 1984)에는 저자의 약력이 비교적 자세히 소개되어 있다.

** *I Married A Korean*이 1980년대에 재판되고, 새롭게 번역된 이유는 정확히 밝히기가 어려웠다. 1979년에 저자가 사재를 대학교에 기증했고, 독실한 기독교인인 저자의 신앙고백서로 보이는『미처 깨닫지 못한 도전』이 1984년에 홍사단에서 번역된 것으로 보아 사회적 기부나 선교사업 등과 관련 있는 것으로 생각된다. 재판본을 출간한 Royal Asiatic Society 한국지부 소장을 역임한 Brother Anthony, of Taize 서강대 명예교수를 만나본 결과 초창기 한국선교와 관련하여 이 책과 저자의 삶에 대한 사회적 관심은 짐작할 수 있었다.

있다. 1986년 이정자의 번역으로 『한국에 시집온 양키 처녀』라는 제목으로 다시 번역 출판되었을 때, 저자나 번역자 모두 1959년도 번역은 오역 투성이어서 진정한 첫 번역이 이루어졌다고 강조한다.

> 1984년 12월 25일자 조선일보에 나의 책 『I Married A Korean』의 번역판 『나는 코리안의 아내』가 전혀 나의 책이라고 할 수 없을 정도로 형편없는 오역이라는 기사가 보도되었다. 단지 나의 이름과 나의 이야기를 토대로 하여 자신의 글을 쓴 이 역자 아닌 작가는 어느 외국 기관에 있던 사람으로서 그곳에서 우연히 나의 책을 읽게 되어 그것을 한국말로 옮기고자 하는 생각을 품게 된 것이었다. 그는 나에게 번역출판을 할 수 있게 허락해 달라는 문의를 한 적도 없었거니와 번역을 한다는 사실조차 알려 오지 않았다.
> (4쪽)

'한글개정판을 발간하는 까닭'이라는 저자의 머리말에서 아그네스 데이비스 김은 "거의 모든 내용이 그 사람 자신의 생각을 집어넣은 것"(4쪽)이라고 비판하면서 양태준을 번역자가 아닌 작가라 말한다. 1986년도 번역본은 '26장 우리들의 뒷이야기'가 수록된 수정판의 완결된 번역이다. 그러나 이 텍스트 또한 "1952년과 1953년 육이오 동란에 대한 부분에 잘못된 점들을 발견하게 되어 바로잡았다"(5쪽)라고 밝힌 것처럼 영문판과 또 다르게 수정되어 있다. 번역자의 말처럼 "도깨비 장난 같은 이 책의 얄궂은 운명"(253쪽)은 텍스트의 번역과 텍스트의 개작 과정에 얽혀 있으며, 그 과정은 서구와 한국이 맞물리는 복잡성을 반영한 것으로 볼 수 있다. 추후에 전쟁과 미군정과의 관계, 국제

문제 등에 대한 개작 부분은 따로 살필 예정이다.* 1959년도 출간된 책은 번역자에 의한 의도적 선택이 상당히 가해진 텍스트라는 것을 밝히면서, 『여원』의 담론적 전략과 이 책의 번역의도에 집중하여 분석하고자 한다.

『여원』에 번역 연재될 당시에는 "아그네스 데이비스 김 여사의 장편수기 『나는 코리안의 아내』는 각계각층 독자의 열광적인 환영을 받고 있"[12]다는 편집실 후기가 실린다. 1958년 2월에는 독후감 모집 공고를 내고 8편을 선정하여 단행본에 싣기도 한다.[13] 1930년대에 백인 여성이 식민지 조선의 남성과 결혼하여 한국으로 이주했던 자신의 경험담을 밝혔다는 것만으로도 주목될 수밖에 없었겠지만, 특히나 『여원』은 그녀의 작품에 외부자로서의 시선이 아니라 내부자의 시선이 겹친 점을 강조하고 있다.

> 근래에 보기 드문 흥미 있는 소설체의 수기로서 우리의 생활이란 것이 이제까지는 극히 단편적으로 외국인에 의해서 평가되었을 뿐이었는데 여기서는 주로 아주 비근할 우리의 일상생활들이 논의의 대상이 되고 있습니다. 더구

---

* 1940년의 미국행도 농사기술이나 교육학 등에 뜻을 둔 것으로 설명하지만(140쪽), 발화자의 침묵이나 생략 등이 있는 부분이 있을 것으로 판단된다. 17장 '하느님의 뜻에 따라'에 기술된 내용을 살펴보면, 1939년 여름부터 도미를 위해 백방으로 노력하지만, 허가가 나지 않아 일단 1940년 봄 북경에 가서 기금을 모아 어렵게 미국으로 가게 되는 과정이 그려져 있다. 검문 검색에 걸려 위험에 빠졌던 상황이나 도미의 어려움에 대한 토로 등으로 국제결혼을 선택했던 이들의 국가적 정체성이 위태롭게 얽혀 있는 것이 짐작될 뿐 자세히 기술되지는 않고 있다. 1945년 귀국하여 1949년 다시 도미하기까지 4-5년간의 이야기와 전후의 가족들의 상황, 어머니와 시동생의 병사, 한국에 있던 가족들의 피난살이 등을 기록하는 것으로 이 글을 마무리한다.

나 작자는 한국인과 결혼한 여성으로서 직접 김치나 깍두기를 담그는 일 그리고 다듬이질까지도 알고 있는 여성인 만큼 재미있는 필치로 그것을 비평도 하고 합리화를 꾀해보기도 하고 있습니다.[14]

1956년 6월호 편집실에 실린 이 대목은 단순히 외부자의 비판이 아닌 한국인의 아내라는 위치에서 바라보는 경험적 시선이므로, 그녀의 비평이 받아들일 만하다는 점을 강조한다. 외국인이 본 한국의 문화와 내국인이 본 한국문화 그 경계에 그녀의 시선이 있다는 것이다. 그러한 경계적 시선이 국가 간 결혼에 대한 위계적 질서가 아닌 새로운 시각을 제시해주는지 살펴볼 필요가 있다. 이 작품과 작품을 둘러싼 담론들을 살펴보면서, 우리가 어떻게 국제결혼을 받아들이고 의미화하는지 그 내적 과정을 밝히고자 한다.

### 3) 근대적 계몽과 국제결혼의 어려움

1959년에 번역된 『나는 코리안의 아내』는 대중적으로 잘 알려진 책이 아니니만큼 줄거리부터 이해하고 있어야 저자의 시각과 이를 소개한 『여원』 담론이 충돌하는 지점을 파악할 수 있다. 각 장의 제목은 괄호 안에 원제목과 1986년 번역본 『한국에 시집온 양키 처녀』의 장제목을 병기했다. 장제목의 차이나 번역내용에 드러나는 특징적인 차이를 설명하기 위해서 각 장제목과 그 내용을 표로 제시했다(〈표 6-2〉).

이 글의 첫 대목은 "〈만약 당신이 이 남자와 결혼한다면 두말 할 것 없이 당신의 인생은 비참이라는 두 글자로 끝나고 말 것입니다.〉 1934년 8월 내가 미국에서 만난 김주항이라는 한국학생과 결혼하고저 한국

〈표 6-2〉『**나는 코리안의 아내**』(1959) 장제목과 내용

| 장제목(원문 제목 1953) | 내용 |
|---|---|
| 1장 사랑 찾아 한국으로<br>(New Frontiers, 낯선 곳을 향하여) | 1934년 8월 한국에 도착하기까지 기차 여행, 배 여행에서 본 일본과 한국의 풍물 소개한다. 콜롬비아대학에서 함께 공부하고 6년간의 연애 끝에 데이비드(김주항)와 결혼하기 위해 한국행을 결심한 데이비스의 결의에 찬 출발을 보여준다. |
| 2장 백합화를 들고 예식장에 갔으나<br>(The Wedding That Turned Out to Be Something Else, 리셉션장이 되어버린 혼례식장) | 한국에 왔으나 일본정부, 미국영사관 모두 공연한 트집으로 서류를 반려하여 계속 결혼식이 지연되는 어려운 상황에 직면한다. |
| 2-1장 황색의 색맹이 되리 | 미국에서도 인종차별 때문에 데이비드가 목사 임명을 받지 못했으며, 그와 결혼하게 되면 혼혈결혼으로 그녀 자신도 직업을 잃게 될 것이라는 주위의 협박을 받았으나 그녀는 결심을 굽히지 않았다. (원작에는 2장에 포함된 뒷부분을 번역자가 따로 떼서, 독립된 장을 만들고 본문을 인용한 제목을 붙였다. 저자의 한국인에 대한 사랑과 평등의식을 강조하기 위한 전략으로 보인다.) |
| 3장 비쳐오는 서광<br>(A Guest in Missionary Homes,<br>선교사 집의 손님이 되어) | 미국인 선교사 집에 머물면서 도움을 받는다. 선교사 부인들이 모여 그녀의 결혼에 찬반토론을 벌일 정도로 이들의 결혼은 사회적 관심사로 떠오른다. |
| 4장 미국사람과 일본사람<br>(The Court Decides about Our Marriage,<br>혼인을 허락한 재판관들) | 일본인의 서구인에 대한 적대감은 어디에 기인하는 것일까를 생각하게 된다. 한국으로 오는 도중 배에서 일본 관리들의 경계심을 알게 된다. |
| 5장 코리안의 아내가 되는 날<br>(The Practical Joker, 위험한 익살꾼) | 결혼식은 선교사들과 한국의 지인들 등 많은 하객이 참여한다. 서양식 결혼식과 결혼 후 한복으로 갈아입는 방식으로 치러진다. 예식 후 데이비드의 조촐한 초가집에 도착한다. |
| 6장 시집살이는 고달팠지만<br>(The Wedding and My New Home,<br>시집 가는 날) | 집의 구조와 생활방식을 자세히 묘사한다. 원시적인 생활방식에 대한 개량의지를 드러낸다. 특히 부엌과 재래식 화장실 개량에 노력한다. |
| 7장 그는 돼지띠 나는 쥐띠<br>(The Pig and the Rat Work Together,<br>함께 일하는 쥐와 돼지) | 한국의 띠에 대해 알게 되고 남편보다 작은 띠인 자신이 천생연분이라 생각한다. 음력을 이해하는 한편 부엌 개량을 시작한다. |
| 8장 맛있는 한국 음식<br>(Our Food-Sall I Not Sell the Pig?,<br>김치와 겨우살이) | 두부, 떡, 봄나물, 김치, 된장, 간장 등의 풍미를 소개한다. 손이 많이 가지만 맛있고 영양가 있는 음식이라고 칭찬한다. 시어머니의 음식 솜씨와 가르침에 고마움을 표하고 있다. |

| | |
|---|---|
| 9장 의복<br>(Our Clothes, 조선옷) | 의복 만들기와 빨래하기를 소개한다. 특히 빨래의 어려움을 설명하는데, 한겨울 개울가에서 얼음을 깨고 빨래하는 여인들의 고생을 설명하고 도시의 경우 먼 개울가까지 빨래를 이고가야 하는 고생은 상상키 어려울 정도의 힘든 일이라고 설명한다. (8, 9장은 그림과 세밀한 묘사가 번역본에서는 생략되었다.) |
| 10장 무당과 병원<br>(There's Something Evil in This House, 집안에 든 몹쓸 귀신) | 데이비드와 함께 학교, 소비조합, 병원 등을 세우고 마을 개량에 노력한다. |
| 11장 사랑하는 데이비드의 와병<br>(Alone at the Crisis, 위기 속에 혼자 남아) | 폐렴에 걸린 데이비드의 병간호와 겨울나기의 어려움이 묘사되어 있다. 봄이 되자 벼농사를 시작하여 벼농사의 한 해 과정을 소개한다. |
| 12장 우리 손으로 지은 새집<br>(Our New House — "Moo-dongs" — My Illness, 부딪쳐 오는 도전) | 기와집을 새로 짓고 행복한 새살림을 시작하지만, 신장결핵으로 수술을 하게 된다. |
| 13장 지리산서의 휴양<br>(Chiri San, 지리산) | 지리산 풍경의 아름다움에 경탄하며 세계적으로도 드문 절경이라고 극찬한다. |
| 14장 아이를 못 낳아 양자를 삼다<br>(Our baby and the Clinic in Our New Home, 새집에 찾아온 아기) | 아이를 낳지 못하게 된 나는 풍속에 따라 장자인 남편의 동생아이를 양자로 삼게 된다. |
| 15장 사랑에 만족하는 한 무엇이 있으리오<br>("She Has Fled to Parts Unknown", 어디론가 사라진 양키부인) | 일본당국에게 잦은 호출과 감시를 당한다. 당시 미국인은 스파이 혐의로 끊임없이 시달렸다. |
| 16장 이장이 된 데이비드<br>(A beaten Path to Our Door, 문턱이 닳도록 드나드는 사람들) | 학교, 사용조합, 병원 설립 후 점차 마을 사람들의 호응이 좋아졌다. |
| 17장 하느님의 뜻에 따라<br>(Guidance and Mary, 인도의 손길과 메리) | 1939년 여름 미국행을 결심한다. 데이비드는 과학적인 농사법, 철공기술, 교육법을 공부하고 나는 직조기술을 공부할 예정으로 준비하게 된다. |
| 18장 북경여행<br>("You Don't Look Japanese to Me", 19장 생김새가 판이한 일본인) | 선교사 매리 댄포드의 도움으로 재정 마련한다. 국경에서 위험에 처했으나 북경에 무사 도착하고, 중국의 예술품, 공예품의 신비로움에 취하다. (18장과 19장은 저자가 초판 때 시간순서가 잘못되었기 때문에 바로잡는다는 설명과 함께 1986년 번역본에서는 수정되었다.) |

| | |
|---|---|
| 19장 재산상속을 둘러싸서<br>(The Inheritance and O-man-ee,<br>18장 유산과 오마니) | 데이비드의 어린 시절 이야기다. 첩에게 모든 것을 빼앗기고 내쫓긴 어머니. 작은어머니의 학대를 받고 컸으며 어렵사리 기숙학교에 들어가 상급학교를 마친 후 오산중학교에서 교편생활. 교편을 잡을 당시 3·1운동으로 주목되어 시베리아로 탈출. 그 와중에 모든 재산을 첩의 아들이 가로챈 이야기가 상세하게 그려진다. |
| 20장 도미하자 태평양전쟁이 터져<br>(Back to America,<br>이민 감옥과 일본인 포로 수용소) | 1940년 도미. 1942-45년까지 미국 비상사태에 응하여 협력. 일본인 구류 캠프 통역, 뉴욕 우편물 검열국, 군대에서 첩자탐지 전술 훈련 후 미국시민의 자격으로 중국 파견. 전후 주한 미군 통역과 번역관으로 한국으로 돌아오게 된다. |
| 21장 다시 해방된 한국으로<br>(Korea Again, 다시 한국으로) | 민간공보국 한국계 책임자로 귀국한다. 미국에서 가져온 의약품으로 병원을 다시 운영하며 많은 사람에게 도움을 준다. 특히 회충으로 병든 조카아이와 산후출혈로 죽게 된 동서, 추락사고로 다친 연습생들을 의학과 과학으로 구하게 된다. (조카의 결혼식에 대한 자세한 설명과 한국의 풍습묘사는 1959년도 번역본에는 생략되었고, 그에 비해 병원 운영과 환자 치료 과정은 자세히 번역되었다.) |
| 22장 누에도 길러 보고<br>(Silkworms, 우리가 친 누에) | 누에고치를 기르며, 한국의 비단 만드는 기술을 배운다. |
| 23장 미국은 한국을 이해하지 못했다<br>(Under the American Occupation,<br>미군정 아래에서) | 미군이 한국 주둔 후 놀랍게 변한 현실을 지적한다. 식민지 시대에서도 가난하지만 점잖았던 한국인들이 의심의 눈초리와 도둑질 등 황폐한 정신상태를 보이고 있었던 것이다. 과시용 원조나 미군들의 무시 등이 오히려 한국인들의 반감을 사고 있었던 현실을 비판한다. |
| 24장 친정아버지의 별세<br>(The Hard Decision, 어려운 결정) | 1949년 아버지가 위독하여 다시 도미한다. 전쟁의 포화를 피했으나 가족들의 고초나 집과 가재도구가 모두 소실되는 어려움을 겪게 된다. |
| 25장 내가 다시 결혼한다 해도<br>(Would I Do It Again, 다시 태어난다 해도) | 전쟁 직전에 병으로 돌아가신 시어머니에 대한 사랑과 존경을 표하는 내용이다. 전통적인 순종과 인내의 미덕을 지녔지만 현명하고 사랑이 넘치는 분이었음을 기록하고 있다. 스스로의 노력으로 글을 깨우치고, 집안과 마을 여인들의 의논상대가 되어주기도 하며, 희생과 헌신으로 일생을 사신 분으로 기억한다. 국제결혼을 하려는 남녀에서 14개의 질문을 꼭 해볼 것을 권하면서 글을 마치고 있다. |

에 도착한 후 나를 만나는 사람마다 귀가 아프도록 말하여 주는 똑같은 의견이었다"(15쪽)라는 말로 시작한다. 당시 한국남성과 미국여성의 결혼은 희귀한 일이었고 그만큼 사회적으로도 큰 화제였을 것으로 짐작된다. 내용 중에 김활란이나 이광수가 방문한 에피소드도 나오고, 윤치호의 방문도 언급되어 있다. 잡지나 신문기사로도 이들 부부의 이야기가 소개되었다는 사실로 보아도 큰 사회적 관심사였음은 분명해 보인다. 남편 김주항이 오산중·고를 다니던 시절 이광수가 이 학교에서 가르치고 있어서 사제지간인 셈이라고 밝힌다(46쪽). 이들의 결혼을 반대하는 대다수 사람의 의견은 "한국식 살림과 원시적이고 비위생적인 생활을 할 수 없을 것이며 무엇보다도 심적 기반을 세우지 못할 것"(50쪽)이라는 점이다.

그러나 앞서 소개한 이 글의 내용을 자세히 보면, 저자가 생활방식이나 풍속에 대해서는 장단점을 비교적 객관적으로 담담하게 서술했음을 알 수 있다. 복잡하고 원시적이기는 하지만 맛이 좋은 음식이나 비단만들기 기술에 감탄하기도 하고, 그녀의 한국에서의 삶을 지탱해준 남편의 사랑과 시어머니의 사랑에 감사한 마음을 절절하게 표하기도 한다. 빨래터에 모여 수다를 떠는 아낙들과 말이 통한다면 함께 수다를 떨고 싶다는 소망을 밝히기도 한다. 이러한 관계를 자세히 기술하여 한국의 공동체적 삶에 대한 호의적 관심을 보인 것으로 판단된다. 1986년 번역본에는 이러한 풍속사적 기록이 더 충실하게 번역되어 있다. 1959년 번역본에서 생략된 의복, 음식, 주거생활 등에 대한 그림들도 모두 수록했다.

그러나 1959년 번역본에서는 이러한 풍속사적 기록과 저자의 따뜻

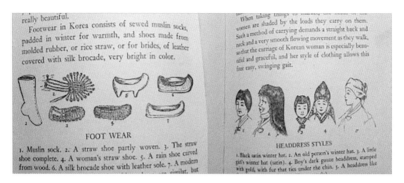

really beautiful.
Footwear in Korea consists of sewed muslin socks, padded in winter for warmth, and shoes made from molded rubber, or rice straw, or for brides, of leather covered with silk brocade, very bright in color.

FOOT WEAR
1. Muslin sock. 2. A straw shoe partly woven. 3. The straw shoe complete. 4. A woman's straw shoe. 5. A rain shoe carved from wood. 6. A silk brocade shoe with leather sole. 7. A modern

HEADDRESS STYLES
1. Black satin winter hat. 2. An old person's winter hat. 3. A little girl's winter hat (satin). 4. Boy's dark gauze headdress, stamped with gold, with fur that ties under the chin. 5. A headdress like

〈그림 6-9〉 1959년 번역본에서는 생략된 생활문화 소개 그림들. 원본에는 의식주 생활에 대한 다양한 풍속이 그림과 함께 자세히 설명되어 있으나 번역본에서는 그림이 모두 생략되어 있다. 생활현실과 경험의 내용들보다는 이데올로기적 측면에서 접근되었기 때문이라 판단된다.

한 시선, 세밀한 관찰 등은 과감히 생략되었다. 특히 영문본에는 음식과 조선옷에 대한 소개가 8, 9장에 그림과 함께 세밀하게 묘사되고 장단점이 소개되었지만, 번역본에서는 이런 부분들이 축약되었다. 또한 21장은 결혼 풍속에 대한 묘사를 생략하는 대신에 병원 운영과 환자 치료에 중점을 두어 번역했다. 모든 불안과 고난을 극복하고 농촌을 개량하고 의료사업과 교육사업을 펼쳐나가는 부부의 건실한 삶과 의지가 작품 전반에 걸쳐 강조된 것으로 보인다.

그리고 마지막에 "인종과 사회배경이 다른 외국사람과 결혼"할 사람들을 위한 질문을 14개 항목 넣었다. 이 모든 갈등을 극복할 수 있었던 것은 사랑과 종교의 힘이라는 보편적 세계관에 있음을 강조하며 한 번 더 자신의 신념을 표명한다. 14개 항목은 본국에 처가 있지는 않은지, 정식 처로 맞아줄 수 있는지, 그의 가족이 나를 수락해주는지, 그 남자의 생활환경, 전통과 풍속을 이겨나갈 사랑이 있는지, 육체적으로 힘이 있는지, 비위생적인 환경에서도 살아갈 의지가 있는지, 사랑하는 원인은 무엇인지, 서로 같은 흥미 같은 목적을 가졌는지, 그 남자를 충분히 도울 만큼 사랑하는지, 그 남자는 내가 적응하는 데 실패해도 이해해줄 수 있는지, 나의 생활방식을 이해해줄 수 있는지, 같은 신앙, 하느님을 쫓을 수 있는지(201-202쪽) 등이다.

이들 부부의 결합에서 가장 중요한 부분이 기독교 신앙에 바탕을 둔 평등주의이기 때문에, 텍스트의 내용에서는 국제결혼의 다양한 장애요소나 문제점들이 자연스럽게 봉합된다. 그러나 현실의 경험을 기록하는 수기이기 때문에 그러한 봉합의 이면에 실제로는 훨씬 더 균열적이고 복합적인 삶의 결들이 교차되어 있음을 읽어낼 수 있다. 징후적 독법이 필요한 측면이라 생각된다. 그런데 이러한 복합적인 작품이 1957-58년 『여원』에 연재된 후 단행본으로 나오는 과정은 이러한 균열적 목소리 중에서 어떤 한 부분을 강조하게 된다는 측면에서 주목해야 한다.

### 4) 균열적 발화자: 아내, 며느리로서의 경험적 시선

『나는 코리안의 아내』는 외부자의 시선(백인이자 미국인)과 함께 한국의 아내, 며느리(여성)의 시선이 겹쳐 있다. 물론 근대 계몽담론이 '과학'을 매개로 식민지 지배담론의 역할을 한다는 측면에서 보면, 이 작품은 명확하게 근대적 계몽의 논리를 앞세운 오리엔탈리즘의 성격을 지닌다.

그리고 변소를 사용할 때는 이 나무 위에 발을 딛고 꾸부려 앉아야 하는 것이었으며 특히나 밑에서 똥물이 튀어오르는 데는 질색이었다. 사치와 호화

로운 환경을 꿈꾸는 미국 여성으로서 한국 가정생활을 한다는 것은 우선 원
칙적인 이러한 불편에 절망감을 느끼고 낙담하고 만다는 어느 선교사의 말
을 그제야 이해할 수 있었다. 그러나 나는 결코 그러한 꿈을 가진 여성은 아
니었으며 이미 그러한 불편하고 부족한 살림을 각오한 사람이었고 또 아버
지나 할머니로부터 어떻게 고난을 이겨나가는가를 교육받은 나로서는 크
게 놀라고 당황한 것까지는 없었을 뿐 아니라 어떻게 하면 이러한 원시적인
시설과 방법을 개량할 수 있을까가 나의 마음을 독촉하는 큰 과제이었다.
(80-81쪽)

문명개화(생활개량), 과학지식의 전파(학교, 조합), 의료지식의 전파
(병원)를 통해 원시적 삶을 개량하고 근대적 지식과 삶을 전파해야 한
다는 사명감은 개인적인 선의의 여부와는 무관하게 신지식의 권력을
불러오는 결과를 초래한다. 그것이 서구식 근대화였고, 서구선망과 민
족 간 위계 만들기였음은 분명하다.

비교적 교육을 받은 한국 사람은 이러한 관념을 가지고 있지 않지만 무식한
사람은 이러한 마귀가 꼭 있는 것으로만 믿고 이것을 두려워하는 정신이 뿌
리 깊이 박혀 있었다. 의약의 힘으로 병이 치료되었다 하더라도 그 원인은
마귀에 인한 것이고 무당이 고친 것으로 간주해버리는 것이었다. (103쪽)

특히 기독교와 토속신앙 간의 갈등은 합리적 정신과 마귀로 대비되
면서 식민지 지배담론에 일조해왔다는 비판을 면하기는 어렵다. 그러
나 아내, 며느리의 관점은 서구 지향적 문명개화론에 비판적 측면을

담는다. 물론 종교적 신념에 기반한 기독교적 사해동포주의가 깔려 있지만, 이 저자의 경우는 실제 자신의 결혼이라는 선택과 수행성에 결부되어 있기에 그 의미가 좀 달라진다. 자신의 삶과 결부되기 때문에 구체적 위치성을 갖게 된다.

> 나는 데이비드를 처음 만나고 서로 사랑하고 결혼하겠다는 결심을 할 때도 맛보았으며 나 역시도 갈색의 색맹이 되었던 것이다. 즉 데이비드와 같은 황인종과 그의 색종만을 좋아하는 인간이 되었던 것이다. 모든 사람이 이와 같이 색맹이 될 때는 이 세계의 문제는 쉽사리 해결될 수 있을 것이다. 인종의 차별을 논하고 그 차별로써 서로 적대시하고 증오하는 것이 세계를 분열시키는 것이요 인류를 전쟁이라는 불행의 구렁텅이에서 항상 회피하지 못하게 만들어 주는 것이다. (60쪽)

1930-50년대를 배경으로 미국인의 시각에서 한국의 생활을 보았을 때 문화적 우열이 아닌 문화적 차이를 강조하기는 쉽지 않았을 것으로 판단된다. 그럼에도 불구하고 종교적 신념이 바탕이 된 저자의 인종차별 철폐 의지는 분명해 보인다.

미국인의 시각과 한국의 며느리 시각이 혼종되어 있으면서 발화자의 복합적인 위치성이 드러나는 대목들은 특히 의생활, 식생활과 관련된 부분들이다. "원시적인 시설과 방법을 개량"(81쪽)하기 위해 의식주 생활 이것저것을 개선해나가면서도 "아궁이에 때는 열로 밥도 짓고 난방도 하는 일석이조의 방법"은 "한국과 같이 연료가 부족한 나라에서는 매우 중요한 열 이용법"(81쪽)임을 강조하기도 하고, 손이 많이 가지만 맛있고 영양가 많은 음식들과 아름다운 의복에 대한 소개도 잊지 않는다. 특히 8장 '맛있는 한국 음식'에서는 두부, 떡, 봄나물, 김치, 된장, 간장 등의 풍미를 소개하고 영양가 있는 음식이라고 칭찬한다. 또한 시어머니의 음식 솜씨와 가르침에 고마움을 표한다.

저자가 한국인을 어떻게 판단하는지는 남편 김주항에 대한 그녀의 생각이 반영된 대목에서 살펴볼 수 있다.

> 미군이 한국에 주둔하게 된 후와 내가 한국서 결혼을 하고 처음 六년간 있을 때와의 한국은 놀랄 만한 차이가 있었다. 내가 있을 당시는 일본사람이 한국사람을 억압하고 심한 감시를 하였다 하더라도 한국은 이를 참고 비교적 평화롭게 지냈었다. 낡은 유교적 도덕에 젖은 한국 사람은 매우 예의바르고 신뢰성이 있었다. 그리고 거의 다 문맹자이었다고 볼 수 있었다. 내가 아는 한국사람의 거의 전부는 양심적이고 위엄이 있고 또 근면하였으며 나는 한국은 신사를 낳는 나라라고 생각했다. 한국을 잘 아는 사람들은 모두 이와 같은 생각을 가졌을 것이다. (178쪽)

"낡은 유교적 도덕"도 "the old Confucian morality"로 '오래된 유교적 도덕'이라 번역하는 편이 자연스러울 터인데, 번역자의 가치판단을 담아 '낡은'이라는 어휘를 선택했다. 번역자의 의도를 감안하고 다시 읽어보면, 한국인을 자신의 신념에 투철하며 위엄 있고 양심적인 신사라고 판단하고 있음을 알 수 있다. 이는 남편에 대한 그녀의 생각과 크게 다르지 않다. 그녀는 며느리로서 또 아내로서 갖는 위치성이 만들어낸 우호적 시각을 드러낸다. 1986년 번역본을 다시 낸 이유도 잘못된 번역으로 시집 식구들에게 몹시 불쾌감을 불러일으킨 부분을 수정하기 위해서라고 밝힌 바 있다. 자신뿐만 아니라 남편이며 시어머니에 이르기까지 모조리 그가 생각할 수 있는 수준에 걸맞은 인간형으로 만들었기 때문이라는 것이다(5쪽). 며느리로서 자신의 글로 인해 시집 식구들이 겪었던 불편한 감정과 오해를 풀기 위해 다시 번역본을 내게 되었다는 저간의 사정을 '이 한글 개정판을 발간'하는 까닭에 자세히 밝히고 있다. 그 때문인지 1986년도 번역본은 시어머니의 병세에 대한 걱정, 자신이 미국으로 갈 수밖에 없었던 이유, 전쟁기의 가족들의 상황과 자신의 입장 등이 영문본보다 오히려 수정, 강조된 것으로 보인다.

이처럼『나는 코리안의 아내』는 민족과 젠더의 위계가 혼종된 복합적인 텍스트의 특성을 지니고 있다. 1956년 6월『여원』편집실에도 "근래 보기 드문 흥미있는 소설체의 수기로서 우리의 생활이란 것이 이제까지는 극히 단편적으로 외국인에 의해서 평가되었을 뿐이었는데 여기서는 주로 아주 비근할 우리의 일상생활들이 논의의 대상이 되고 있"으며, "작자는 한국인과 결혼한 여성으로서 직접 김치나 깍두기를 담그는 일 그리고 다듬이질까지도 알고 있는 여성인 만큼 재미있는 필치로 그것을 비평도 하고 합리화를 꾀해보기도 하고 있"(342쪽)다고 소개한다. 작가의 관점에 내부자의 시각과 외부자의 시각이 겹쳐 있음을 알 수 있는 대목이다.

이 작품의 한 축이 외국 며느리가 겪어야 하는 한국의 생활풍속과 서구 지식인의 농촌계몽운동이라면, 또 다른 한 축은 국가라는 장벽에 부딪쳐 조선인, 일본인, 미국인 사이에서 어떤 국가적 정체성을 지녀야 하는가로 인한 혼란과 갈등이 그려져 있다. 이들의 결혼에서 가장 큰 장애물은 오히려 국가였던 것이다. 단순히 문화적 차이의 문제가 아니라 전쟁기에 돌입한 국가 간의 정책 차이와 충돌이 가장 큰 장애로 등장한다. 결혼허가가 나지 않아서 한국에 온 후에도 결혼할 수 없는 현실이 기다리고 있었으며, 일본당국은 미국인을 스파이 혐의로 끊임없이 감시하고 있었다. 식민지민의 아내가 된다는 것은 불안한 시민권자가 되어야 함을 의미한다. 이런 불안과 갈등상태는 전쟁에 돌입하자 정면충돌을 불가피하게 만든다. 한국인이 될 것인지, 미국인이 될 것이지, 일본인이 될 것인지 강요받는 상황에 처하게 된 것이다. 그런데 이 작품에서 가장 모호한 부분은 제2차 세계대전과 한국전쟁을 치르는 과정에서 두 차례나 도미해 있었다는 점이다. 그 이유를 미국시민으로서 국가적 부름에 호응해야 했다는 정도로만 단순히 기술한다. 생활풍습이나 혼인의 복잡한 과정에 대해서는 상세하게 기술한 것과 달리, 미국정부에서의 활동은 짧게 기술되어 있다. 한국에서 농촌개량과 아이들 교육에 뜻을 두었던 이들의 거취를 고려해볼 때 잘 이해가 되지 않는 측면이 있다.

이 정도로만 읽어내도 이 텍스트가 단성적인 목소리로 쓰인 수기가 아님을 알 수 있다. 그러나 한국의 담론적 수용과정에서는 이 모든 복합성이 침묵된다. 단지 "어여쁘고 파아란 눈에 우유빛갈로 고운 살결을 가진 선진국가의 여성이 우리 한국을 찾아와 농촌생활을 하고 있다면 여러분들의 가슴속에는 그 여성을 향하여 어떤 감격의 대명사를 지어주고 싶으십니까? (…) 나는 그 여성을 향하여 조금도 가장 없이 '사랑의 사도'라고 하고 싶습니다"[15]라는 독후감처럼, 독자들이나 번역자,

편집자들은 서구 선진국에 대한 선망을 강화해가는 단성적 수용태도를 보인다.

번역자의 머리말이나 독자의 독후감들, 이 책 저자에 대한 한국 필자들의 반응은 그녀의 과학적 지식과 노고, 헌신에만 초점이 맞추어져 있다. 이 책에 대한 번역자 양태준은 이 저자에 대한 존경심과 한국의 열등한 문화에 대한 부끄러움을 표현한다. 텍스트의 변용 못지않게 텍스트를 둘러싼 겉-텍스트(para-text)가 만들어내는 맥락이 독특하게 구성된다. 텍스트의 내적 변용과 맥락화를 통한 의미구성 모두 수기의 내용과 충돌을 일으키게 된다.

> 그의 현명한 두뇌와 지성으로서 원시적인 한국의 생활방식과 농촌생활을 개량하고 발전시켰으며 빈한한 한국의 농민을 위하여 그의 노고를 아끼지 않은 지대한 공헌에 감탄한 바 적지 않아 이 책을 번역하게 된 동기의 하나가 되었던 것이다. (번역자의 말, 단행본, 8쪽)

생활방식의 개선과 농촌 개량을 위해 '현명한 두뇌와 지성과 노고'로 헌신했다는 찬사는 이 책의 번역의도다. 여기에는 병원과 학교를 세우고 농촌 개량에 힘쓰고, 한국의 생활풍습을 합리적으로 개선하기 위해 노력한 미국인의 과학적 사고와 기술에 대한 선망이 반영되어 있다. 원시적인 한국의 생활방식을 계몽하기 위해 노력한 데이비스 여사에 대한 찬사와 존경심이 단행본 뒤에 게재된 독후감에 강조되어 있다.

데이비스란 여성은 우리가 다만 동경할 수 있는 천사와도 같았다. 물질보다

정신적 만족으로 행복을 구하려는 현명한 지성의 여인으로 현 환경에 오직 순응함과 동시 현 생활에서 좀 더 진보하기 위해 개량개조해서 보다 더 능률적으로 일할 수 있는 안식처를 데이비드와 협력해 무한한 애로의 결과로 마련하였고, 희생적 사업으로 교육에 뒤이어 보건을 위한 위생시설의 병원, 정서 교육 등 우리가 상상 못할 아름다운 선행을 베풀어 많은 생명을 구해준 데이비스는 확실히 조건 없는 사랑으로 타인을 위한 아가페의 인생이었다. (독후감: 양수년, 「광명의 등불을 밝혀준 여성」, 단행본, 207쪽)

국가적으로나 개인적으로나 우리 주변에 산재한 악조건과 후진성을 타개하여 데이비스언니도 모국사람들에게 떳떳이 자랑할 수 있는 훌륭한 나라 코리아가 하루 빨리 이룩되어야만 하겠습니다. (독후감: 양동월, 「너무나 훌륭한 한국의 며느리」, 단행본, 213쪽)

위 인용문들을 보면 현 생활에서 진보하기 위해 생활을 개량·개조해야 하며 후진성을 타개해야 한다는 주장이 이 책을 번역한 『여원』의 의도였음을 짐작할 수 있다. 그와 더불어 미국여성에게서 배울 점도 소개하는데 올바른 교육, 깊은 신앙심, 바른 실천, 과학적 주부생활, 시간적 여유와 사회진출[16] 등이 그것이다.

『여원』이 내세우는 바람직한 주부상에 걸맞은 여성상이라 볼 수 있다. "현 환경에 오직 순응함과 동시 현 생활에서 좀 더 진보하기 위해 개량개조해서 보다 더 능률적으로 일할 수 있는 안식처"를 만드는 것이 바람직한 여성상이 해야 할 일이다. 이러한 진보적 역할을 할 수 있는 과학적 지식과, 이를 실천할 수 있는 헌신적 성품이 서양여성에게 배워야 할 점이다. 따라서 이런 여성이 바람직한 여성상이 될 때 앞서 여류현상문예에서 드러난 감정적이고 낭만적인 여성성은 비판의 대상이 될 수밖에 없다.

『여원』에서 주로 다룬 선진국 여성의 삶은 교양적 지식과 과학적 생활이라 말할 수 있다. 식모 없이 가사를 꾸려나가는 서구의 여성을 소개하면서 편리한 서구식 주택과 합리적 생활방식들을 소개하기도 하고, 페미니즘 운동의 소개와 함께 서구의 유명한 여성들을 직접 인터뷰한 기사들도 자주 실린다. 서구식 생활방식으로 개선하고자 하는 내용은 초창기부터 고정 포맷으로 변함없이 다루어진 의식주 생활개선 기사에 잘 나타나 있다. 이 기사에서는 부엌 개량에서부터 옷 만들기, 합리적인 식생활, 원예에 이르기까지 다양한 살림살이의 지혜를 제공한다. 특히 옷 관리법이나 칼로리 계산법, 부엌의 개량 등에 대한 자세한 수치의 제공*은 살림살이가 어떻게 과학과 연결되는가를 잘 보여준다. 과학화라는 개념은 기술체계를 개인의 삶으로 실현시키는 이데올로기적 장치가 된다.[17]

올바른 교육을 흡수하고 깊은 신앙심을 가지고 배운 것을 바로 행하는 과학적인 주부생활을 함으로써 시간적 여유를 갖고 사회진출을 도모하고 여성의 지위를 확보하는 미국의 여성들에게서 아직도 과도기에서 허둥대는 이

---

* 「특집: 계획생활 1961년부터」(『여원』, 1961.1)에서부터 본격적으로 생활을 과학화함으로써 사월혁명의 성과를 거두자는 기치를 내세운다. 생산과 소비의 합리화를 위해 가계부 쓰기를 설명하고 과학적 의생활, 식생활의 합리화 등 가정생활을 자세한 수치로 제공하면서 계량화를 과학화의 방법으로 가르치고 있다.

땅의 여성들은 여사의 수기를 통하여 배운 바 크리라 믿습니다. (독자수기,
박정희,「문학작품으로 불고의 것」, 단행본, 215쪽)

위의 글처럼 미국의 여성들을 과학적 주부생활을 하는 이상적 여성
상으로 삼기도 한다. 또, "후진성을 타개하여 데이비스언니도 모국사
람들에게 떳떳이 자랑할 수 있는 나라"(213쪽)가 되도록 노력하겠다는
독자후기도 있다. 데이비스의 사랑과 헌신, 현명한 지성에 대한 찬양
일변도의 수용태도를 보여준다. "희생적 사업으로 교육에 뒤이어 보
건을 위한 위생시설의 병원, 정서 교육 등 우리가 상상못할 아름다운
선행을 베풀어 많은 생명을 구해준 데이비스는 확실히 조건없는 사람
으로 타인을 위한 아가페의 인생이었다"(207쪽)라는 과학적 지식에 대
한 찬양도 이어진다. 이렇게 헌신, 사랑, 합리적 지성, 과학적 지식이
미국식 여성상이고, 우리가 추구해야 할 여성상이라고 한 목소리로 강
조하는 담론이 헤게모니 여성성을 구성해나간다.

### 5) 민족적 위계 만들기와 『여원』의 국제결혼담론

『여원』은 1950-60년대의 여성 혹은 여성성을 상징하는 대표적 잡지
라 할 수 있다. 전쟁으로 절대성이 흔들리기 시작한 여성성을 재규정
하고 급속한 산업화에 적합한 여성상을 담론적으로 구성해내는 데 중
심역할을 한 잡지다.• 국제결혼은 『여원』의 주된 관심사는 아니다. 전

---

• 『여원』(1955.10~1970.4)은 학원사에서 발간하다가 1956년 6월부터 여원사를 설립 발간
했다.

쟁기 동안 미군과 결혼하게 된 워 브라이드나 양공주 문제가 당시의 사회문제로 떠올랐음에도 불구하고 이 잡지에서는 큰 관심을 보이지 않는다. 주부담론을 중심으로 다양한 담론들이 배치되기 때문인 듯한데, 양공주 문제에 대한 민족적 젠더적 시각이 없는 상태에서 이 문제는 회피하고 싶은 소재였을 것이다. 그러나 서구선망과 함께 국제결혼에 대한 담론의 성격을 살펴보는 일은 매우 중요하다. 왜냐하면 양공주, 워 브라이드, 지식인 여성들의 국제결혼, 서구여성과 한국남성의 결혼 등이 급증했기 때문이다. 이에 대한 각각의 태도 또한 다르고 그 과정에서 민족 간, 계층 간 위계가 만들어지기 때문에 섬세하게 읽어내야 할 부분이라 생각한다.

국제결혼을 다룬 기사를 하나 보면, "오늘날 국제결혼의 태반은 미국군인과 한국여성의 결혼이다". 그러나 정욕에서 출발했기 때문에 "교양과 경제적인 발란스"[18]가 맞지 않고 사회적 여건도 만만치 않아 실패하는 경우가 많다고 소개한다. 양공주나 워 브라이드의 결혼에 대한 이 글의 관점은 결혼에서는 교양의 동등함이 중요하며, "개인의 능력과 노력"[19]으로 극복할 수 있다는 것이다. 교양의 동등함은 결혼의 매우 중요한 판단기준으로 부각되는데, 이러한 관점에서 육체적인 정욕에서 출발한 양공주나 워 브라이드의 결혼은 열등한 결혼이 된다. 반면에 유학을 가서 백인 서양인과 결혼한 지식인 여성들의 사례를 훌륭한 국제결혼으로 상세히 소개한다. 이들의 결혼이 성공한 이유는 동등한 인격, 같은 수준의 교양인끼리 결합했기 때문이다. 명문가 자제들인 이들의 결혼을 실명으로 자세히 소개하면서 유학생활과 연애에 성공한 그들의 삶을 보여준다.

교양을 기준으로 우열을 가름하게 될 때, 근대화프로젝트의 '교양'의 내용은 과학적 합리성이나 기술적 지식이 기준이 된다. 이렇게 되면 자연스럽게 서구 중심의 민족 간 서열화가 이루어지게 되는데, 국제결혼을 둘러싼 담론은 그러나 민족 간 서열화를 재구성하는 매개로 작동한다. 아그네스 데이비스 김의『나는 코리안의 아내』도 실제 텍스트는 발화자의 균열된 시각을 반영하는 혼종적 텍스트다. 그러나『여원』은 이 텍스트가 소개되고 수용되는 과정에서 균열된 목소리를 모두 침묵시키고, 서양의 백인여성과 한국 남성의 교양 있는 결혼을 국제결혼의 바람직한 모습으로 부각시킨다.

문제는 선진국 여성들의 삶을 과학적 합리성으로 이해하고 이를 바람직한 여성상으로 받아들이자는 주장이 자연스럽게 우리의 생활방식을 '열등한 문화(쉐임컬처)'로 만들어버린다는 점이다. 특히 이 시기에는 미국식 서구화에 대한 선망이 두드러졌다. 항상 새로운 지식은 담론적 권력을 형성하기 마련인데, 전후 서구로부터 유입된 지식 역시도 기존의 지식을 비판하고 재구성하는 힘을 가지게 된다.『여원』에서도 그러한 서구적 지식을 과학과 합리성이라는 이름으로 부르며 우리 문화를 원시적이고 후진성을 드러내는 문화로 규정한다.•

특히 교양과 과학성이라는 지식은 한국적인 여성성이 새롭게 섭취해야 할 근대적 지식에 해당한다. 이러한 과학성에 대한 선망은 그 대타 개념으로 열등한 개념을 만들어낸다. 전후 표면으로 떠올랐던 여성

---

• 1960년 특집「한국여성의 후진성」(『여원』, 1960.6)에서는 정치적·경제적 무지, 맹신과 미신의 포로, 모방에 급급한 패션, 개선이 시급한 의식주, 성의 방종과 왜곡 등을 후진성으로 비판한다.

의 감정이나 욕망을 비합리적인 것, 비과학적인 것이라고 비판하는 동시에 다시 침묵케 한다. 앞서 보았던 여류현상문예의 작품들과 아그네스 데이비스 킴의 수기는 『여원』의 담론적 경쟁에서 교양과 과학성이 감정적이고 낭만적인 여성성과의 경쟁에서 우위를 점해가는 과정을 보여주는 예라 할 수 있다.

국제결혼에 대한 담론을 통해서도 『여원』은 국적으로 인한 갈등이나 생활문화상의 차이 등에 대한 현실적 인식보다는 선진국에 대한 서구선망을 만들어내는 데 집중한 것으로 보인다. 초기부터 서구여성들의 생활방식이나 태도를 자주 소개하고 이를 배워야 한다는 글들을 게재했다.[*] 특히 산업화드라이브가 강력하게 추진되는 1960년대를 거치면서 그러한 흐름이 더 두드러진다. 가정의 근대화, 산업화를 추구하는 정책과 함께 한국여성의 후진성이 강조되고 서구여성이 합리성의 비유로 등장한 것이다. 『나는 코리안의 아내』의 번역과 수용과정에서도 복합적 목소리들이 침묵되고 서구선망을 강조하는 과정을 볼 수 있다. 특히 며느리로서 겪게 되는 생활문화의 차이와 적응의 문제, 한국의 생활문화에서 느낀 장점과 풍속사적 묘사는 사라지고 과학적 서구, 합리적 여성상이라는 단일한 계몽담론으로 수용되었음을 알 수 있다.

---

• 이문호, 「부흥을 밑받침해 준 서양 여성들의 힘」(『여원』, 1958.2)에서는 우리 한국여성들은 그들에게 배울 것이 너무 많다고 강조하면서 독일여성들의 생활을 소개한다. 특집 〈한국여성에 대한 불평불만〉(『여원』, 1960.3)에서는 독일여성들의 건강미, 북구라파 여성들의 개방성, 미국여성들의 청교도적 헌신성과 적극성 등을 배울 점으로 제시한다.

# 7장

# 기계신체 선망과 여성혐오사회의 구조화

## 1. 여성혐오는 왜 남성성의 위기에 강화되는가

여성혐오 현상은 남성중심사회의 역사에서 늘 있어왔던 현상이다. 여성혐오(misogyny)란 무엇인가에 대해 우에노 치즈코(上野千鶴子)는 이 용어가 번역하기 쉽지 않다고 말한다. 여성을 성적 도구로 규정하고 반응하는 호색한 역시 여성혐오의 한 형태이기 때문이다. 따라서 여성혐오를 정의할 때 여성을 싫어하는 것(women hating)으로 정의하기보다는 여성을 멸시하고 여성을 성적 대상으로 기호화하는 현상 전체로 정의[1]해야 한다고 말한다. 사실 소크라테스, 아리스토텔레스 시절부터의 동성사회적 욕망은 남성중심사회의 숙원과제였을 것이다. 영혼의 교류가 가능한 남성들 간의 사랑 대신 생물의 종 번식을 위해 택해야 했던 결혼에 대한 환멸과 여성 멸시는 그리스 철학의 본질적 욕망이라

는 해석도 존재한다. 멀리 갈 것도 없이 근대문학사에서의 여성혐오
는 모던걸은 못된걸이라는 신여성에 대한 비하와 조롱에서부터 시작
해서 이상의 「날개」와 김유정의 「아내」, 전향소설의 아내들을 거쳐 해
방 후 정비석의 『자유부인』으로 이어진다. 언제나 양풍과 속물성, 허
영심에 대한 비난은 여성의 몫이었다. 이후 1960-70년대 댄스홀 단속
과 춤바람주부 비난, 그리고 페미니스트 혐오의 시발이라 할 수 있는
1990년대 이문열의 『선택』과 IMF 이후 된장녀담론까지 다양한 변주
를 보이지만 실상 여성혐오의 내용은 늘 남성성의 위기와 두려움을 반
영한 현상이었다.

현대문학에 나타난 여성혐오 역시 천사와 마녀의 이분법을 시계추
처럼 오가면서 재생산되곤 하는데, 최근 여성혐오는 무언가 달라진 징
후를 느끼게 한다. 남성중심사회의 전통적인 여성혐오와는 달리 사회
전반의 위기와 맞물리면서 전면화되고 있는 점도 특이하지만 인터넷
의 빠른 전파력으로 그 파급력이 위험수위를 넘는다는 점 또한 문제의
심각성을 보여준다.

최근 여성혐오 현상의 특징은 크게 세 가지로 정리해볼 수 있다. 첫
째로는 담론장이 변화했다는 점이다. 특히 호모사이버네티쿠스[2]들의
등장으로 혐오주의가 사회의 지배적 담론으로 전파되기 시작했다는
점이 여성혐오 현상의 새로운 특징으로 등장했다. 둘째, 경제적 위기
로 인한 사회적 소외와 남성성의 위기가 전 사회의 불안으로 떠올랐다
는 점이다. "일베는 어디에나 있고 어디에도 없다"라는 윤보라[*]의 지

---

• 윤보라는 일베의 여성혐오를 분석하면서 부제로 이 표현을 쓰고 있다. 소수의 루저문화가
아니라 사회 전체를 떠다니는 불안이 여성혐오를 사회현상으로 만들고 있다는 판단에서 이

적처럼 실업의 공포와 언제든 루저가 될 수 있다는 불안은 대다수 사람을 루저문화로 끌어들인다. 그 때문에 여성혐오 역시도 일부 몰지각한 남성의 일탈현상이 아닌 사회 전반의 현상으로 떠오르고 있다. 셋째, 정치적 상황의 보수화[3] 또한 사회적 불안을 내부의 적으로 돌리기 위해 혐오주의를 강화하고 있다. 여성혐오가 다른 시기와는 달라진 특성과 전염력을 가지게 된 것도 이 때문이다. 이러한 이유들로 인해 일부의 현상이 아닌 사회적 위기의 징후로 읽어야 한다고 많은 이론가가 지적하고 있다.

'일베'(일간베스트갤러리)로 상징되는 인터넷상의 여성혐오 발화는 '○○녀', '보슬아치'[*] 등의 여성혐오 단어를 거쳐 '맘충'이라는 모성에 대한 조롱조의 언어로까지 번지고 있다. 그리고 여성혐오 현상의 끝에는 항상 이들을 부추기는 '여성부'와 '꼴페미'[**]들에 대한 비난이 자리하고 있다.

이러한 여성혐오 현상에 대한 여성들의 반응은 분노, 회피, 냉소, 무관심 등의 다양한 감정과 태도를 보인다. 그러나 사실은 이 감정을 단

---

렇게 표현한 것이다. 소수를 제외하고는 "언제든 루저로 추락할 공포를 안고 있는 청년층 모두가 루저이거나 잠재적 루저 인 셈이다"(「일베와 여성 혐오: 일베는 어디에나 있고 어디에도 없다」, 『진보평론』 57호, 2013.9. 37쪽).

• '○○녀'는 2006년 개똥녀 사건 이후 물의를 일으키는 개념 없는 여성에 대한 호칭으로 등장했다. 이후 된장녀, 김치녀 등등이 만들어졌고, 주로 속물적인 여성을 비난하는 은어로 사용된다. '보슬아치'는 여성의 성기와 벼슬아치를 결합한 신조어로 여성이 벼슬인 것처럼 남성을 착취한다는 비아냥을 담고 있는 용어다.

•• 일베의 게시판에는 여성가족부라는 명칭 대신 '여성부'라는 명칭으로 여성부가 저지른 어이없는 정책들을 고발하는 글들이 자주 등장하며, '꼴페미'라는 말은 꼴통이라는 비속어와 페미니스트를 섞어 만든 비하의 용어다(일베 게시판의 내용에 대해서는 김학준, 「인터넷 커뮤니티 '일베저장소'에서 나타나는 혐오와 열광의 감정동학」, 서울대 석사학위논문, 2014 참조).

계적으로 거치는 듯하다. 처음에는 놀라고 당황하고 분노하기도 하지만 점차 무감각해진다. 혹은 혐오의 대상이 되는 여성들의 행동에 잘못이 있었고 일부 여성들의 잘못으로 모든 여성이 매도되어서는 안 된다는 선 긋기, 즉 분리와 배제의 방식으로 자신들의 안전을 지키려는 소극적 태도를 취하기도 한다.° 또 한편에서는 여학생들조차 일부 급진적 페미니스트들의 주장이 지나친 여성이기주의를 부추긴다는 주장을 펴곤 한다. 그러나 한국에서 급진적 페미니스트 단체나 인물의 예를 들어보라고 하면 고개를 갸우뚱한다. 여성혐오적인 수사를 무의식적으로 습득하는 한 예라 볼 수 있다. 그러다 보니 여성혐오는 일상으로 스며들고, 극우주의와 결합하거나 인종차별주의와 결합하는 등 다른 사회적 차별주의와 결합하면서 혐오주의의 다양한 변주를 생산하는 토대가 되고 있다.

  1960-70년대 과학주의와 여성성, 남성성의 재구성을 분석하면서 한국의 여성혐오주의는 서구와는 좀 다른 특성을 보인다는 점을 발견했다. 근대화와 함께 늘 위기담론을 민족주의담론의 중심에 놓고 민족의 정체성을 형성해온 우리나라의 특성이 여성혐오와 깊은 관련이 있다는 점이다. 특히 압축적 근대화를 진행한 기술민족주의는 사회적 노

---

° 비난의 대상이 되는 여성들은 남성 중심 이데올로기의 완결된 수행자 역할을 충실히 해내는 인물들이다. 위장된 가면을 쓰고 여성성을 적극적으로 사용하고, 자신의 몸을 기꺼이 결혼과 신분 상승의 도구로 사용한다. 정이현 소설의 인물들은 조안 리비에르의 개념인 가면의 여성성을 수행하는 삶을 다룬다. 「낭만적 사랑과 사회」, 「트링크」, 「순수」 등의 작품들이 그러한 인물들을 그리고 있다(이선옥, 「한국적 칙릿의 특성: 정이현 소설의 자기 풍자」, 『여성문학연구』 31집, 2014.4, 203-204쪽). 이런 극단적인 여성성의 수행자들에 대한 분리와 배제가 여성들 사이의 갈등을 초래하기도 한다.

동력을 동원하기 위해 극단적인 기계적 남성성을 헤게모니 남성성으로 구성하게 된다. 이러한 인간적 취약성을 부정하는 남성성일수록 타자와 비체에 대한 혐오를 통해 자기정체성의 통일성을 유지해야 한다는 문제를 안게 된다. 따라서 우리나라가 근대화 이후에도 여성에 대한 사회적 혐오가 지속적으로 생산되는 여성혐오사회로 구조화된 특성이 좀 더 밝혀져야 한다고 생각한다.


## 2. 남성성 불안은 어떻게 여성혐오 정동으로 발현되는가

사회적 혐오주의의 탄생에 대해서는 나치의 인종혐오주의나 그러한 국가권위주의에 순종하는 개인의 심리를 분석한 논의들이 주를 이루어왔다. 개인이 고립과 불안을 떨치기 위해 자동인형이 되어 권위주의에 순응한다는 에리히 프롬의 분석도 이러한 논의의 고전으로 통한다. 파시즘하에서 시민이 아닌 대중으로 동원된 개인들이 사회적 불안을 해소할 희생양을 찾아 희생제의를 치르는 방식이 인종혐오주의라는 파시즘의 분석도 혐오주의 분석의 한 축을 이루어왔다.

　신자유주의 이후의 혐오주의는 경제적 배제와 시민적 권리의 박탈에 대한 공포와 불안이 개개인의 감정구조를 구조화하고 사회 지배의 원리가 된다는 점에서 감정 지배가 좀 더 내밀화되는 특징이 있다. 에바 일루즈(Eva Illouz)는 감정장, 감정 아비투스 개념을 설명하면서 우리 시대는 감정의 질병을 발견하고 감정건강을 치료하고 관리하는 체계가 만들어졌다고 지적한다. 즉, 감정이 생산, 유통, 재활용되는 하나의 감정장이 형성되었고, 이 감정장 속에서 감정은 "작인들의 내면으로부터 작동되는 구조화 메커니즘", 즉 아비투스 메커니즘⁴으로 작동하게 되었다는 것이다. 이러한 일루즈의 이론은 감정 역시도 외주화한 시대에 사회적 불안이 어떻게 관리, 조절, 통제되는가에 대한 이해를 높여준다.⁵

신자유주의 경제체제는 노동의 유연화와 노동자의 지위가 불안해진 노동시장의 특성을 지닌다. 언제 직업을 잃을지 모르는 불안한 노동자들, 이들로 인해 권력의 측면에서는 외부의 적보다는 내부의 적들을 관리하고 통제하는 일이 더 중요하게 되었다. "국경 밖의 적이라는 위험 요소들을 향하던 시큐리티가 국경 내부의 위험 요소, 즉 배제된 대중들에 대응해서 작동하기 시작한다는 것"을 말한다. 또한 이러한 시큐리티 통제는 물리적 지배방식이 아니라 정서적 지배라는 점도 중요하다. 대중의 삶의 조건을 극도로 불안정화함으로써 대중의 기본정서를 불안으로 몰고 가서, 대중이 안정을 강력히 희구하게 되는 정념의 관리에 기반을 두는⁶ 방식으로 지배방식이 바뀐다. 불안이라는 개인의 감정관리가 통치술의 핵심요소로 떠오르게 된 것이다. 이러한 불안의 통치가 어떻게 혐오주의로 외화되는가에 대한 주제에 대해서는 다음 절에서 자세히 살펴보기로 하겠다.

앞의 연구들이 사회구조적 측면에서 개인의 불안이 어떻게 통제되고 조절되는가를 분석했다면, 최근의 여성혐오에 대한 분석은 개인의 욕망과 감정이 어떻게 사회를 구조화하는가에 대한 쌍방향적 이해에 중심을 두고 있다. 이와 관련하여 시도되는 연구들이 감정사회학이라 볼 수 있는 다양한 감정연구들이다.

감정이 다시 주목받는 시대, 여성혐오의 문제 역시도 감정이 주목받는 시대의 문제와 연결되어 있다. 신자유주의의 무한질주 속에서 모든 사회적 갈등과 소외는 개인의 조절능력의 문제로 치부된다. 자기계발서와 심리학 서적의 인기[7]는 스펙 쌓기 경쟁서들과 그 사이에서 고립되고 지친 영혼들의 위무를 담당하는 심리학 서적, 두 축으로 서점가의 풍경을 이룬다. '자아실현 내러티브'[8]를 믿으며 언젠가 자신의 힘으로 어려움을 극복하고 성공한 사람이 되기 위해 필요한 두 가지 열쇠가 토익 교재와 심리학 서적이다. 개인적 위로를 담당하는 심리학 서적들의 위험성은 이미 충분히 지적된 것처럼 감정을 개별화하고 개인화한다는 것이다. 그렇다고 감정을 모두 사회구조의 종속변수로 분석하는* 것 또한 개개인의 감정동학을 읽어내지 못하는 한계를 지닌다. 그 때문에 최근 감정연구들은 감정동학의 구조와 함께 사회적 징후로 읽어내는 방식을 탐구한다. 개인의 문제이면서 사회의 문제이기도 한 감정이 어떻게 자아를 구성하고, 또 한편으로 사회를 변형시켜 나갈 것인가에 대해 새로운 해석을 시도한다. 감정노동, 분노조절장애, 우울증, 관용과 공감, 애도, 혐오의 문제까지 다양한 감정의 양태들을 분석하는 최근의 화두들은 개인과 타인이 만나는 방식, 그리고 그것이 구조화되는 방식에 주목한다. 루인은 여성혐오를 분석하는 글에서 "감정은 단순히 사회문화적 현상이 아니라 '내'가 세상 혹은 타인과 접촉하는 방식이자 '내'가 세상과 조우할 때 받는 인상이자 형상

---

* 예를 들어 레이먼드 윌리엄즈의 감정의 구조(structures of feeling) 개념은 시대 이념을 감정을 통해 읽어내는 데는 유용하지만 개개인의 감정동학을 읽어내는 데는 미흡한 이론이었다 (*Problems in Materialism and Culture*, Verso, 1980, pp. 22–27).

이다"⁹라고 서술했다. 타인과 접촉하는 방식이라는 관점의 전환은 매우 중요해 보인다. 왜냐하면 감정의 문제를 타인과의 관계성으로 새롭게 이해할 때 고립된 감정에 갇힌 개인들을 사회적 개인으로 호명할 수 있는 방식을 찾아낼 수 있기 때문이다.

혐오와 관련된 최근 논문들을 보면, 감정이나 정서 대신 '정동'이라는 용어를 사용하고 있다.¹⁰ 유전적으로 발생한 생물학적인 반응유형인 "놀람, 흥미, 기쁨, 절망, 분노, 공포, 수치, 경멸 그리고 혐오"가 외부적인 자극에 반응하면서 일정한 자아구조를 형성하게 되는데, 정동은 이러한 심리상태와 그로 인한 감정행동 등의 모든 현상을 포함하는 개념이다. 이러한 정동이 중요한 이유는 외부환경에 대한 인간의 반응이면서 인간의 활동력에 영향을 미치기 때문이다.¹¹ 즉, 외부세계에 영향을 미치는 감정행위가 된다는 점이다. 최근 연구들이 감정이나 정서보다 정동이라는 용어를 사용하는 이유도 외부세계와 분리된 개인의 감정이 아니라 그 감정이 인간의 활동력의 동인이 된다는 점을 주목하기 때문이다.

주관적 경험, 인지적 요소 그리고 생리적 요소를 포함하는 복합적인 심리생리학적 상태. 정신분석학은 감정(feelings), 정서(emotions), 정동(affects) 사이에 있는 다양한 차이들을 구별해왔다. 감정은 중추신경에서 주관적으로 경험되는 상태(이것은 의식에서 차단될 수도 있다)를 말한다; 정서는 외부에서 관찰할 수 있게 드러나는 감정을 말하며; 정동은 이것과 관련된 모든 현상을 말하는데, 그중에 어떤 것은 무의식적이다. 하지만 이 용어들은 종종 상호적으로 사용되어 원초적인 심리상태에서부터 복잡하고 인지적으로 분화된 심리상태에 이르기까지 넓은 범위를 포함한다. 그런가 하면 기분(mood)은 비교적 안정적이고 오래 지속되는 정동 상태로서, 지속적인 무의식적 환상에 의해 일깨워지고 지속되는 상태를 가리킨다.[12]

정동으로서의 혐오는 자아를 형성하는 감정구조이면서 타인과 관계 맺기의 감정행동이다. 마사 너스바움은 인간의 존재적인 취약성을 인정하지 않을 때 혐오감이 발생한다고 말한다.[13] 혐오감이란 존재의 취약성, 정체성의 위협 등을 보여주는 것에 대한 공포의 감정이라는 것이다. 체액, 똥, 피, 침 등 인간이 완결된 존재가 아님을 드러내는 경계의 징후들에 대한 공포의 감정이 혐오라 할 때 사회적 혐오감은 그 사회의 취약성을 드러내는 대상에 대한 공포로 드러난다.[14] 그러나 한 사회의 정체성 위협이 사실은 자신의 내면에 존재하는 내면적 불안을 투사한 것임은 말할 필요도 없다. 통일성, 완결성, 안정성에 대한 환상이 사실은 취약성에 기대고 있는 존재의 상상적 통일성일 뿐이기 때문에 불안한 사회일수록 상상적 통일성에 더욱 집착한다. 사회적 혐오가 강화되는 이유도 이러한 주체의 불안 때문이다.


## 3. 혐오발화와 동성사회적 욕망

우에노 치즈코는 여성혐오가 형성되기 위해서는 세 사람이 필요하다고 분석한다.* 혐오를 말하는 자, 혐오에 동조하는 자, 그리고 혐오의 대상이 되는 자가 있어야만 혐오현상이 이루어진다는 말이다. 이는 감정이 행위가 되는 순간 벌어지는 감정동학에 대한 설명이다. 당연한 사실처럼 보인지만 이 말은 매우 중요하다. 이러한 혐오현상은 혐오를 말하는 사람이 동조하는 사람을 향한 인정과 구애행위이지, 혐오의 대상은 그리 중요하지 않다는 사실을 알려준다. 예를 들어, 일베가 혐오의 대상으로 삼는 김치녀, 홍어녀, 좌꼴 등 혐오의 대상은 젠더나 계급, 인종의 약한 고리를 파고드는 것일 뿐, 언제나 이들의 관심사는 남성동성조직의 인정과 상찬이다. 이들은 배제의 대상을 지적하고 이들의 열등성을 발화하는 과정에서 남성성의 회복과 존재의 불안을 해소하게 된다. 여성을 무임승차한 이기적인 존재로 호명할 때 자신들을 그러한 열등한 존재들과 다른 책임감 있는 착한 주체로 인식할 수 있게 된다. 의무는 수행하지 않고 권리만 주장한다는 논리는 여성혐오를 행사할 수 있는 발화자들의 정당성을 부여한다. 군대에도 가지 않고 데이트비용도 내지 않으며, 사회적 규율을 지키는 도덕성도 약한 여성들에 대한 열광적인 비난은 자신들을 착한 주체로 재구성해낼 수 있는 호명의 방식인 것이다. 이러한 여성혐오의 발화는 또 다른 혐오대상자들에게도 동일하게 적용된다. 이주노동자나 '좌꼴'들 역시 세금을 축내는 무임승차를 꿈꾸는 이들이기 때문에 비난받아 당연하다는 논리가 적용된다.[15] 이들이 처한 조건의 불평등이나 사회적 소수자로서의 불리함 등은 고려되지 않는다. 이미 이들은 충분히 사회적 배려를 받았고, 오히려 과보상되었기 때문에 더 이상 그들의 이기심을 참을 수

---

• 차별에는 최소 3명이 필요하다는 사토 유의 『차별론』을 인용하면서 설명하고 있는데, "차별이란 어떤 이를 타자화함으로써 그것을 공유하는 다른 이와 동일화하는 행위"(42쪽)를 강조하는 설명이다(우에노 치즈코, 『여성혐오를 혐오한다』, 나일등 옮김, 은행나무, 2012, 72쪽).

없다는 주장이 여성혐오 발화를 정당화해준다. 과보상되었다는 근거로 제시되는 사실이 '여성부'와 나대는 '꼴페미'로 대표된다. 여성운동의 관변화*를 여성지위 상승과 여성문제 해결로 호도하지만 많은 남성의 불안과 불편한 감정을 건드리기 때문에 담론적 전파력을 지니게된다. 불안한 남성성을 회복하기 위해 위협적인 요소들을 제거하고 동일성을 회복하는 감정행위가 혐오발화라고 볼 수 있다.


## 4. 과학주의와 기계화된 남성성

왜 우리나라는 인종혐오나 계급혐오가 아닌 여성혐오가 모든 차별의 근원적 비유가 되었는가. 젠더, 인종, 계급, 섹슈얼리티, 국가 등 한 사회의 차별적 요소들은 중층적으로 겹쳐서 작동하지만 각 사회의 특징에 따라 도미넌트가 되는 요소들은 다르게 나타난다. 어떤 사회에서는 계급(특히 귀족사회의 전통이 강한 사회)이, 어떤 사회에서는 인종(특히 다인종 국가의 경우)이 차별적 요소의 도미넌트가 된다. 그간의 연구들을 검토해보면, 감정사회학이나 혐오주의에 대한 이론적 해석에 집중하면서 오히려 여성혐오의 한국적 특수성에 대해서는 소홀해지는 경향을

---

• 2000년대 이후 여성운동은 젠더 이슈의 제도화로 여성운동과 젠더 거버넌스 사이의 경계가 모호해졌다는 문제가 제기되었다. 여성단체의 관변화가 증가되었으며, 여성상위시대라는 착시로 젠더 이슈의 발굴이 어려워졌다는 지적과 운동이 구성원의 다양성과 차이를 총화하지 못한다는 과잉대표성 문제도 제기되고 있다(박인혜, 「1980년대 한국의 새로운 여성운동의 주체형성 요인 연구: 크리스챤 아카데미의 여성인간화 담론과 여성사회교육을 중심으로」, 『한국여성학』 25권 4호, 2009, 143쪽).

보인다. 근대 이후 유독 여성혐오가 두드러진 이유에 대해서는 한국적 특수성에 대한 분석이 좀 더 이루어져야 한다. 식민지 경험과 결핍된 남성성, 해방 후 그에 대한 반발로 강박적인 남성성이 형성되는 과정을 이해할 때 여성혐오가 유독 두드러지는 원인이 설명될 수 있다.

식민주의의 남성성 훼손과 관련해 볼 때 우리나라 여성혐오의 특수성은 식민지 남성주체의 자기혐오를 투사한 현상에서 비롯된다. 내 안의 불안과 혐오를 여성에게 투사해서 외부에서 온 세력이 아닌 내 안의 타자가 혐오의 대상이 된 경우다. 특히 급속한 식민지 근대화와 물리적 힘에 대한 불안을 떨치기 위해 변하지 않는 민족의 정신을 민족의 어머니로 상징하고 근대화의 물결에 나서야 하는 남성 대신 민족의 절대정신을 지키는 여성, 특히 어머니를 민족의 상징물로 삼는 경향이 강하다.[16] 그 반대의 신여성은 근대화에 대한 매혹과 환멸을 투사하는 대상이 된다.

자─보시오, 오늘의 녀자가 과연 얼마나 성격상으로 복잡한 심리를 가젓는 가를. (…) 자긔가 눈이 빠지도록 뼈가 골토록 실제에 일을 하면서도, 그 계산은 전여 남자에게 맛겻버리고 마는 것이 통례이다. 그러면 녜로부터의 녀자의 성격과 녀자의 생활이 이와가티 이중덕이오, 의뢰덕임에 대하야 요새의 새로운 녀자들은 엇더한다 (…) 그 중의 대다수를 표준잡아 말하자면 종래의 구식녀자들은 가튼 이중생활을 하고 가튼 의뢰생활을 하면서도 비교덕 은은(隱隱)히, 또는 겸손히 하던 것이, 근래의 신녀자는 구식녀자와 역시 똑가튼 이중의 감정과 의뢰의 생활을 하면서도 그 태도에 잇서서는 어대까지 드러내 놋코 공공연히 하고 잇다 (…) 근래 유행의 새녀자들을 보면, 힌

저고리, 검뎡 치마, 심하면 분홍 단속곳, 빨건 안고름, 금테 안경에 돈주머니 딱 들고, 바람에 불녀다니듯키, 거리에 번적 들에 번적 하는 모양이라든가, 걸핏하면 음악가가 된다고 피아노집 깡갱이 집 차저 다니는 모양 가튼 것이, 아모리 차저 보아도 종래 녀자의 그 더러운 생활 력사에서 근본으로 뛰처나오려는 노력이나 긔풍이 업고 그저 과도긔의 뿔조아식 자유긔분 속에서, 더러운 향락뿐을 탐하려는 것뿐인 듯 십다*

먼저 남자들이 집어낸 녀자들의 좃치 못한 점은 대개 아래와 갓다. 일, 참스럽지 못하고 (허위에 물것고) 이, 어더입고 어더 먹고 놀기만 조와하며 삼, 허영에 뜨고 사, 사치덩어리요 오, 품행이 더러 웁고 육, 부형의 의견은 덥허놋코 반대하고 동무들의 의견만 쫏는 것을 신식으로 알고 칠, 스스로 약한 체하면서 약하다는 핑계로 특별 대우를 바드려하며 팔, 왼집안이 다주리고라도 자긔 한 사람만 각구어 주어야만 만족하고 구, 어느때든지 잘 생긴 갑스로 누어서 먹고만 살려하며 십, 실제 생활은 엇덧튼지 남들에게 그 사람 잘 산다 하는 말만 듯고 십허하고 십일, 덥허놋코 일홈난 사람이면 싀집 갈 녀고만 하고 십이 남자의 사랑편지를 고대로 정말인줄로 밋고 십삼, 까닭업시 남자가 사보내는 것을 깃버하며 십사 어머니 압헤서만 활발하고 남이 모힌 곳에서는 벙어리 병신가티 쭉으리는 것-들이엿다**

* 기전(起田), 「당신에게 [자긔 번민]이 잇슴니가 =신여자의 치욕 생활 죄악 생활=」, 『신여성』 1924.7, 23-24쪽.
** 팔봉산인, 「소위 신여성 내음새: 본지(本誌) 전호(前號) 남녀학생 시비(是非)를 읽고서」, 『신여성』 1924.8, 15쪽.

1924년 『신여성』에 실린 이 예문들을 보면, 기시감을 불러일으킬 정도로 최근 여성혐오 발언과 동일하다. 데이트비용은 남성에게 맡기고, 사치와 허영에 들떠 있고, 약한 체하며 특별대우를 받으려 하는 신여성의 특성은 지금의 된장녀를 비판하는 논리와 동일하다. 이름난 사람이나 부자에게만 시집가려는 신분 상승의 욕망까지 닮아 있다.

이처럼 국가적·사회적 위기 상황마다 변함없이 나쁜 여자들이 불려나오는 상황을 고려해보면 여성에 대한 혐오는 국가적 위기담론과 관련되어 있음을 알 수 있다. 신여성에서 시작해 전후의 자유부인, 1970년대 춤바람 주부, IMF 이후의 된장녀까지 이름은 다르지만, 이들의 역할은 동일하다. 위기의 남성성을 회복시키고 남성을 보편적 주체로 삼는 국가주의적 통합을 강화하는 역할을 해온 것이다.

IMF 이후의 여성혐오는 1980년대 이후 성과를 보이기 시작한 여성주의운동의 결과에 대한 남성성 위기가 맞물려 페미니즘 혐오가 덧입혀지고 있다. 이문열의 『선택』(민음사, 1997)은 IMF 시기에 큰 인기를 얻었던 페미니즘 혐오의 시발격인 소설이다. 작가의 조상이라는 장씨 부인의 입을 빌어 페미니즘 전파열에 휩싸여 자본주의의 간계에 놀아나고 있다고 엄중하게 훈계하는데, 이는 된장녀 비판의 시발점이라 할 만하다.

어제까지도 성실한 주부로서 나름 자기 성취를 이뤄가고 있던 여성들이 그 애매하기 짝이 없는 자기 성취의 열정에 휘몰려 걷게 되는 길을 보라. 형편이 좋으면 느닷없이 서투른 예술가 흉내를 내거나 뒤늦게 가망없는 학문으로 뛰어든다. 그렇지 못한 쪽은 난데없는 여류사업가 또는 기능인의 꿈에

젖어 사기에 얹히거나 별 소득도 없는 일에 심신이 아울러 녹초가 된다. 그리하여 그들이 이런저런 단체가 좌판처럼 펼쳐놓은 싸구려 문화 강좌나 벌써 오래전부터 정원 미달인 하류 대학의 대학원에서 혼자 황홀한 몽상에 젖어 있는 사이에, 또는 연고 판매에 의지할 수밖에 없는 조악한 상품의 외판원이 되어 친지들을 괴롭히고 다니거나 나이든 비숙련공으로 헐값에 노동력을 팔고 있는 사이에 가정은 뿌리 채 흔들린다.[17]

여성의 사회진출 노력은 물론이고, 주변부 노동으로 흡수될 수밖에 없는 여성노동의 현실까지 모두 여성의 자기계발 열풍 때문이고, 가정의 위기도 모두 그들의 허영심 때문이라는 논리가 많은 독자에게 팔리고 읽혔다.

그런데 식민지 남성성의 자기혐오에서 출발한 여성혐오가 해방 이후에도 줄어들기는커녕 이처럼 강화되고 있다는 점에 대해서는 어떻게 이해해야 할까. 두 번의 전쟁과 식민지 경험을 통해 느끼게 된 서구의 물질적 힘에 대한 공포와 압축적 근대화가 빚은 위협요소들에 대해 이해할 필요가 있다.

우리나라의 남성성 논의를 할 때 흔히 언급되는 것은 군사주의적 남성성이다. 국가 안보나 군사주의를 작동하게 만드는 남성성, 물리적 폭력성과 단단한 몸을 이미지로 하는 남성성의 구성(영화 〈람보〉 같은 이미지의 남성성)이 떠오르지만, 군사주의와 남성성의 관계는 단순하지 않다. 군사조직은 단일한 남성성으로는 운영되지 않는다는 정희진의 분석처럼, 철저히 복종해야 하는 극단적인 수동적 남성성과 지배하고 조직하는 데 유능한 남성성이 공존하기 때문이다.[18] 군대의 힘과 폭력성을 중심으로 한 과잉된 남성성(hyper-masculinity)과 수동적 남성성은 산업자본주의 사회의 헤게모니 남성성이 되기에는 적합한 모델이 아니었고, 남성성의 하위문화로 남게 된다. 군사주의적 남성성을 대신해 전후의 헤게모니 남성성으로 떠오른 모델은 산업전사형 모델로 과학주의로 무장한 기계적 남성성이다.

　해방 이후 급속한 근대화를 추구한 한국적 근대화는 과학입국, 과학주의를 표방한 압축적 근대화를 특징으로 한다. 서구의 물질적 힘에 대한 공포는 과학주의라는 이름으로 포장되었고 과학적 합리성의 세계와 대치되는 부정성의 세계로 여성적 감정이 배치되었다. 이러한 과학주의는 사실 해방 후에 새롭게 등장한 이념은 아니다. 1900년대의 사회진화론에서부터 1920-30년대의 우생학, 1960-70년대의 기술민족주의[19]에 이르기까지 민족의 위기담론에 대응하는 마술적 조력자로 등장한다. 이러한 과학주의와 남성성의 구성에 대해서는 추후의 연구과제로 이어갈 예정인데, 여기서는 우선 과학주의가 이성에 대비되는 감성 혹은 감정에 대한 극도의 부정성을 형성한다는 점을 지적하고 싶다. 불안, 우울과 같은 부정적 감정뿐만 아니라 기쁨이나 슬픔 같은 정상적 감정까지도 남성성에는 포함되지 않은 기계적 남성성이 추구되었다. 그 때문에 극단적 남성성을 유지하기 위해서는 감정을 여성성의 요소로 구성하고 타자화하게 된다. '나는 감정적인 여자가 아니다'라는 비난과 혐오가 자신의 내적 허약성을 보충하기 위한 필수 조건이었던 것으로 보인다. 우리 사회가 여성혐오를 차별의 기본 원리로 삼는 이유이기도 하다.

　1950-60년대 지성사를 대표하는 잡지 『사상계』와 『여원』 등을 살

펴보면, 과학과 과학적 합리성을 근대국가 성립의 방법으로 제시하고, 과학주의에 입각한 새로운 인간관을 제시했다는 사실을 알 수 있다. 『사상계』 발행인 장준하의 권두언은 이러한 과학주의를 상징적으로 보여준다. 그는 새로운 근대국가는 과학적 방법으로 건설되어야 하며 감정만으로 묶여 있던 민족이 과학적 방법으로 새롭게 이념을 정립해야 한다고 강조한다. 아무런 이념도 없이 감정만을 가지고는 갈피를 잡을 수 없이 휩쓸려 민족의 재건과 부흥을 할 수 없다는 것이다.[20]

그 외에도 건전한 사회를 만드는 데 필요한 의식으로 지성의 필요성을 강조하는 기사들도 자주 등장한다. 유진오는 '민주주의의 기반'이고 "인간생활이나 훌륭한 사회를 건설하는 데 기본"이 되는 것으로 "야만을 멀리하며 감정, 불합리, 비합리에 지배되는 것을 반대"하는 것으로 정의했고, 김팔봉은 "객관적인 현상을 정확하게 관찰하고 정확하게 인식하고 정확하게 반영하는 것"으로 정의했다.[21] 배성룡은 동양적 정체성으로부터 근대의 후진사회가 되었고 이러한 정체된 동양사회의 청빈하고 검약 자족적인 인간관을 '결함'/'결핍' 있는 인간관으로 비판했다. 그리고 이에 대비되는 새로운 인간관으로 "과학에 입각한 인간"을 제시하고 이를 계몽 교양할 것을 주장했다.[22] 과학이 뒤떨어진 나라는 곧 군사적으로나 경제적으로 뒤떨어진 나라이며 과학을 진흥케 하지 못한 정치는 잘못된 정치 또는 현명치 못한 정치다. 과학은 생활을 윤택하게 하고 국력을 향상시키는 국민경제의 자본[23]이 된다. 이러한 과학에 대한 맹신은 박정희의 급속한 산업화와 맞물리면서 기술민족주의의 이념적 기반이 되는 과학주의로 변모하게 된다. 장준하는 이러한 1960년대의 시작을 상징적으로 '과학하는 정부, 과학하는 국민'이라는 권두언[24]의 제목으로 알려준다. 이 글에서는 식민주의의 훼손된 남성성과 기술민족주의가 맞물려 남성성의 구성이 과잉되었다는 점을 지적하는 것으로 마무리하고자 한다. 감정을 배제하고 이성과 지성에 경도된 과학주의담론이 만들어내는 남성성으로 인해 감정에 대한 혐오와 열망이 공존하는 것으로 보인다. 이후 1970년대 작품들에 드러나는 우울증적 근대 남성주체 역시도 이러한 기형적인 감정 배제의 남성성 형성과 관련되어 있다.

## 5. 불완전함을 인정하는 사회를 위하여

이상으로 여성혐오 현상에 대한 최근 연구경향을 정리하고 여성혐오의 한국적 특성을 분석해보았다. 여성혐오를 둘러싼 담론지형들을 살펴보면, 첫째, 신자유주의의 불안과 혐오주의의 관련성을 해석하는 관점, 둘째, 근대사회 이후 감정의 관리와 권력의 관계에 대한 감정사회학적 분석들, 셋째, 여성주의의 관점에서 보는 젠더 정치학과 혐오현상의 원인을 분석하는 연구들로 나뉜다. 최근의 연구들은 극우 분석이나 파시즘연구의 사회학적 분석들이 놓치고 있는 혐오감정과 혐오발화 사이의 동학을 사회심리학적 관점에서 분석하려는 시도들로 한 걸음 진전된 논의들이다.

그러나 감정사회학이나 혐오주의에 대한 이론적 해석에 집중하면서 한국의 역사적 특수성에 대한 이해는 오히려 소홀해진 것으로 보인다. 이미 모던걸이나 자유부인, 춤바람아내, 된장녀 등등 시대마다 반복되어온 여성혐오에 대해서는 충분히 논의되었다는 판단 때문이라 생각된다. 식민지 남성성의 불안을 여성혐오로 해소하고 상상적 통일성을 이루어왔다는 논의도 새로울 것은 없다는 판단이 깔려 있다. 그러나 반복되는 여성혐오 현상이 구체적으로 어떠한 헤게모니 남성성 구성과 관련되어 있는지, 남성성의 요소와 여성성의 요소가 재구성되는 과정과 대립항의 요소 간의 우위가 바뀌는 과정에서 작동하는 이데올로기는 무엇인지 밝힐 필요가 있다. 그래야만 여성혐오가 혐오주의의 근간을 이루는 우리 사회의 특성을 이해할 수 있기 때문이다.

지금까지 과학주의를 지배 이념으로 삼고 기술민족주의를 추구했던 근대화 과정을 남성성 구성과 관련지어 분석했다. 1900년대 사회진화론부터 우리나라 근대사 전체를 통과하는 대표적인 이념은 과학주의라 할 수 있다. 서구에 대항할 수 있는 민족위기담론의 해결책이 과학주의로 신비화되었기 때문이다. 개화기, 식민지 시기, 해방 후 시기마다 과학주의는 우생학, 사회개조론, 기술민족주의 등 지배적인 사회담론을 생산하면서 남성성의 구성과 관련을 맺게 된다. 특히 1960-70년대 기술민족주의는 급속한 근대화프로젝트를 진행하면서 감정을 배제한 도구적 남성성을 헤게모니 남성성으로 삼게 되었음을 밝히고자 했다. 이러한 도구적 남성성은 우울이나 불안과 같은 부정적 감정만이 아니라 기쁨이나 슬픔 같은 정상적인 감정까지 배제되는 기계적 남성성이어서 감정에 대한 극도의 혐오를 드러낼 수밖에 없었던 것으로 보인다. 여성혐오 역시도 감정에 대한 혐오, 즉 인간의 취약성에 대한 혐오를 드러낸 현상과 맞물려 있다. 우리 사회는 이러한 과학주의와 도구적 남성성 때문에 유독 혐오현상 중에서도 여성혐오를 사회통합의 토대로 삼는 것으로 판단된다.

극단적인 남성성/여성성의 대립쌍은 다양한 삶의 스펙트럼을 왜곡하고 인간의 불완전성을 모두 부정하게 된다. 이 글의 마무리를 대신해서 주디스 버틀러의 주장을 인용하고 싶다. 그는 레비나스의 얼굴, "타자의 방어력을 상실한 불확실한 얼굴"에 반응하는 것, 즉 삶의 불확실함을 깨닫는 것이 혐오발화의 권력화된 구조에서 벗어날 수 있는 길이라고 강조한다. 고통스럽게 일그러진 불확실한 얼굴에 공감하는 것이 통치성(법적 권력)과 주권성(통치자들의 초법적 권력) 너머로 사라진 삶의 실체에 접근하는 길이라는 것이다.[25] 인간의 취약성을 인정하는 것이 혐오를 벗어나는 길이라는 학자들의 견해를 좀 더 심각하게 고민해 보아야 할 때라 생각한다.

# 주
---

## 1장 국가주의, 과학주의, 젠더

1   Prasenjit Duara, "Of Authenticity and Woman: Personal Narratives of Middle-class Women in Modern China", Paper prepared for the Conference, June 2-4, 1995, Berkeley, California, pp. 11-12.

2   T. 데니언 샤플리-화이팅, 「파농의 페미니즘 의식과 알제리 여성해방: 식민주의, 민족주의, 근본주의」, 김유경 옮김, 『실천문학』 2003 봄, 115-116쪽(T. Denean Sharpley-Whiting, "Colonialism, Nationalism, and Fundamentalism: Liberating Algeria", *Frantz Fanon: Conflicts & Feminism*, Rowman & Littlefield Publishers, Inc., 1998, 3장, pp. 53-60).

3   이선옥, 『한국소설과 페미니즘』, 예림기획, 2002, 18-20쪽.

4   Meng Yue, "Female Images and National Myth", *Gender Politics in Modern China*, ed. Tani E. Barlow, Duke University Press, 1993, pp. 118-120.

5   황희숙, 「과학주의와 인문학의 재정위」, 『대동철학』 26집, 2004, 4쪽.

6   문만용, 「(과학대통령 박정희라는 신화 ③) '전국민 과학화 운동': 과학기술자를 위한 과학기술자의 과학운동」, 『역사비평』, 2017 가을, 289, 294-297쪽.

7   송성수, 「기술과 사회의 관계를 어떻게 파악할 것인가」, 송성수 편역, 『우리에게 기술이란 무엇인가』, 녹두, 1995, 15쪽.

## 2장 과학주의 수용과 젠더: 우생학에서 기술민족주의까지

1 '과학', 『표준국어대사전』

2 '과학(Science)', 『초등영어 개념사전』, 2010. 3. 25.

3 김성근, 「과학이라는 어휘의 조선 전래」, 『문학과 과학 I』, 소명출판, 2013. 과학이라는 용어의 전래에 대해서는 이 글을 참고로 했다.

4 위의 글, 424-448쪽.

5 이소사, 김소사의 여학교설시통문으로, 「별보」로 《황성신문》(1898.9.8.)에 실렸다. 현대어로 번역하여 인용했다.

6 박성진, 「한말-일제하 사회진화론 연구」, 정신문화연구원 박사학위논문, 1998, 114쪽.

7 조형근, 「식민지체제와 의료적 규율화」, 김진균·정근식 편저, 『근대주체와 식민지 규율권력』, 문화과학사, 1997, 215쪽.

8 池田林儀, 「遺傳と優生學」, 『家庭科學大系』 제13집, 家庭科學大系刊行會, 1929, 95項.

9 이선옥, 「우생학과 제국주의의 성정치」, 『친일문학의 내적 논리』(김재용 외, 역락, 2003), 280-283쪽.

10 『처녀지』는 1944년 9월 상·하권으로 삼중당서점에서 발간된 친일소설이다.

11 『싹트는 대지』(만선일보사 출판부, 1941)에 실린 협화미담 3등 당선작이다.

12 박성진, 앞의 논문, 87-89쪽.

13 Homi K. Bhabha, "Of Mimicry and Man: The Ambivalence of Colonial Discourse", *The Location of Culture*, Routledge, 1994, 86쪽. 바바는 차이와 욕망의 반복적 미끄러짐을 식민성의 특징으로 분석한다.

14 최신해(청량리뇌병원장/수필가), 「여성으로서의 십대의 위치」, 『여학생』, 1968.2., 108-110쪽.

15 마사 너스바움, 『혐오와 수치심』, 민음사, 2015, 367쪽.

16 R. W. 코넬, 『남성성/들』, 안상욱·현민 옮김, 이매진, 2010, 30-31쪽.

17 위의 책, 66쪽.

## 3장 1960-70년대 기술민족주의와 기술결정론: 『사상계』

1 김재용 외, 『친일문학의 내적 논리』, 역락출판사, 2003(「우생학과 제국주의의 성정치」 참조).

2 잡지 『사상계』에 대한 종합적인 연구서로는 김건우, 『사상계와 1950년대 문학』(소명출판, 2003); 사상계연구팀, 『냉전과 혁명의 시대 그리고 『사상계』』(소명출판, 2012); 권보드

래 외, 『아프레걸 사상계를 읽다』(동국대출판부, 2009); 김려실 외, 『사상계, 냉전 근대 한국의 지식장』(역락, 2020); 『종합잡지 『사상계』 총목차 및 인명 색인』(역락, 2020) 등 의 연구서가 있다.

3  한영현, 「『사상계』의 시민사회론을 통해 본 젠더 인식」, 『한국민족문화』 50, 2014; 김복순, 「학술교양의 사상형식과 '반공 로컬-냉전지(知)'의 젠더: 1950년대 『사상계』를 중심으 로」, 『여성문학연구』 29호, 2013.

4  김상현, 「『사상계』에 나타난 과학기술의 표상: 1950년대-1960년대 초 남한 과학기술담 론의 한 단면」, 『한국학연구』 58권, 인하대학교한국학연구소, 2020.

5  김태호, 「특집논문: 1950년대 한국 과학기술계의 지형도」, 『여성문학연구』 29호, 한국여 성문학학회, 2013.

6  백영경, 「사회적 몸으로서의 인구와 지식의 정치: 1960년대 『사상계』 속의 정치적 상상 과 자유주의적 통치의 한계」, 『여성문학연구』 29호, 한국여성문학학회, 2013.

7  일레인 김 · 최정무 편저, 『위험한 여성』, 박은미 옮김, 삼인, 2001.

8  유호근, 「국가개입의 정치경제: 아시아 NIEs의 기술정책을 중심으로」, 『경성대사회과학 연구』 23집, 2007, 62쪽.

9  백영경, 앞의 글.

10  「특집: 과학과 명일의 세계」, 『사상계』 통권 54호, 1958.1.

11  송성수 편역, 『우리에게 기술은 무엇인가』, 도서출판 녹두, 1995, 15쪽.

12  송성수, 「기술과 사회의 관계를 어떻게 파악할 것인가」, 위의 책, 28-43쪽.

13  Donald MacKenzie and Judy Wajcman, 「무엇이 기술을 형성하는가」, 위의 책, 60쪽.

14  조가경, 「혁명주체의 사상적 혼미」, 『사상계』, 1961.4, 75쪽.

15  권윤혁, 「민족민주주의」, 『사상계』, 1962.5, 89쪽.

16  이선옥, 「열광, 그 후의 침묵과 단절의 의미: 4 · 19세대 여성작가」, 최원식 외, 『4월혁명 과 한국문학』, 창작과비평사, 2002, 300쪽.

17  한영현, 「『사상계』의 시민사회론을 통해 본 젠더 인식」, 『한국민족문화』 50, 2014, 141쪽.

18  김양선, 「195 · 60년대 여성-문학의 배치: 『사상계』 여성문학 비평과 여성작가 소설을 중 심으로」, 『여성문학연구』 29호, 2013, 145-150쪽.

19  김건우, 『사상계와 1950년대 문학』, 소명출판, 2003, 176쪽.

20  배성룡, 「동양인의 인생관」, 『사상계』, 1953.4, 52쪽.

21  Graham Burchell ect. edit, *The Foucault Effct studies in Governmentality*, The Univ. of Chicaco Press, 1991, p. 56.

22  김은실, 타니 바로우, 팬짓 두아라 등의 견해 참조.

## 4장 1960년대 『학원』의 과학주의담론과 소년의 재구성

1  도나 해러웨이, 『해러웨이 선언문』, 함희선 옮김, 책세상, 2019, 82쪽.

2  이지언, 「과학기술에서 젠더와 몸정치의 문제: 다나 해러웨이의 사이보그페미니즘을 중심으로」, 『한국여성철학』 제17호, 한국여성철학회, 2012, 113-115쪽.

3  장수경, 『『학원』과 학원 세대』, 소명출판, 2013.

4  최애순, 「『학원』의 해외 추리·과학소설의 수용 및 장르 분화 과정」, 『대중서사연구』 21권 3호, 2015; 「우주시대의 과학소설: 1970년대 아동전집 SF를 중심으로」, 『한국문학이론과 비평』 17권 3호, 2013.

5  임지연, 「초기 한낙원의 과학소설에 나타난 '소년'의 의미」, 『한국언어문화』 65권, 2018.

6  이 책에서는 1950-60년대를 중심으로 잡지를 검토하고, 학원의 문학주의적 성격을 분석하고 있다. '학원문단'을 통해 글을 발표한 청소년 중에 이후 기성문단으로 등단한 작가가 시인 84명, 소설가 44명, 평론가 6명 아동문학가 8명, 희곡작가 6명이라고 밝힌 당시 기사(『학원』, 1984.5, 336쪽)를 기반으로 이 명단에 빠진 작가까지 포함하면 훨씬 더 많은 작가가 '학원문단'이라는 청소년기를 거쳤을 것으로 설명하고 있다. 부록으로 제시한 505명의 학원문단 입선작 명단을 보아도 한국근대문학사의 대표적인 작가들이 상당수 포함되어 있음을 알 수 있다(장수경, 앞의 책, 323-324쪽).

7  송효정, 「실험실의 미친 과학자와 제국주의적 향수」, 『대중서사연구』 제20권 3호, 대중서사학회, 2014, 280쪽.

8  최애순, 「『학원』의 해외 추리·과학소설의 수용 및 장르 분화 과정」, 『대중서사연구』 21권 3호, 대중서사학회, 2015, 279쪽.

9  식민지 시기 탐정소설은 주로 기계, 토목, 건축, 전기 등의 공학이 강조되었다면 1960-70년대는 자연과학, 우주과학이 강세였다고 분석하고 있다(위의 논문, 290쪽).

10  『학원』 과학소설에 대한 연구로는 조계숙, 「국가이데올로기와 SF, 한국 청소년 과학소설: 『학생과학』지 수록작을 중심으로」(『대중서사연구』 제20권3호, 2014); 모희준, 「한낙원의 과학소설에 나타나는 냉전체제 하 국가 간 갈등 양상」(『우리어문연구』 제50집, 2014) 등이 있다.

11  한낙원, 『금성탐험대』, 창비, 2013, 383쪽. 이하 페이지는 단행본으로 표기했다.

12  해러웨이는 '사이보그 선언'에서 서구의 상상력에서 괴물들은 늘 공동체의 한계를 정의해왔다고 분석한다(도나 해러웨이, 앞의 책, 85-86쪽).

13  캐서린 헤일스, 『우리는 어떻게 포스트휴먼이 되었는가』, 허진 옮김, 열린책들, 2013, 1장.

14  노대원, 「한국 문학의 포스트휴먼적 상상력: 2000년대 이후 사이언스 픽션 단편소설을

중심으로」, 『비교한국학』 23권 2호, 2015 참고. 이 글에서는 도미니크 바뱅의 이론을 적용하여 포스트휴먼의 요소를 소개했다.

15 도나 해러웨이, 앞의 책, 86쪽.

16 마사 너스바움, 『혐오와 수치심: 인간다움을 파괴하는 감정들』, 조계원 옮김, 민음사, 2015, 176-177쪽.

17 Michael S. Kimmel, "Rethinking Masculinity: New Directions in Research", *Changing Men*, Sage Publications, 1987, pp. 15-16.

18 도나 해러웨이, 『유인원, 사이보그, 그리고 여자: 자연의 재발명』, 민경숙 옮김, 동문선, 2002, 13-14쪽.

19 도나 해러웨이, 『해러웨이 선언문』, 85-86쪽.

20 최애순 논문(「『학원』의 추리·과학소설의 수용 및 장르 분화 과정」, 대중서사연구, 2015, 315-317쪽)의 목록을 참고하여 수정·보완했으며, 확인 결과 소설이 아닌 목록은 빼고 작성했다. 과학이야기 「사라진 대륙」(1968.4)은 사라진 고대 도시 무우대륙, 이스터섬의 화산 폭발 등 사라진 고대도시의 이야기를 미스터리한 현상으로 소개한 기사였다. 괴기 과학소설 「불가사의한 이상인간」(1970.10)도 의학계의 불가사의한 사건을 소개한 기사여서 목록에서 제외했다.

## 5장 감상적 소녀의 재구성과 생활표준화: 『여학생』

1 줄리아 크리스테바, 『공포의 권력』, 서민원 옮김, 동문선, 2001, 21-23, 116-117쪽.

2 김진균·정근식 편저, 『근대주체와 식민지 규율권력』, 문화과학사, 1997, 38-39쪽.

3 *Dangerous women*, edited by Elaine H. Kim/Chungmoo, Routledge, 1998, pp. 26-27.

4 소녀여공에 대한 이미지는 불량소녀 이미지와 연결되어 부정적 이미지가 덧씌워진다 (허윤, 「1960년대 불량소녀의 지형학」, 『대중서사연구』 20권 2호, 2014, 127쪽).

5 권인숙, 「1950-1970년대 청소년의 남성성 형성과 국민 만들기의 성별화 과정」, 『한민족운동사연구』 vol.56, 2008, 281-321쪽; 나윤경, 「60-70년대 개발국가 시대의 학생잡지를 통해서 본 10대 여학생 주체형성과 관련한 담론분석」, 『한국민족운동사연구』 56권, 2008, 323-374쪽.

6 정미지, 「1960년대 '문학소녀' 표상과 독서양상 연구」, 성균관대학교 석사학위논문, 2011, 70쪽.

7 루쓰 코완, 『과학기술과 가사노동』, 김성희 외 공역, 도서출판 신정, 1997, 175-177쪽.

8  특집 주제 분류는 한국여성문학학회 연구팀에서 함께 논의한 내용으로 허윤의 분류를 참고로 보완하여 정리했다.

9  김진만, 「잔 다아크는 있어도 소녀상은 없다」, 『여학생』 창간호, 1965.12, 75쪽.

10 김형석의 「인간의 지적인 조화의 조형을 위해: 교양에 대해」(『여학생』, 1965.12), 신지식의 「독서와 소녀」(여학생, 1965.12) 등을 예로 들어 독서는 "아름다운 감성, 아름다운 생활"을 키워가는 교양으로 제시되었다고 분석했다(정미지, 앞의 글, 58쪽).

11 여류현상문예작품에 대한 심사위원평가에서 센티멘탈 과잉이라는 비판을 자주 볼 수 있다.(이선옥, 「'여류현상문예'와 주부담론의 균열」, 『여원 연구-여성·교양·매체』, 2008, 국학자료원, 참고.)

12 주디스 버틀러, 『젠더트러블』, 조현준역, 문학동네, 2008, 181-182쪽.

13 1973년 1월부터 6월까지 시인 양승만이 연재한 내용은 확인되나 7-10월이 결호여서 이후는 확인하기 어렵다.

14 송효정, 「실험실의 미친 과학자와 제국주의적 향수」, 『대중서사연구』 제20권 3호, 대중서사학회, 2014, 280쪽. 학생과학잡지의 국가주의적 이데올로기 전파에 대해서는 조계숙, 「국가이데올로기와 SF, 한국 청소년 과학소설: 『학생과학』지 수록작을 중심으로」, 『대중서사연구』 제20권 3호, 대중서사학회, 2014 참조.

15 미셸 푸코, 『감시와 처벌』, 박홍규 옮김, 강원대출판부, 1993, 185쪽.

16 천정환은 독서운동과 대통령기쟁탈전국자유교양대회를 중심으로 박정희레짐의 계몽을 분석한 바 있다. 이 시기의 강압적 계몽이 교양주의와 국민독서의 시대로 드러났으며, 이러한 교양주의는 강압적 계몽과 동시에 시민적 교양을 형성하는 이중적 의미를 갖게 된다고 설명했다(「교양의 재구성, 대중성의 재구성, 박정희 군사독재 시대의 교양과 자유교양운동」, 『한국현대문학』 35, 한국현대문학연구회, 2011, 310쪽).

17 공제욱은 「박정희 시대 일상생활 연구의 의미」(『국가와 일상』, 한울, 2008, 14-15쪽)에서 국가주도하에 습속, 신체, 언어와 사고의 근대화가 이루어졌고, 이것이 일상생활에 대한 철저한 규율과 관리로 나타났다고 분석한다.

18 니시카와 나가오, 『국민이라는 괴물』, 윤대석 옮김, 소명출판, 2002, 32, 69쪽.

19 소녀의 명랑성은 식민지 시기의 소녀성에서도 나타나는 특징이다(김미지, 「식민지 조선의 '소녀' 독자와 근대·대중·문학의 동시대성」, 『대중서사연구』 20권 2호, 2014, 참고).

20 김세영, 「필요악/어리광과 응석과 치기」, 『여학생』, 1967.7, 94쪽.

21 1960-70년대 청소년담론에 대한 연구는 1968년 '국민교육헌장'의 근면한 국민 만들기, 미래의 국민으로서의 청소년 이미지에 대한 연구들이 나와 있다(권인숙, 「1950-1970년대 청소년의 남성성 형성과 국민 만들기의 성별화 과정」, 『한민족운동사연구』 56권,

2008; 나윤경, 「60-70년대 개발국가 시대의 학생잡지를 통해서 본 10대 여학생 주체형
성과 관련한 담론분석」, 『한국민족운동사연구』 56권, 2008). 이 연구들에서도 지적하는
것처럼 주로 소년의 경우 예비 국민으로서 국민 만들기와 관련되어 있다면 소녀의 경우
는 예비 현모양처로서 구성된다.

## 6장 여성의 교양, 과학화와 쉐임컬쳐: 『여원』

1   정영희, 「1960년대 대중지와 근대 도시적 삶의 구성: 여성지 '여원'을 중심으로」, 『언론과
    학연구』 제9권 3호, 2009, 483쪽.
2   「여원지령 100호기념 한국여류문학상창설」, 『여원』 1963.12, 102쪽.
3   '교양'의 개념과 여성성의 관계에 대해서는 김복순, 「전후 여성 교양의 재배치와 젠더
    정치」, 『여원 연구』, 국학자료원, 2008, 25, 52쪽 참조.
4   Rita Felsky, *Beyond Feminist Aesthetics*, Harvard University, 1989, p. 112.
5   필자는 1960년대 4·19세대의 여성작가들이 개인의 발견과 자유주의, 낭만주의 등의 특
    징을 지니지만 민족주의 문학사의 형성과정에서 사라져갔음을 분석한 바 있다(「열광, 그
    후의 침묵과 단절의 의미: 4·19 세대 여성작가」, 최원식·임규찬 엮음, 『4월혁명과 한국
    문학』, 창작과비평사, 2002, 286-295쪽).
6   여류현상문예 분석은 이선옥, 「여류현상문예와 주부담론의 균열」(『여원』 연구: 여성·교
    양·매체』, 국학자료원, 2008)의 내용을 요약해서 재수록했다.
7   윤상일, 『학원 김익달 평전』, 지상사, 2016, 173-174쪽.
8   김우종, 『여원』, 1970.1, 232쪽. 『여원』 발간 초창기에 실린 양주동의 「여성의 남성화: 그
    점묘와 비판」(1958.1)에서도 감성성에 대한 폄하의 논조가 보인다. 지금까지 여성적 경
    향이 지배적이었으나 이즈음 새로 나오는 여류들의 작품 중에는 남성 못지않은 깊은 관
    조와 대담한 적극적 표현에 놀라게 된다고 평하고 있다.
9   프레더릭 테일러, 『프레더릭 테일러, 과학적 관리법』, 조일형 옮김, 모디북스, 2016, 1장
    참조.
10  1959년 12월 여원사에서 단행본으로 간행. 이 글에서는 『나는 코리안의 아내』 단행본을
    사용했다.
11  김정숙, 「『나는 코리안의 아내』의 담론 분석과 『여원』의 매체적 전략」, 『여원 연구』, 한국
    여성문학학회여원연구모임, 2008, 국학자료원.
12  「편집실에서」, 『여원』 1957.10, 340쪽.
13  김정숙은 앞의 논문에서 수기라는 장르 전파와 『여원』의 여성성 형성(근대 계몽담론과

모성담론)을 강화하는 매체전략에 부합하는 선택이었음을 분석했다.

14  「편집실」, 『여원』 1956.6, 342쪽.

15  독후감: 김돈임, 「바위처럼 굳은 사랑의 위대성」, 『나는 코리안의 아내』, 앞의 책, 204쪽.

16  독후감: 박정희, 「문학작품으로도 불후의 것」, 위의 책, 215쪽.

17  루쓰 코완, 『과학기술과 가사노동』, 김성희 외 공역, 신정, 1997. 산업화 이후 가사노동이 노동과정과 기술체계(technological system)로 분리되면서 하나의 사회적 체계가 되었다고 분석한다(23쪽).

18  「국제결혼: 사랑의 승리」, 『여원』 1962.4, 131쪽.

19  김귀현, 「향수에 우는 코리안들」, 『여원』 1962.4, 169쪽.

## 7장 기계신체 선망과 여성혐오사회의 구조화

1  우에노 치즈코, 『여성혐오를 혐오한다』, 나일등 옮김, 은행나무, 2012, 12-13쪽.

2  신현우, 「미디어의 신체화와 호모사이버네티쿠스의 탄생」, 『문화과학』 제67호, 2011.9, 209쪽.

3  우리 사회의 백래시 현상에 대해서는 『내일을 여는 작가』 2015 상반기 기획 특집 역풍의 시절에서 자세히 분석했다(정정훈, 「백래시 시대의 권력과 욕망」; 정용택, 「일베는 어디에서 와서 어디로 가는가?」; 임옥희, 「페미니즘의 새로운 여정」 등의 글에서 보수적 권위주의 권력과 혐오 감정의 관리에 대해 분석했다).

4  에바 일루즈, 『감정 자본주의』, 김정아 옮김, 돌베개, 2010, 90, 126쪽.

5  정수남, 「노동자의 불안-공포와 행위의 감정동학: 외환위기 이후 노동빈민에 관한 감정사회학적 연구」(한국학중앙연구원 박사논문, 2010); 주은우, 「자유와 소비의 시대, 그리고 냉소주의의 시작」(『사회의 역사』 88집, 2010); 김학준, 「인터넷 커뮤니티 '일베저장소'에 나타나는 혐오와 열광의 감정동학」(서울대 석사논문, 2014) 등의 연구가 있다.

6  정정훈, 「사회적 배제와 대중들의 공포」, 『문화과학』, 2014.6, 50, 54쪽.

7  한지은, 「『미움받을 용기』 20주간 1위 기록! 대학생 방학 시즌 맞아 토익책 급상승, 『마법천자 문 32』 출간 즉시 상위권 … 전자책, 성인 로맨스 『위험한 속궁합』 1위」, 《독서신문》, 2015.7.5.

8  에바 일루즈, 앞의 책, 90쪽.

9  루인, 「혐오는 무엇을 하는가」, 『여성혐오가 어쨌다구? 벌거벗은 말들의 세계』, 현실문화, 2015, 176쪽.

10  손희정, 「혐오의 시대: 2015년, 혐오는 어떻게 문제적 정동이 되었는가」, 『여/성이론』 32호,

2015.

**11** 김연미는 스피노자의『에티카』(추영현 옮김, 동서문화사, 2008)를 인용하면서 스피노
자에게 감정(affectus)이란 외부환경에 대한 인간의 반응이면서 인간의 활동력에 영향
을 미치는 것이라고 설명하고 있다(「관용에 대한 (생물학적) 접근: 공감의 은유적 맵핑」,
『법철학연구』17권 2호, 2014, 61쪽).

**12** 미국정신분석학회 편, 「정동[AFFECTS]」『정신분석용어사전』, 이재훈 외 옮김, 2002,
한국심리치료 연구소, 443쪽.

**13** 마사 너스바움,『혐오와 수치심: 인간다움을 파괴하는 감정들』, 조계원 옮김, 민음사,
2015, 238쪽.

**14** 이명호, 「공감의 한계와 혐오의 미학: 허만 멜빌의「서기 바틀비」를 중심으로」, 『영미문
학』9권 2호, 2009, 18쪽.

**15** 여성주의적 관점에서 분석한 연구로는, 윤보라·임옥희 등의『여성혐오가 어쨌다구?』
(현실문화, 2015)와 한윤영·황미요조 등의 문화분석 연구가 있다. 특히 무임승차에 대한
비난의 논리에 대해서 는 윤보라·김학준 등이 있다.

**16** 나영균, 「현대소녀들의 미적가치론」(1967.3); 장왕록, 「소녀가 가장 소녀다울 때」
(1967.3) 등의 글 참조.

**17** 이문열,『선택』, 민음사, 1997, 17쪽(이선옥, 「신현모양처, 사라지는 것에 대한 미혹: 이
문열『선 택』」, 『실천문학』, 1997.8 참조).

**18** 정희진, 「편재(遍在)하는 남성성, 편재(偏在)하는 남성성」, 『남성성과 젠더』, 자음과모음,
2001, 27쪽.

**19** 유호근, 「국가개입의 정치경제: 아시아 NIEs의 기술정책을 중심으로」, 『경성대사회과학
연구』23집 2호, 2007, 55쪽. 이 글에서 한국과 대만의 신업화과정은 국가개입이 강력한
적극적 기술민족주의로 구분한다.

**20** 장준하, 「못난 조상이 되지 않기 위하여」, 『사상계』, 1959.3, 15쪽.

**21** 좌담회「건전한 사회는 어떻게 건설할 것인가」, 김기진, 백낙준, 유진오, 윤일선, 함석헌,
장준하, 안병욱, 김준엽, 『사상계』, 1956.9.

**22** 배성룡, 「동양인의 인생관」, 『사상계』, 1953.4.

**23** 윤세원, 「국가와 과학」, 『사상계』, 1962.7.

**24** 장준하, 「과학하는 정부, 과학하는 국민」, 『사상계』, 1962.7.

**25** 주디스 버틀러, 『불확실한 삶: 애도와 폭력의 권력들』, 양효실 옮김, 경성대학교출판부,
2008, 184-185쪽.

# 태권V와 명랑소녀 국민 만들기

## 1960-70년대 과학주의담론과 젠더의 정치학

1판 1쇄 2022년 12월 30일

지은이 | 이선옥

펴낸이 | 류종필
책임편집 | 김현대
편집 | 이정우, 이은진
마케팅 | 이건호
경영지원 | 김유리
표지 디자인 | 박미정
본문 디자인 | 박애영

펴낸곳 | (주) 도서출판 책과함께
　　　　주소 (04022) 서울시 마포구 동교로 70 소와소빌딩 2층
　　　　전화 (02) 335-1982
　　　　팩스 (02) 335-1316
　　　　전자우편 prpub@daum.net
　　　　블로그 blog.naver.com/prpub
　　　　등록 2003년 4월 3일 제2003-000392호

ISBN 979-11-91432-99-2  93910

* 이 책은 아모레퍼시픽재단의 지원을 받아 저술·출판되었습니다.